CORPORATE FINANCIAL ANALYSIS

企业财务分析

陈希圣◎编著

经济科学出版社
Economic Science Press

责任编辑：于海汛
责任校对：徐领柱　王苗苗
版式设计：代小卫
技术编辑：邱　天

图书在版编目（CIP）数据

企业财务分析/陈希圣编著．—北京：经济科学出版社，2009.1
ISBN 978-7-5058-7781-8

Ⅰ．企…　Ⅱ．陈…　Ⅲ．企业管理-会计分析　Ⅳ．F275.2

中国版本图书馆 CIP 数据核字（2008）第 196846 号

企业财务分析
陈希圣　编著
经济科学出版社出版、发行　新华书店经销
社址：北京市海淀区阜成路甲 28 号　邮编：100142
总编室电话：88191217　发行部电话：88191540
网址：www.esp.com.cn
电子邮件：esp@esp.com.cn
北京汉德鼎印刷厂印刷
永胜装订厂装订
690×990　32 开　19.25 印张　300000 字
2009 年 1 月第 1 版　2009 年 1 月第 1 次印刷
印数：0001—5000 册
ISBN 978-7-5058-7781-8/F·7032　定价：29.50 元
（图书出现印装问题，本社负责调换）

序　　言

现代企业经营是围绕着企业价值增值——股东财富增值这一理财目标展开的，通过企业人力资源、财务资源及物资资源的高效配置及其盈利性的制造、服务、市场交易活动，以实现企业价值与股东财富的最大化。因此，企业管理的核心是财务管理，而管理的关键在于决策，财务分析则是财务决策的基础，只有在透彻的财务分析的基础上才能做出财务管理的最优决策，财务分析便显得尤其重要。

财务分析是一门新兴的交叉学科，它吸收了现代微观经济学的理论与方法，是财务学与微观经济学的有机结合，是现代企业科学管理的一项重要内容和工具。企业财务管理人员的一项重要工作是写作财务分析报告，以供企业领导人作为经营管理决策的一份重要参考依据。财务分析的产生与发展有助于企业改善经营管理，提高企业经济效益。

本书着重于全面、系统地讲述企业财务分析的基本理论与方法，书中阐述财务报表分析、本量利分析、杠杆分析、资本分析和EVA分析，涵盖了财务分析学科的各个重要领域，并努力做到理论联系实际。财务分析站在财务与会计学的高端，拥有良好的应用与发展前景。

本书讲授的分析方法用于企业内部基于真实的财务数据制作财务分析报告，这是读者首先应当明了的。

财务学理论的著作文献汗牛充栋，在这浩繁的理论中，作者倾力搭建一道财务分析理论与实践更紧密联系的桥梁，力图使之能够让读者在实践中轻车熟路地应用。本书的价值，取决于能够给读者带来多少领悟、启迪。

朱熹诗云：“昨夜江边春水生，艨艟巨舰一毛轻。向来枉费推移力，此日中流自在行。”作者在撰写本书时对这首诗蕴涵的境界心有戚戚焉，以之为序。

由于作者水平有限，书中不足之处在所难免。欢迎读者来信，电邮：seesaint@ yahoo. cn。希望本书对读者有所裨益。

陈希圣

2008 年 11 月

目　录

第一章 财务分析概述

第一节 基本前提与一般原则

会计核算的基本前提与一般原则是从长期的会计实践中归纳总结出来的，它是建立会计理论体系的基础，也是财务分析的基础，理解这些基本前提与一般原则有助于财务分析。

一、会计核算的基本前提

会计核算的基本前提（国际上通称会计假设 Accounting Postulate）是指为了保证会计工作的正常进行和会计信息的质量，对会计核算的范围、内容、基本程序和方法所作的限定，并在此基础上建立会计原则。一般认为，会计假设是指会计机构和会计人员对那些未经确认或无法正面论证的经济业务或会计事项，根据客观的正常情况或变化趋势所做出的合乎情理的判断。

（一）会计主体假设（Separate-entity Assumption）

会计主体是指会计工作为其服务的特定单位或组织。在会计主体前提下，会计核算应当以企业发生的各项交易或事项为对象，记录和反映单位自身的生产经营活动。明确会计主体前提，一是可以划定会计所要处理的各项交易或事项的范围；二是可以将会计主体的经济活动与会计主体所有者的经济活动区分开来。

有了会计主体前提，会计处理的经济业务与财务报表才可以按特定的主体来识别。我国《企业会计准则——基本准则》第五条对此的阐述是："企业应当对其本身发生的交易或者事项进行会计确认、计量和报告。"

作为会计主体，必须具备三个条件：

1. 具有一定数量的经济资源；

2. 进行独立的生产经营活动或其他活动；

3. 实行独立核算，提供反映本主体经济情况的财务报表。

会计主体确定之后，会计人员只能站在特定会计主体的立场，核算特定主体的经济活动。严格排除与企业生产无关的而属于其他单位或所有者本人的收支活动。例如，业主在其他单位投资、合伙人处理消费已分得的利润，都不能在会计主体中反映。

需要说明的是，会计主体不同于法律主体。一般来说，法律主体必然是一个会计主体，会计主体不一定是法律主体。上市公司既是会计主体又是法律主体，而公司下属独立核算的分厂是会计主体但非法律主体。

（二）持续经营假设（Continuity Assumption or Going-concern Assumption）

持续经营，是指会计主体的生产经营活动在可预见的将来可延续下去，而不考虑企业是否将破产清算，明确了会计工作的时间范围。对此，《企业会计准则——基本准则》第六条的阐述是："企业会计确认、计量和报告应当以持续经营为前提。"

企业是否持续经营，在会计原则、会计方法的选择上有很大的差别。一般情况下，应当假定企业将会按当前的规模和状态继续经营下去，不会停业，也不会大规模削减业务。明确这个基本前提，会计人员就可以在此基础上选择会计原则和会计方法，例如：

1. 企业的资产和负债区分为流动的和长期的，债权债务按照承诺的条件得到合理的清偿。

2. 资产以其取得时的历史成本计价，而不按其进入清算状态的现行市价计价。

3. 对固定资产折旧、无形资产摊销等问题的处理，以及其他权责发生制方法的选择（如坏账的备抵法、营业收入的确认等）。

4. 企业发生的有关预付待摊或预提待付等项费用，在收益期间进行合理分配，以保持财务成果的真实合理。

（三）会计分期假设（Accounting Time Period Assumption）

会计分期，是指将会计主体持续不断的经济活动分割为一定的期间。

在企业持续经营状态下，会计信息的使用者需要定期、及时地了解企业的财务状况、经营成果和现金流量。《企业会计准则——基本准则》第七条规定："企业应当划分会计期间，分期结算账目和编制财务会计报告。会计期间分为年度和中期。中期是指短于一个完整的会计年度的报告期间。"会计期间分为年度、半年度、季度和月度，均按公历起讫日期确定，半年度、季度和月度均称为会计中期。

这一假设对会计的概念也有一定的影响，许多会计概念具有鲜明的"时期"特性，如收入、费用、利润等。

（四）货币计量假设（Unit of Measure Assumption）

货币计量，是指会计主体在会计核算过程中采用货币作为计量单位，记录、反映会计主体的经营情况。《企业会计准则——基本准则》第八条规定："企业会计应当以货币计量。"

货币计量假设使得企业对大量复杂的经济业务进行统一汇总、计量成为可能。货币作为会计计量的标准，它自身也在不断变化，货币计量假设实际上隐含着币值不变的假设，对不同时点的货币金额进行汇总，必须以在不同时点上的货币等值为前提，否则，不同时点货币金额的汇总就会失去意义。按照国际会计惯例，当货币本身的价值波动不大，或前后波动能够被抵销时，会计核算可以不考虑这些波动因素，即仍认为币值是稳定的，以保持会计数据的连续性和有效性。而在严重通货膨胀时期，则要运用物价变动会计（通货膨胀会计）进行处理。

《企业会计准则第 19 号——外币折算》第四条规定，企业通常应选择人民币作为记账本位币。业务收支以人民币以外的货币为主的企业，可以按照规定选定其中一种货币作为记账本位币。但是，编报的财务报表应当折算为人民币。《企业会计制度》第八条规定，在境外设立的中国企业向国内报送的财务会计报告，应当折算为人民币。

只有能用货币反映的经济活动，才能直接纳入到会计系统中来，而对于一些非货币因素，如企业经营管理水平，只有通过财务分析间接地反映出来。

二、会计核算的一般原则

会计原则（Accounting Principle）是以会计假设为理论基础形成的规范会计工作的标准，是从会计实践中逐渐发展起来的，被公认为公正、合适和有用的系统化的惯例，是对会计工作具有普遍指导意义的原则，是对会计核算工作的基本要求。

我国《企业会计准则》规定了企业会计应遵循的十条原则，这些原则一方面是对会计信息质量的要求，即会计信息的加工应达到何种品质；另一方面是对会计确认、计量的要求，即用来约束会计信息的处理和披露。

（一）权责发生制原则（Accrual Basis Principle）

在会计期间实现的收益和发生的费用，有些在相邻的会计期间是相互交错的，如前期预付费用后期取得收益，或者前期受益后期付费等。对于这些收益和费用归属期的确定，在会计处理上通常有两种不同的方法：一种是权责发生制（亦称应收应付制、应计制），是以收付应归属期间为标准，确定各期的收入和费用；另一种是收付实现制（亦称现金收付制），是按照款项实际收到或付出的日期来确定收入和费用的归属期。

《企业会计准则——基本准则》第九条要求：“企业应当以权责发生制为基础进行会计确认、计量和报告。”按权责发生制原则的要求，凡属于本会计期间的收入和费用，不论款项是否收付，都应当作为本期的收入和费用；凡不属于本期的收入和费用，即使款项已在本期收付，也不作为本期的收入和费用。这样才能使利润表中的各项收入都是属于本期已经获得的收益，各项费用也都是属于本期已经发生的费用，从而合理地确认企业各期的经营成果。例如，固定资产购建期间，其支出计入固定资产原价，而不能列入当期费用；交付使用之后，企业使用固定资产而获得收入，要在预计使用年限内计提折旧列入各期费用。

收付实现制是与权责发生制相对应的一种确认基础，它是以收到或支付现金作为确认收入和费用的依据。收付实现制能够清楚地反映企业在一定时期的现金流量情况，是编制现金流量表的基础。我国的行政单位采用收付实现制，事业单位除经营业务采用权责发生制外，其他业务也采用收付实现制。

（二）客观性原则（Objectivity Principle or Reliability Principle）

客观性原则，又称真实性原则，《企业会计准则——基本准则》第十二条的阐述是："企业应当以实际发生的交易或者事项为依据进行会计确认、计量和报告，如实反映符合确认和计量要求的各项会计要素及其他相关信息，保证会计信息真实可靠、内容完整。"

客观性原则要求企业的会计处理都有实际可靠的业务凭证，具有可验证性，会计人员对某些会计事项的估计判断合法、合理。美国会计界对会计信息的客观性的一个观点认为：如果两个以上有资格的人员查证同样的数据时，基本上能得出相同的计量和结论。

（三）相关性原则（Relevance Principle）

相关性原则又称有用性原则，是指会计核算提供信息必须与会计信息使用相关联，满足各方面使用者的需要。企业在选择会计核算程序和方法时必须考虑企业经营管理的需要，设置账簿时要考虑有利于信息的输出和不同信息使用者的需要。

《企业会计准则——基本准则》第十三条的阐述是："企业提供的会计信息应当与财务会计报告使用者的经济决策需要相关，有助于财务会计报告使用者对企业过去、现在或者未来的情况做出评价或者预测。"

（四）明晰性原则（Understandability Principle）

《企业会计准则——基本准则》第十四条的阐述是："企业提供的会计信息应当清晰明了，便于财务会计报告使用者理解和使用。"

提供会计信息的目的在于使用，要使用会计信息首先必须了解会计信息的内涵，弄懂会计信息的内容，这就要求企业的会计信息能够清晰明确地反映出企业经济活动的来龙去脉。在会计核算工作中坚持明晰性原则，会计记录应当准确、清晰，填制会计凭证、登记会计账簿必须做到依据合法、账户对应关系清楚、项目完整、数字准确。

（五）可比性原则（Comparability Principle）

《企业会计准则——基本准则》第十五条规定：

“企业提供的会计信息应当具有可比性。

同一企业不同时期发生的相同或者相似的交易或者事项，应当采用一致的会计政策，不得随意变更。确需变更的，应当在附注中说明。

不同企业发生的相同或者相似的交易或者事项，应当采用规定的会计政策，确保会计信息口径一致、相互可比。”

可比性原则是指同一行业或部门的不同企业，应采用统一的会计程序和会计方法，以提供可以相互比较的会计资料，既便于分类汇总，又便于分析比较。这项原则要求企业的会计处理程序和方法具有相对稳定性，从而使企业不同时期的会计资料具有可比性，使会计信息的使用者能正确判断企业的发展趋势，做出正确决策。

例如，工业企业遵循统一的工业会计，商业企业遵循统一的商业会计。不同的企业可能处于不同行业、不同地区，经济业务发生于不同时点，只要是相同的交易或事项，就应当采用统一的会计处理方法。

对于企业发生的某些交易或事项可以有多种会计核算方法。例如，存货的领用和发出，固定资产的折旧，可以采用多种方法。如果企业在不同的会计期间采用不同的核算方法，将不利于会计信息使用者对会计信息的理解。

（六）实质重于形式原则（Substance Over Form Principle）

《企业会计准则——基本准则》第十六条规定：“企业应当按照交易或者事项的经济实质进行会计确认、计量和报告，不应仅以交易或者事项的法律形式为依据。”

在会计核算过程中，交易或事项的外在法律形式并不总能完全真实地反映其实质内容。所以，会计信息必须根据交易或事项的实质和经济现实，而不能仅仅根据它们的法律形式进行核算和反映。

例如，融资租入的固定资产，在租期未满以前，从法律形式上讲，所有权并没有转移给承租人，但是从经济实质上讲，与该项固定资产相关的收益和风险已经转移给承租人，承租人实际上也能行使对该项固定资产的控制，因此承租人应该将其视同自有的固定资产，一并计提折旧和大修理费用。

又如，营业收入的确认，如果企业已将商品所有权上的主要风险和报酬转移给购货方，并同时满足收入确认的其他条件，则销售实现，应当确认收入；如果企业没有将商品所有权上的主要风险和报酬转移给购货方，或没有满足收入确认的其他条件，即使企业已将商品交付购货方，销售也没有实现，不应当确认收入。售后回购在发出商品时不能确认收入。

（七）重要性原则（Materiality Principle）

《企业会计准则——基本准则》第十七条规定："企业提供的会计信息应当反映与企业财务状况、经营成果和现金流量等有关的所有重要交易或者事项。"

《企业会计准则第30号——财务报表列报》第六条阐述："重要性，是指财务报表某项目的省略或错报会影响使用者据此做出经济决策的，该项目具有重要性。重要性应当根据企业所处环境，从项目的性质和金额大小两方面予以判断。"判断项目性质的重要性，应当考虑该项目的性质是否属于企业日常活动等因素；判断项目金额大小的重要性，应当通过单项金额占资产总额、负债总额、所有者权益总额、营业收入总额、净利润等直接相关项目金额的比重加以确定。

重要性原则要求企业在会计核算过程中对交易或事项应当区别其重要程度，采用不同的核算方法。对资产、负债、损益等有较大影响，并进而影响财务报表使用者据以做出合理判断的重要会计事项，必须按照规定的会计方法和程序进行处理，并在财务报表中予以充分、准确的披露；对于次要的会计事项，在不影响会计信息真实性和不至于误导财务报表使用者做出正确判断的前提下，可适当简化处理。例如，对周转材料的会计处理，尽管其受益期将持续若干会计期间，但因其金额较小，因而采用简化的方法，如一次摊销法、五五摊销法等。

重要性原则与会计信息的成本效益直接相关，目的是突出重点，便于信息使用者的使用，并增强会计信息的可读性和可用性。

（八）谨慎性原则（Conservatism Principle or Prudence Principle）

《企业会计准则——基本准则》第十八条规定："企业对交易或者事项进行会计确认、计量和报告应当保持应有的谨慎，不应高估资产或者收益、低估负债或者费用。”

谨慎性原则又称稳健性原则，是指会计核算对不确定的收入、尚未取得的收益，不得估计入账；对可以预见的、可能发生的损失和费用，应估计入账。要合理核算可能发生的损失和费用，但不得虚列支出，隐匿收入。按照这个原则，当某一会计业务有几种处理方案可供选择时，要尽量多考虑一些风险。

采用谨慎性原则是由于会计事务中有许多不确定的因素，如应收账款有可能不能收回，固定资产有可能提前报废等。对不确定性情况采取谨慎态度，能使风险损失缩小到最低范围，如果不进行预先处理，可能导致高估资产和收益、低估费用和损失。

谨慎性原则的实施，如应收账款提取坏账准备金，固定资产允许采取加速折旧法，提取各项资产减值准备等。

（九）及时性原则（Timeliness Principle）

及时性原则是指会计核算工作要讲求实效，会计业务处理要及时进行，不得拖延和积压，以便会计信息及时利用。《企业会计准则——基本准则》第十九条规定：“企业对于已经发生的交易或者事项，应当及时进行会计确认、计量和报告，不得提前或者延后。”

会计信息的价值在于帮助所有者或其他方面做出经济决策，在会计核算过程中坚持这一原则，一是要求在企业的经济活动发生以后，及时进行会计处理；二是在会计期间结束以后，及时编制出财务报表；三是及时传递会计信息，即在国家统一的会计制度规定的时限内，及时将编制出的财务报表传递给财务报表使用者。

（十）配比原则（Matching Principle）

《企业会计准则——基本准则》第三十五条规定：“企业为生产产品、提供劳务等发生的可归属于产品成本、劳务成本等的费用，应当在确认产品销售收入、劳务收入等时，将已销售产品、已提供劳务的成本等计入当期损益。”

配比原则是指会计核算应将企业实现的收入与取得这些收入所发生的耗费相对应、相比较。一个会计期间内各项收入与其相关的成本、费用在同一会计期间内入账，预支的费用应递延到相关的收入取得时再予列支，与本期收入有关的未来费用，应预先在本期列支。

在会计核算工作中坚持配比原则有两层含义：一是因果配比，将收入与其对应的成本相配比，如将营业收入与营业成本相配比；二是时间配比，将一定时期的收入与同时期的费用相配比，如将当期的收入与管理费用、财务费用等期间费用相配比。

第二节 会计要素与会计等式

会计要素（Accounting Element）、会计等式（Accounting Equation or Accounting Identity）和复式记账（Double Entry Accounting），是财务学的基本架构。

一、会计要素

会计要素是财务报表形成的基础，所谓会计要素就是会计对象的基本分类，是会计核算对象的具体化。我国《企业会计准则——基本准则》规定了六项会计要素，又称为财务报表要素，资产、负债、所有者权益是反映企业财务状况的要素，构成资产负债表的基本框架；收入、费用及利润是反映企业经营成果的会计要素，构成利润表的基本框架。

（一）资产

资产（Assets）是指企业过去的交易或者事项形成的、由企业拥有或者控制的、预期会给企业带来经济利益的资源。资产具有以下特点：

1. 资产是由过去的交易或者事项形成的，包括购买、生产、建造行为或其他交易或者事项。预期在未来发生的交易或者事项不形成资产。

2. 资产是由企业拥有或者控制的，是指企业享有某项资源的所有权，或者虽然不享有某项资源的所有权，但该资源能被企业所控制。例如，以经营租赁方式租入的固定资产，由于企业不能控制它，因而不能将其作为企业的资产，而以融资租赁方式租入的固定资产，虽然企业不拥有其所有权，但能够控制它，因而应将其作为企业的资产。

3. 资产预期会给企业带来经济利益，是指直接或者间接导致现金和现金等价物流入企业的潜力。资产可以是有形的，也可以是无形的，但必须能够为企业带来经济利益，如厂房、机器、原材料等可用于生产经营过程，制造商品或提供劳务，出售后收回货款，收回的货款即为企业所获得的经济利益。如果一项资产已不能为企业带来经济利益，它就不能再作为资产而应作为损失处理，如无法收回的应收账款、待处理财产损失等，由于它们不会导致经济利益流入企业，因而不能作为企业的资产。

符合以上资产定义的资源，在同时满足以下条件时，确认为资产：

1. 与该资源有关的经济利益很可能流入企业；

2. 该资源的成本或者价值能够可靠地计量。

（二）负债

负债（Liabilities）是指企业过去的交易或者事项形成的、预期会导致经济利益流出企业的现时义务。如果把资产理解为企业的权利，那么负债就可以理解为企业所承担的义务。负债具有以下特点：

1. 负债是企业过去的交易或事项形成的现时义务。现时义务是指企业在现行条件下已承担的义务。未来发生的交易或者事项形成的义务，不属于现时义务，不应当确认为负债。例如，银行借款是因为企业接受了银行贷款形成的，如果现时没有接受贷款，而是打算 3 个月后申请银行贷款，就不会发生银行贷款这项负债；应付账款是因商业信用购买商品或接受劳务形成的，在这种购买未发生之前，相应的应付账款并不存在。

2. 负债预期会导致经济利益流出企业。负债有明确的债权人、金额和偿付期，企业对其负有法律责任，当债务到期时，企业必须以资产或劳务来偿还。

符合以上负债定义的义务，在同时满足以下条件时，确认为负债：

1. 与该义务有关的经济利益很可能流出企业；

2. 未来流出的经济利益的金额能够可靠地计量。

（三）所有者权益

所有者权益（Owners Equities）又称股东权益，是指企业资产扣除负债后由所有者享有的剩余权益，即净资产。公司的所有者权益又称为股东权益。所有者权益的来源包括所有者投入的资本、直接计入所有者权益的利得和损失、留存收益等。

直接计入所有者权益的利得和损失，是指不应计入当期损益、会导致所有者权益发生增减变动的、与所有者投入资本或者向所有者分配利润无关的利得或者损失。利得是指由企业非日常活动所形成的、会导致所有者权益增加的、与所有者投入资本无关的经济利益的流入。损失是指由企业非日常活动所发生的、会导致所有者权益减少的、与向所有者分配利润无关的经济利益的流出。

所有者权益金额取决于资产和负债的计量。企业所拥有的资产从财产权归属来看，一部分属于债权人，另一部分属于投资人，前者为负债，后者为所有者权益，两者有着本质的不同：

1. 债权通常是一个事先确定的固定金额，而投资者的收益取决于企业的经营成果；

2. 所有者权益无须偿还，除非发生减资、清算，企业不需要偿还其所有者；

3. 当企业清算时，债权人有优先求偿权，所有者权益体现为所有者对企业资产的剩余权益。

（四）收入

收入（Income）是指企业在日常活动中形成的、会导致所有者权益增加的、与所有者投入资本无关的经济利益的总流入。收入只有在经济利益很可能流入从而导致企业资产增加或者负债减少、且经济利益的流入额能够可靠计量时才能予以确认。

收入是企业在销售商品、提供劳务及让渡资产使用权等日常活动中所形成的经济利益的总流入，包括主营业务收入和其他业务收入。其中让渡资产使用权，是指金融企业贷款、让渡无形资产的使用权，还有出租周转材料等。收入具有以下特点：

1. 收入是从企业的日常经营活动中产生的，而不是从偶发的交易或事项中产生的。例如，工业企业生产、销售产品，商业企业的商品购销活动，服务行业提供劳务等。有些活动并不是经常发生的，如工业企业销售材料，但其与日常活动有关，因此所取得的收入也属于收入。有些交易或事项虽然能为企业带来经济利益，但不属于企业的日常经营活动，其流入的经济利益不属于收入要素，而作为营业外收入核算，如出售固定资产净收益。

2. 收入可能表现为企业资产的增加，如增加银行存款、应收账款等；也可能表现为企业负债的减少，如以商品或劳务抵偿债务；或者二者兼而有之，如商品销售的货款中部分抵偿债务，部分收取现金。

3. 收入将引起企业所有者权益的增加，这是收入的基本特点。这一点是从收入本身来看的，而不是从收入扣除相关费用后的差额来看。若从收入扣除相关费用后的差额来看，则可能会使所有者权益减少。

4. 收入只包括本企业经济利益的流入，不包括为第三方或客户代收的款项，如增值税销项税额、代收利息等。代收的款项，一方面增加企业的资产，另一方面增加企业的负债，因此不增加企业的所有者权益，也不属于本企业的经济利益，不能作为本企业的收入。

（五）费用

费用（Expenses）是指企业在日常活动中发生的、会导致所有者权益减少的、与向所有者分配利润无关的经济利益的总流出。费用只有在经济利益很可能流出从而导致企业资产减少或者负债增加、且经济利益的流出额能够可靠计量时才能予以确认。

企业为生产产品、提供劳务等发生的可归属于产品成本、劳务成本等的费用，应当在确认产品销售收入、劳务收入等时，将已销售产品、已提供劳务的成本等计入当期损益。企业发生的支出不产生经济利益的，或者即使能够产生经济利益但不符合或者不再符合资产确认条件的，应当在发生时确认为费用，计入当期损益。企业发生的交易或者事项导致其承担了一项负债而又不确认为一项资产的，应当在发生时确认为费用，计入当期损益。

费用是企业为销售商品、提供劳务等日常活动所发生的经济利益的流出。与收入相对应，费用具有以下特点：

1. 费用是企业日常活动中发生的经济利益的流出。企业在销售商品、提供劳务等日常活动中必然要消耗原材料、支付工资和其他各项生产费用，这些消耗和支出是企业为取得收入而付出的代价，应当作为费用。而那些在偶尔发生的交易或事项中产生的经济利益流出就不属于费用，应作为营业外支出，如处置固定资产损失。

2. 费用可能表现为资产的减少，如以现金支付办公费表现为资产的减少；也可能表现为负债的增加，如企业应付的利息表现为负债的增加；或者兼而有之，如企业购买燃料支付了部分现金，剩余暂挂应付账款。

3. 费用将引起所有者权益减少。

（六）利润

利润（Profits）是指企业在一定会计期间的经营成果。利润包括收入减去费用后的净额、直接计入当期利润的利得和损失等，内容包括营业利润、利润总额、净利润和普通股每股收益。

直接计入当期利润的利得和损失，是指应当计入当期损益、会导致所有者权益发生增减变动的、与所有者投入资本或者向所有者分配利润无关的利得或者损失。

利润金额取决于收入和费用、直接计入当期利润的利得和损失金额的计量。

二、会计要素的确认与计量

（一）会计要素的确认

会计要素的确认，除上述会计要素的定义外，还应注意划分收益性支出与资本性支出。凡支出的效益仅与本会计年度相关的，应当作为收益性支出；凡支出的效益与几个会计年度相关的，应当作为资本性支出。

这就要求企业在会计核算工作中区分两类不同性质的支出，将资本性支出列入资产负债表，作为资产反映，以真实地反映企业的财务状况；将收益性支出列入利润表，以正确地计算企业当期经营成果。这是因为，资本性支出的效益可在几个连续的会计期间发挥作用，而收益性支出的效益只在当期发挥作用。例如，买材料、发工资属于收益性支出，买固定资产、无形资产属于资本性支出。对固定资产进行日常小修理的支出属于收益性支出，借款利息中的资本化部分属于资本性支出。长期待摊费用是资本性支出，待摊费用不是资本性支出。

划分收益性支出与资本性支出的目的在于正确确定企业的当期损益。如果一笔收益性支出按资本性支出处理了，就会造成少计费用而多计资产价值，出现净收益和资产价值虚增的现象；相反，如果一笔资本性支出按收益性支出处理了，则会出现多计费用少计资产价值的现象，出现当期净收益降低、甚至亏损，以及资产价值偏低的结果。

（二）会计计量

企业在将符合确认条件的会计要素登记入账并列报于财务报表及其附注时，应当按照规定的会计计量（Accounting Measurement）属性进行计量，确定其金额。会计计量属性主要包括：

1. 历史成本（Historical Cost）。在按历史成本计量下，资产按照购置时支付的现金或者现金等价物的金额，或者按照购置资产时所付出的对价的公允价值计量。负债按照因承担现时义务而实际收到的款项或者资产的金额，或者承担现时义务的合同金额，或者按照日常活动中为偿还负债预期需要支付的现金或者现金等价物的金额计量。

2. 重置成本（Replacement Cost）。在按重置成本计量下，资产按照现在购买相同或者相似资产所需支付的现金或者现金等价物的金额计量。负债按照现在偿付该项债务所需支付的现金或者现金等价物的金额计量。

3. 可变现净值（Net Realizable Value）。在按可变现净值计量下，资产按照其正常对外销售所能收到现金或者现金等价物的金额扣减该资产至完工时估计将要发生的成本、估计的销售费用以及相关税费后的金额计量。

4. 现值（Present Value）。在按现值计量下，资产按照预计从其持续使用和最终处置中所产生的未来净现金流入量的折现金额计量。负债按照预计期限内需要偿还的未来净现金流出量的折现金额计量。

5. 公允价值（Fair Value）。在按公允价值计量下，资产和负债按照在公平交易中，熟悉情况的交易双方自愿进行资产交换或者债务清偿的金额计量。

企业在对会计要素进行计量时，一般应当采用历史成本，采用重置成本、可变现净值、现值、公允价值计量的，应当保证所确定的会计要素金额能够取得并可靠计量。

三、会计等式

会计等式也称为会计方程式或会计平衡公式，是指利用数学等式对会计要素或项目之间的内在经济联系所做出的概括和科学表达。在会计学中，有如下几个基本的会计等式：

（一）资产负债表会计等式

复式记账理论的奠基人、意大利数学家卢卡·帕乔利（Luca Pacioli）在其1494年发表的划时代著作《算术、几何、比与比例概要》中，首先提出“某人所有的财富＝某人所有权总值”的会计等式，后来演变为“资产＝权益”，又演变成“资产＝负债＋所有者权益”。

任何企业进行生产经营活动都必须拥有一定量的资产，企业的资产来源大体可以分为两种渠道：一是业主（企业所有者）投资投入的；二是企业以举债的方式从债权人（债主）借入的。业主和债主将资产提供给企业，必然对企业的资产享有一定的权利，包括在一定时间获取投资报酬和收回本息的权利等，这种权利在会计上统称为权益，即业主权益与债主权益。资产与权益之间的关系表现为：

1. 资产与权益是同一经济资源的两个方面，二者之间存在着相互依存、相互制约的关系。没有资产就没有权益，同样没有权益也就没有资产。

2. 从数量方面来观察，一个企业有多少资产，就必定有多少权益；反之，有多少权益，也就必然有多少资产。

3. 资产与权益的平衡关系不受经济业务的影响，不论经济业务如何变化，只是表现在数量上影响企业资产与权益总额的同时增减变化，并不会破坏二者的平衡关系。

上述资产与权益的平衡等式称为资产负债表会计等式，它反映了会计主体在一定时期资产与权益之间的恒等关系，是设置账户、复式记账、试算平衡、设计和编制资产负债表的理论依据。同时，这一方程式内涵了企业所有权与经营权的分离。

（二）利润表会计等式

上述会计等式是静态等式，企业通过举债和接受投资筹集资金购置资产，其目的是利用这些经济资源为企业获取经济利益，企业的资产投入营运，要取得营运收入和发生耗费，合理地比较一定期间的营业收入与费用，便可确定企业在该期间所实现的经营成果，营业收入大于费用的差额称为利润；反之，营业收入小于费用时，其差额为亏损。收入、费用、利润三个会计要素之间的经济关系表示如下：

收入 - 费用 = 利润

由于收入不包括处置固定资产净收入、补贴收入等，费用也不包括处置固定资产净损失、自然灾害损失、投资损失等，所以，利润表所设置的栏目对之进行了调整，净利润数额是经过调整的。

上述等式是动态等式，表明经营成果和相应的收入与费用的关系，称为利润表会计等式，它是企业确定经营成果，设计和编制利润表的理论依据。

（三）现金流量表会计等式

现金流量会计等式如下所示：

现金流入 - 现金流出 = 现金流量净额

上式是设计和编制现金流量表的理论依据。现金流量的会计要素很简单，如上式所示三项。现金流量就是一定期间现金（包括现金等价物）的流入和流出量及其净额，上式包含下列等式：

经营活动现金流入 - 经营活动现金流出 = 经营活动现金流量净额

投资活动现金流入 - 投资活动现金流出 = 投资活动现金流量净额

筹资活动现金流入 - 筹资活动现金流出 = 筹资活动现金流量净额

四、复式记账

财务会计建立在复式记账的基础之上，曾出现过三种复式记账法，即增减记账法、收付记账法和借贷记账法。卢卡·帕乔利使得借贷复式记账的优点及方法为世人所公认，同时，也标志着现代会计的开始。

借贷记账法（Debit and Credit Accounting），是以“借”、“贷”为记账符号，对任何一笔经济业务都必须以借贷相等的金融在相互联系的两个或两个以上的有关账户中进行登记的一种复式记账法。

“借”、“贷”两字，最初是13世纪的意大利钱庄以其原来字面上的含义记账的，放出的贷款记入借方（Debtor）表示自身的债权，吸收的存款记入贷方（Creditor）表示自身的债务。随着商品经济的发展，借贷记账法在各行各业得到了广泛的应用，扩大到记录财产物资增减变化和计算经营损益，“借”、“贷”两字失去了原来字面上的含义，变成了纯粹的记账符号。

借贷记账法的规则可以概括为：有借必有贷，借贷必相等。

1. 资产、成本、费用类型的账户，借方表示增加，贷方表示减少；

2. 负债、所有者权益、收入、利润类型的账户，借方表示减少，贷方表示增加。

第三节 财务分析概述

企业经营的目标是实现企业价值的最大化，一个企业当前的价值决定于未来预期盈利的流入以及预期盈利的风险性。而企业财务的功能在于筹集、分配和使用资金，监督企业生产经营活动中资金的流向，调控风险和报酬的比率。要了解财务功能是否有成效地发挥，财务分析是必不可少的。因此，财务分析的本质特征是企业的一项价值管理活动。

财务分析（Financial Analysis）的目的是要查明企业的经营目标是否实现，并依据企业对外报表和内部管理的有关资料进行认真、细致地分析研究，以发现影响企业经营目标实现的各因素，以及各因素变动对企业经营目标实现情况所起的作用，包括积极作用和消极作用，从而为与企业有经济利益关系的内部和外部会计信息使用者提供有价值的、与决策相关的信息和与目标相关的信息等。表现为既评价过去的营运成绩，又衡量当前的财务状况，还要预测未来的发展趋势，为信息使用者进行财务决策、确定投资方向、合理组织财务营运提供比较全面的分析资料。

如此，我们给财务分析下一个完整的定义：财务分析是以财务会计核算的报表资料和其他内部管理资料为依据，采用专门的方法，系统分析和评价企业过去和现在的财务情况、预测企业未来的财务情况，发现问题，提出改进措施或优选方案，为企业领导人做出正确的经营决策提供科学依据，为与企业有利害关系的各方会计信息使用者了解企业过去、评价企业现状、预测企业未来以做出正确决策提供准确的依据。

本书讲述的广义财务分析学的主要内容为财务报表分析、本量利分析、杠杆分析、资本分析和 EVA 分析几项，对之加以归纳、演绎，基本上涵盖了财务分析的主要领域。财务分析学是适应现代市场经济制度和现代公司管理制度的需要，在以上领域研究的内容和方法的基础上发展起来的一项管理活动，是一门独立的、边缘性的新兴经济应用学科。

进行财务分析还必须了解企业的理财环境，企业理财环境是指独立存在于企业外部的经济、政治、法律和社会等因素所构成的领域。经济的构成因素主要来自以下几个方面：租税政策、商业周期、通货膨胀、证券价格及收益、市场竞争和技术变革。这些构成因素对企业财务效应发生着直接和间接的影响。

企业财务表现好坏，既是内部管理问题，也是外部环境问题。内部管理水平高则财务表现好，反之亦然。外部环境属于客观原因，企业对此无力加以控制或改变，通常包括：（1）国际经济环境的变化及其对国内经济和市场的影响；（2）国家宏观政策的调整；（3）有关法律法规的颁布实施；（4）市场机制不健全，存在行业垄断和不正当竞争；（5）市场需求和价格发生较大变化；（6）商品自身的市场周期性。

一、财务分析的历史沿革

财务分析是伴随着资本主义经济的发展而兴起的，大约 20 世纪初，美国的银行家们首先开始审查企业的财务报表，这种信用分析对金融机构选择贷款方向、确保贷款的可靠性起了重要作用。随着市场经济的发展，社会筹资规模不断扩大，投资者希望能将资金投放在报酬率较高的产业，迫切需要了解企业的经营状况。因此，银行开始对企业进行盈利状况、筹资成本、投资收益和利润分配等情况的分析，财务分析由偿债能力分析发展到盈利能力分析。

随着资本主义在全球市场的迅速开拓扩大，企业需要强化内部管理以提高劳动生产率，开始对自身财务状况进行分析，以了解企业经营状况及其变化。在一个相当长的时期内，只是事后分析，主要运用会计核算提供的资料，分析成本升降的原因，寻求降低成本、增加盈利的途径。现代管理科学的兴起，丰富了会计的内容、职能和技术方法，会计工作重点开始由经营过程的事后反映，逐渐过渡到经营过程的控制和事前的预测、决策。财务分析也在事后分析的基础上，提供企业未来盈利能力和现金流量的预测资料等。

一直以来，财务分析都从属于其他有关的管理活动，如金融管理活动、企业管理活动、财务管理活动，并没有作为一项独立工作出现。初期的财务分析局限于财务报表分析，直到财务分析从外部分析扩展到内部分析，分析的依据除了对外报送或公布的财务报表外，还经常利用企业内部预算或计划、成本报表资料及其他管理资料。迄于今日，财务分析已经发展成为一门独立的学科。

二、财务分析的意义

不同的信息使用者，对财务分析的要求和分析的侧重点不同，因此，财务分析对不同的服务对象有着不同的意义。

（一）企业经营者

企业经营者承担着资产经营责任，即资产保值和增值，对资产的运用要能够使得企业生存和发展，并向业主提供投资收益，按约定条件向债权人偿还债务。因此，首先，他们要及时了解企业的财务、成本计划的完成情况，是否达到了盈利目标，并分析盈利变动的过程及主、客观原因，如销售的变化、成本的变化以及对支付能力的影响。分析企业未来的经营风险和财务风险，以及资产运用中的安全和效益，其目的一方面是总结工作业绩和经营责任完成情况，另一方面是找出生产经营中的薄弱环节，挖掘潜力，寻找降低消耗、增加盈利的途径，并预测企业的财务前景，确定未来的盈利目标，为编制下期财务收支、成本计划提供依据。其次，利用财务分析资料，考核、检查下级各部门责任的完成情况，查找原因，分辨责任，以便奖惩。

（二）企业投资者

对于企业投资者，通过财务分析提供的信息可以帮助其进行投资决策。投资者投资于某项经营活动的目的是为获得高于其他投资的投资回报，获得未来更多的现金流入。他们要利用财务分析的结论，全面考察企业的经营状况、盈利能力及发展趋势，以及预测投资风险和投资报酬，做出投资、继续投资或转移投资的决策。股东们还要了解企业每年股利的发放情况和股票市价的变化，以便决定是买进、保持或卖出股票。另外，作为企业的业主，利用财务分析的结论，可以了解经营者受托责任的完成情况，评价经营者的经营业绩，以决定对其解聘或继续聘用、重用，以营造出一个高素质的经营团队，引领企业步入繁荣。

（三）企业授信者

对于债权人，他关心的是企业还本付息的能力，通过分析企业偿债能力、获利能力，做出扩大或缩小信贷规模的决策。授信者包括向企业提供贷款的金融机构和向企业提供商品和劳务的供应商，以及购买企业债券的单位和个人等，他们愿意给企业提供资金或赊销商品，是为了未来的现金回报或扩大销售、增加盈利。他们进行财务分析的意义在于衡量企业是否能及时、足额地清偿债务。在短期信用下，债权人要分析企业的短期偿债能力，主要分析企业资产的流动性。在长期信用下，债权人要分析企业的长期偿债能力、企业的盈利能力及未来获利趋势，预测企业未来的发展势头，以判断信用的风险程度。

（四）企业职工

企业职工和工会进行财务分析的意义在于，了解工作岗位的稳定性、工作环境的安全性和获取报酬的前景，判断职业的保障程度和集体福利的发展趋势。

（五）政府部门

对于政府部门，要了解企业的发展情况，监控企业遵纪守法。

1. 税务部门要确定税源，监督企业依法、及时、足额地缴纳税金。

2. 国有资产管理部门要掌握国有企业国有资产保值增值情况。

3. 政府利用财务资料，检查、监督国家的各项经济政策、法规、制度在企业的执行情况。

4. 政府将基层企业的财务资料逐级汇总，进行宏观的经济分析，为制定经济政策和发展战略提供依据。

（六）社会中介机构

社会中介机构指的是会计师事务所、律师事务所、资产评估事务所和咨询顾问公司等，这些机构进行企业财务分析是为其特定的主顾服务。

三、财务分析的种类

财务分析按其分析主体与形式的不同分为两类。

（一）内部分析与外部分析

内部分析是企业内部管理部门对本企业的财务活动进行的分析。它的目的是了解企业的财务活动状况和效率是否良好，存在哪些问题，从而为今后有效地组织财务活动提供依据。例如，某企业拥有大量的固定资产，这些固定资产的管理和利用效果如何，可以进行专题财务分析，对显示效力和效率很差的机器、设备、不动产及其他固定资产尽快进行处理、出售，以获取现金或进行机器设备的升级换代。

外部分析是企业外部各利益集团（投资者、债权人、财税机构等）根据各自要求而对企业进行的分析。它可以是只对企业某一局部进行的财务分析，也可以是对整个企业各方面进行的全面财务分析。例如，企业投资者运用财务分析来监督经理人员的行为，经理人员作为业主代理人要对扩大业主利益负责，投资者通过财务分析可以识别管理者与业主利益是一致还是有冲突，管理人员的行为是有利于还是有损于业主利益，以及管理人员的行为是扩大还是损耗了业主价值。

（二）全面分析与专题分析

全面分析是企业依据经营活动和财务活动所提供的丰富、重要的信息及其内在联系，运用一定的科学分析方法，对企业的经营活动和财务事项做出客观、全面、系统的分析和评价，并进行必要的科学预测。

全面分析着重抓住财务工作中带有普遍性和关键性的问题进行深入的分析，具有内容丰富、涉及面广、对财务分析报告使用者做出各项决策有深远影响的特点，为企业的重大经营和财务决策提供科学依据。

专题分析是指针对某项专题进行深入细致的调查分析，它一般是对某些关键问题、重大经济措施、重大业务事项和工作中的薄弱环节单独进行的专题分析，具有内容专一、一事一议、随时运用的特点。

四、财务分析的目的

（一）评价企业的财务状况

进行财务分析可用于评价企业的营运状况是否正常，资本成本和资本结构是否合理，现金流量状态是否良好，成本、产量和利润的关系，对各项资产的管理水平等。

（二）评价企业盈利水平

创办企业不同于开办慈善事业，营利性是企业的根本属性。察看企业的销售水平和成本费用的水平，分析利润是否由主营业务创造、利润的现金含量，以及减去资本成本后的盈利数量，以此来评价盈利能力和利润的质量。

（三）评价企业的发展水平

企业的发展水平是企业的财务状况与盈利水平的综合体现，企业的发展关系着企业的命运，与企业的利益关联方紧密相连，企业的初始状态如何，现在发展到什么状态，未来的发展趋势如何，都要透过财务分析来加以评价。

五、财务分析的作用

（一）促进企业财务目标的实现

企业进行的财务分析主要是对企业经济活动和财务活动进行的全面评价，主要是依据所掌握的资料，同时通过调查研究，对财务指标的实现情况进行检查、分析来完成的。通过分析一系列的财务指标即可反映出企业财务目标的实现情况。如通过财务分析，检查企业的资金运用是否合理，企业的资产构成和资金来源结构是否适当，企业有无偿付债务本息的能力，企业是否达到盈利目标等。企业管理者还可以通过分析差异产生的原因，找出影响财务目标实现的有利和不利因素，并提出改进工作的建议和措施，促进企业财务目标的实现。

（二）挖掘企业内部潜力，提高企业经济效益

企业进行财务分析，不仅是对过去的财务情况进行检查、总结，而且也是查找企业经营潜力的过程，如生产能否发展，成本能否降低，销售能否扩大，企业人力、设备有无闲置，物资使用是否浪费等。通过查找潜力，就可对这些潜力充分加以利用，从而促进企业经济效益的进一步提高。

（三）协助企业管理人员经营决策

财务分析可以提供经营决策所需要的资料，在市场竞争的环境下，企业的领导人必须从实际出发，抓住有利时机，避免可能遇到的风险，善于利用财务分析所提供的资料做出正确的决策。

（四）保证国家政策法规和制度的实施

企业进行财务分析，不仅要从数量上分析检查，还应对照国家政策、法规和制度进行检查，查明企业在组织财务活动过程中是否按照国家规定筹集资金，是否按照税法规定计算缴纳税金，是否按照规定程序分配利润等。

财务分析不仅可以分析过去，而且可以评价现在和预测未来，这些作用是其他相关学科所不能完全达到的。

六、财务分析的方法

财务分析要进行定性分析和定量分析。定性分析（Qualitative Analysis）是指确定企业各项财务指标的性质及其变动的合法性、合理性、可行性和有效性；定量分析（Quatitive Analysis）是从数量上计算各项财务指标及其变动的数额，以及各财务指标变动的原因和各因素影响大小的分析方法。

定性分析是为了揭示事物的内涵与本质，阐明事物发展变化的规律性，而事物的发展变化，都有一个从量变到质变的过程，定量分析就是为了揭示事物的数量变化的规律性。一方面，定性分析是基础和前提，没有

定性分析，就不能弄清事物的性质、发展趋向及其与其他事物的相互关系。另一方面，没有定量分析去描绘事物的量变过程，并寻求一定的数量界线，则事物发展的阶段性、特殊性就显现不出来。在财务分析中，应将定性分析与定量分析相结合，透过数字看到实质。

财务分析的主要方法有：比较分析法、比率分析法、趋势分析法和因素分析法等。

（一）比较分析法

比较分析法（Comparative Analysis Approach）是依据不同的分析目的将可比指标（绝对值或相对值指标）进行对比，计算差异，以便为进一步分析和评价财务状况、经营成果和现金流量提供数据和指明方向。比较分析法是财务分析的一种常用的基本方法。这种方法通常是以本期实际指标与计划指标、前期指标或其他企业的同类数据进行比较，以便从数量上确定差异。具体是指：

1. 本期实际指标与计划指标相对比，确定计划与实际的差异，用于说明计划的完成情况，并为进一步分析产生差异的原因指明方向。

2. 本期实际指标与上期实际指标、上年同期实际指标、固定基期的实际指标对比，以确定本期实际与前期实际的差异。其主要目的在于揭示财务状况和经营成果的增减变动情况，了解指标的发展变化情况，预计企业的未来发展趋势和变化发展规律。

3. 将分析期的实际数据与行业平均指标或先进企业的指标进行对比，以确定本企业与行业平均水平或先进企业水平的差异。其主要目的在于找出同先进水平的差异和不足，吸收先进经验，不断改进企业的经营管理水平。

4. 与企业内部各个机构、各个部门的本期实际指标对比，以了解企业内部各部门的生产经营管理情况，推动和改进企业的工作。

在运用比较分析法时，必须十分强调指标之间的可比性，使对比指标之间在时间、范围、内容、项目、计算方法等各方面一致。如果存在不可比的情况，应当进行调整计算，剔除不可比因素后，再进行对比。

（二）比率分析法

比率分析法（Ratio Analysis Approach）是通过计算各个指标之间的相对数，将计算所得的数值进行比较的一种分析方法。比率的计算至少要涉及两项指标，一般用相对数表示。比率分析法是比较分析法的一种，是相对数的比较，因比率的计算有各种不同的形式，构成了财务比率指标体系，所以单独列为一种方法。确定财务比率的有关项目，有的是由资产负债表的有关项目组成，有的是由利润表的有关项目组成，有的则是由资产负债表、利润表和现金流量表的有关项目组成。

1. 结构比率分析法。它是通过计算某项经济指标总体内部的各个组成部分的数值与总体数值的比率，分析其构成内容的变化，从而掌握该项经济活动的特点和变化趋势，说明指标的内部构成情况及其变化。结构比率分析法主要采用财务报表式结构和图表式结构分析。

2. 相互比率分析法。它是指运用经济活动过程中两个相互联系的相关指标之间的比率进行分析的方法，用以说明企业的财务状况和经济效益。例如，流动比率、速动比率等。

3. 动态比率分析法。它是对某项指标在不同时期的数值在时间上的发展变动进行对比，计算出动态比率，用以反映该项指标的发展趋势和速度。由于对比的标准不同，又可分为定基速度、环比速度和平均速度。

利用比率分析法可以把某些不同条件下本来不可比的指标变为可比指标，使比较的范围扩大，比较的结果更容易判断，便于说明问题。在进行财务分析时，可以采用的财务比率很多，根据分析的目的不同在选择比率时要有重点，以几个相关的、从不同角度反映某一个问题的比率构成指标体系，反映财务活动的某一个侧面，不需要面面俱到。在企业进行全面的财务分析时也要有重点，主要参照一些基本的指标。

（三）趋势分析法

趋势分析法（Trend Analysis Approach）是使用动态数据对企业某些同类经济现象各个时期的变化情况加以对比分析，以掌握其发展规律和发展趋势的分析方法。使用趋势分析法应掌握以下基本概念：

1. 动态数列。它是反映某种经济现象发展变化的一系列指标数值。

2. 时期数列。它是反映某种经济现象在一定时期内各发展过程结果及总量的系列指标数值。

3. 时点数列。它是反映某种经济现象在特定时点上所处状态的系列数值。

4. 增长量。它是反映某种经济现象在一定时期内所增加（或减少）的绝对数，分为逐期增长量和累计增长量。

5. 发展速度。它分为定基发展速度和环比发展速度，定基发展速度是报告期水平与某一固定期水平之比，环比发展速度是各期水平与前一期水平之比。

（四）因素分析法

因素分析法（Factor Analysis Approach）是根据分析指标与其影响因素之间的关系，从数值上确定各因素对分析指标差异影响程度的一种方法。如哪些是主要因素，哪些是次要因素，哪些是有利因素，哪些是不利因素。因素分析法在成本分析中的应用尤为重要。

1. 因素连环替代法。因素连环替代法是将财务指标按照分析目的不同，分解为几个因素，按顺序依次将因素的标准值连环用分析值替代，分别测定各个因素变动对财务指标影响程度的一种分析方法。

差额计算法是连环替代法的简化形式，采用这种计算形式是先计算出各因素的分析值与标准值之间的差额，然后仍按照一定的替代程序直接计算各因素变动对财务指标的影响程度。

2. 因素定基替代法。因素定基替代法是将财务指标按照分析目的的不同，分解为几个因素，在计算每一个因素变动的影响时，都是和标准值计算的结果相对比，确定各因素变动对指标影响数值的一种分析方法。

七、财务分析的程序

无论是企业的经营管理者，还是投资者、债权人，在做出财务评价和经济决策时，都必须进行充分的财务分析。为了保证财务分析的有效进行，必须遵循科学的程序。财务分析的程序就是进行财务分析的步骤，一般包括以下几步。

（一）确定财务分析的范围，搜集有关的经济资料

财务分析的范围取决于财务分析的目的，它可以是企业经营活动的某一方面，也可以是企业经营活动的全过程。如债权人可能只关心企业偿还

债务的能力，这样他就不必对企业经营活动的全过程进行分析，而企业的经营管理者则需进行全面的财务分析。财务分析的范围决定了所要搜集的经济资料的数量，范围小，所需资料也少，全面的财务分析，则需要搜集企业各方面的经济资料。

（二）选择适当的分析方法进行对比，做出评价

财务分析的目的和范围不同，所选用的分析方法也不同。常用的财务分析方法有比率分析法、比较分析法等，这些方法各有特点，在进行财务分析时可以结合使用。局部的财务分析，可以选择其中的某一种方法；全面的财务分析，则应该综合运用各种方法，以便进行对比，做出客观的、全面的评价。利用这些分析方法，比较分析企业的有关财务数据、财务指标，对企业的财务状况做出评价。

（三）进行因素分析，抓住主要矛盾

通过财务分析，可以找出影响企业经营活动和财务状况的各种因素。在诸多因素中，有的是有利因素，有的是不利因素；有的是外部因素，有的是内部因素。在进行因素分析时，必须抓住主要矛盾，即影响企业生产经营活动财务状况的主要因素，然后才能有的放矢，提出相应的办法，做出正确的决策。

（四）为做出经济决策提供各种建议

财务分析的最终目的是为经济决策提供依据。通过上述的比较与分析，就可以提出各种方案，然后权衡各种方案的利弊得失，从中选出最佳方案，做出经济决策。这个过程也是一个信息反馈过程，决策者可以通过财务分析总结经验，吸取教训，以改进工作。

（五）编写财务分析报告

财务分析报告是财务分析工作的总结，也是财务分析的最后步骤，它将财务分析的对象、目的、程序、评价及提出的改进建议以书面形式表达出来。撰写财务分析报告，数据要确凿，观点要鲜明，语言要朴素。

第四节　财务分析报告

财务分析报告（Financial Analysis Report），是以财务报表及其他相关财务信息为依据，对某一会计主体或其某一部门的财务活动状况进行分析、找出差距、指出方向、提出建议，指导企业财务工作的一种书面报告。写好财务分析报告，掌握和评价企业的财务情况，有利于改善企业的经营管理、提高财务管理水平。撰写分析报告一般要求：重点突出、数据确凿、语言简练、报送及时。

一、财务分析报告的类型

（一）综合分析报告

综合分析报告又称全面分析报告，是企业对经营活动和财务事项做出系统、综合、全面的分析与评价，所形成的书面报告。综合分析报告主要用于半年度和年度进行财务分析时撰写，既要全面，又要抓住重点。

（二）专题分析报告

专题分析报告又称专项分析报告，是针对生产经营过程中某一方面的问题进行的分析所写的书面报告。

（三）简要分析报告

简要分析报告，是对几个主要财务指标或一两个重点问题进行概要分析而形成的书面报告。它具有简明扼要、切中要害的特点，用来说明企业在分析期内业务经营的基本情况，反映财务活动的发展趋势，提出工作改进的建议。简要分析报告可按月、按季进行撰写。

财务分析报告还按分析的时间，分为定期分析报告与不定期分析报告。

二、财务分析报告的结构

结构是指分析报告如何分段而又构成一个整体的问题，一般根据报告所反映的内容可以多种多样。严格地讲，财务分析报告没有固定的格式和体裁，但要求能够反映要点、分析透彻、有实有据、观点鲜明、符合报送对象的要求。一般来说，大致包含以下几个方面的内容：

（一）标题

标题应简明扼要，准确反映报告的主题思想。一般由单位名称、时间、内容和文种四项组成，如《××公司××年度财务分析》。

（二）开头（提要）

开头（提要）应概括地反映分析对象的基本面貌，让财务分析报告接受者对财务分析说明有一个总括的认识。例如，针对分析的问题用数字简要介绍一些基本情况，或提出问题，或简要说明分析报告的目的。

（三）分析

这是分析报告的主要部分，要突出中心，突出重点，突出问题的症结所在。

分析部分是对分析对象进行分析研究，分析问题要善于抓住当前要点，找出问题的原因和症结，以达到解决问题的目的。财务分析要有理有据，突出表达分析的内容，多反映公司经营焦点和易于忽视的问题。

为了使分析报告清晰明了，要善于运用表格、图示，采用文字处理与图表表达相结合的方法，使其易懂、生动、形象。例如，编制分析表，即根据分析的目的，将财务报表及有关经济资料，经过科学再分类、再组合，适当补充资料，配以分析计算项目，采用表格，简明扼要地表达资料各项目间的内在联系，清晰地显示出各指标之间的差异及变动趋势，使报表分析更形象、具体。

（四）建议（要求）

分析报告应针对分析发现的问题，提出具体的、切实可行的改进建议，以利于问题的解决。对企业经营管理中的成绩和经验，应加以推广。

（五）署名和日期

合理地安排上述内容，能使财务报表分析报告条理清晰、结构严密。

三、撰写分析报告应做好的几项工作

（一）关注企业经营管理

财务人员应多参加相关会议，听取各方面的意见，了解采购、生产、质量、销售、市场、行政、投资、融资等各种情况。

（二）关注企业重要事项

财务人员对企业经营管理、财务管理的重大事项要多做记录，包括事项发生变化的各影响因素。

（三）注意收集整理资料

财务人员应要求企业各相关部门及时提交可利用的有关文件、报表等资料，多阅读、多研究，以利于发现问题、解决问题。

四、撰写分析报告应注意的几个问题

（一）从企业管理的角度出发

分析报告的阅读对象主要是企业管理者，而企业管理者希望看到的是一份站在企业经营的角度来发现和回答问题的分析报告。财务人员要了解企业管理者真正想了解什么样的信息，同时要了解企业经营管理方面的决策情况，从企业管理的角度，从回答和解决企业的实际问题出发去思考问题。

（二）从实际业务出发

财务数据反映的是企业的经营业务，要将财务数据和经营业务背景联系起来，掌握财务数据变化和经营业务变化之间的相互关系，根据财务数据的变化来了解业务的实际情况，发现业务开展过程中存在的问题。

（三）从全局的角度出发

进行财务分析时，要将各个指标数值之间的因果关系有机地联系起来，只有将多种指标结合起来，凭借其内在因果关系，进行环环相扣、层层深入、递进式的分析判断，才能得出更加符合企业实际的、准确的分析结论。

（四）从动态的角度出发

进行报表分析时，要用发展的、动态的观点来分析指标数值的变化。一个财务指标可能是由多种因素构成的，一种财务状况可能是由多种情况导致的。例如，企业的某种产品出现亏损，可能是由于经营管理不善造成的，也可能是企业为扩大市场份额让利促销而让该产品暂时亏损，为其他产品或将来该产品创造更大的发展空间所造成的。

（五）下结论应慎重

分析报告中的结论性词句对报告阅读者的影响相当大，如果在分析报告中草率地下结论，很可能形成误导。例如，许多公司核算还不规范，费用的实际发生期与报销期往往不一致，如果财务人员忽略核算的时滞差，很可能得出错误的结论。

本章小结

1. 会计核算的基本前提与一般原则是建立会计理论体系的基础，也是财务分析的基础。

2. 会计要素、会计等式和复式记账，是财务学的基本架构，是资产负债表和利润表的框架基础。

3. 财务分析是系统分析和评价企业过去和现在的财务情况、预测企业未来的财务情况，广义财务分析的主要内容为财务报表分析、本量利分析、杠杆分析、资本分析和EVA分析等。

4. 写好财务分析报告，掌握和评价企业的财务情况，有利于改善企业的经营管理、提高财务管理水平。

复 习 题

1. 会计核算的基本前提是什么？
2. 会计核算的一般原则是什么？
3. 简述会计要素和会计等式。
4. 简述财务分析的定义、种类和方法。
5. 简述财务分析报告的类型。

第二章　财务报表比较分析

第一节　财务报表分析概述

一、财务报表

财务报表（Financial Statements），是指企业对外提供的反映企业某一特定日期的财务状况和某一会计期间的经营成果、现金流量等会计信息的文件。财务报表是企业财务核算工作的结果，也是企业内部提供财务信息的主要手段，它将企业庞杂的财务信息集中在几张表格上，对企业的经营进行了明确的记述。

会计核算工作的结果是资产负债表、利润表和现金流量表，这三张基本财务报表将有关企业财务状况、经营业绩和现金流量的变化等财务信息传递给信息使用者，使之据此做出合理的决策。股市上公布的财务报表是国际通用的“商业语言”，使得各国投资者能够获得与企业经营、理财和投资有关的信息，在促进全球资本合理流动和国际经济贸易的发展方面发挥着重要作用。

（一）资产负债表

资产负债表（Balance Sheet）简称资产表，反映企业一定日期全部资产、负债和所有者权益的情况，它反映了企业所掌握的各种资产的分布和结构，企业所承担的各种负债以及投资人在企业中所拥有的权益。

资产表是全面反映企业理财行为及其结果的一张财务报表，企业的投资、融资、营运资本等均可在该表中得到体现。例如经营杠杆（主要由固定资产体现）、财务杠杆（借款、债券、优先股）以及盈利（盈余公积、未分配利润）等均在表中全部或部分反映出来。投资决策决定了报表左方资产方的数据及其结构，而融资决策、股利政策决定了右方权益方的数据及其结构。报表格式见第四章第一节表4－1。

（二）利润表

利润表（Income Statement）又称损益表，英文字面直译收入表，是反映企业在一定期间（如月度、年度）的经营业绩的报表，它反映了企业的各项收入和各项费用成本等支出以及利润或亏损总额的构成。

利润表从动态的角度说明企业报告期内的经营成果，反映资金的净流入。通过利润表的资料可以考核企业利润的形成情况和企业在一定期间的经营成果，了解企业盈利能力和盈利趋势，分析利润增减变动的原因，评价企业的经营成果。

西方的报表格式在净利润之前多列了息税前利润、税前利润，息税前利润（EBIT）与息税后利润（EAT，即税后净利润）、普通股每股收益（EPS）一样是财务分析常用的指标。报表格式见第四章第一节表4－2。

（三）现金流量表

现金流量表（Cash Flow Statement），是指反映企业在一定会计期间现金和现金等价物流入和流出的报表。它是反映企业一定会计期间内经营活动、投资活动和筹资活动等对现金及现金等价物产生的动态影响。

经营活动现金流量是最重要的现金流量，只有它才是决定企业价值的根本因素。企业价值与股东财富源于经营活动所创造的现金流量，现金流量表正是反映企业价值创造的过程和结果的财务报表。报表格式见第四章第一节表4－3、表4－4。

二、财务报表分析

企业定期编制的各种财务报表，主要是向企业领导层、投资人、债权人等进行决策提供财务信息。然而财务报表只能粗略地反映企业的财务状况、经营成果和现金流量，为了充分地发挥财务报表的作用，还必须将财务报表上相关的财务指标有机地联系起来，通过计算、比较和综合分析，全面正确地评价企业财务状况的优劣，经营管理水平的高低，以及企业发展前景的好坏，以便做出正确的决策。

财务分析以企业的财务报表分析为主要内容，狭义的财务分析指的就是财务报表分析。财务报表的价值不仅在于它按照一定的模式提供有关财务状况和经营成果的信息，还在于通过财务分析，能够估计企业未来现金流量及其风险的大小，帮助企业管理当局发现企业所存在的问题，科学地规划未来，采取有效措施改善企业形象，同时帮助投资者进行投资决策。

企业的财务人员通过编制和分析财务报表，制作高质量的财务报表分析报告，可以令企业的经理和业主全面地了解和评价企业的财务状况、经营业绩和现金流量，明确企业的竞争地位和预测企业的经营前景。

本书根据财务报表体系中的三张主要财务报表，即资产负债表、利润表和现金流量表，归纳演绎了发达市场经济国家在财务、企管、投资及信贷活动中广泛运用的各种财务报表分析技术，以便对企业财务质量进行透视，为正确的财务决策提供可靠的依据。

三、财务报表分析的历史沿革

财务报表分析（Analysis of Financial Statements）产生于20世纪初。之前，企业规模较小，银行根据个人信用贷款。1900年前后，美国银行对于申请贷款的企业要求提供资产负债表。财务报表分析是从以确定偿债能力为目的的信用分析开始的，最初所使用的财务比率只有流动比率一个，到了1920年后，所用的财务比率大为增加。当时的代表人物有亚历山大·沃尔（Alexander Wall）和斯蒂芬·吉尔曼（Stephen Gilman）等。之后，财务报表分析扩展到为投资人和改善内部管理服务，开始了多方位的发展，至今已发展成为一套完整的财务报表分析体系，技术上日益成熟。

四、财务报表分析的目的

对企业进行财务分析所依据的资料是客观的，但是，不同的人员所关心问题的侧重点不同，因此，进行财务分析的目的也各不相同。综合起来，进行财务分析主要出于以下目的：

（一）评价企业的偿债能力

通过对企业的财务报告等财务资料进行分析，可以了解企业资产的流动性、负债水平以及偿还债务的能力，从而评价企业的财务状况和经营风险，为企业经营管理者、投资者和债权人提供财务信息。

（二）评价企业的营运能力

企业的生产经营过程就是利用资产取得收益的过程。资产是企业生产经营活动的经济资源，资产的管理水平直接影响到企业的收益，它体现了企业的整体素质。进行财务分析，可以了解到企业资产的保值和增值情况，分析企业资产的管理水平、资金周转状况、现金流量情况等，为评价企业的经营管理水平提供依据。

（三）评价企业的盈利能力

获取利润是企业的主要经营目标之一，它也反映了企业的综合素质。企业要生存和发展，必须争取获得较高的利润，这样才能在竞争中立于不败之地。投资者和债权人都十分关心企业的盈利能力，盈利能力强可以提高企业偿还债务的能力，提高企业的信誉。对企业盈利能力的分析不能仅看其获取利润的绝对数，还应分析其相对指标，这些都可以通过财务分析来实现。

（四）评价企业的成长能力

无论是企业的经营管理者，还是投资者、债权人，都十分关注企业的成长能力，这关系到他们的切身利益。通过对企业进行财务分析，可以判断出企业的发展趋势，预测企业的经营前景，从而为企业经营管理者和投资者进行经营决策和投资决策提供重要的依据，避免决策失误给其带来重大的经济损失。

（五）评价企业的现金流量

现金流量是企业的血脉，企业的现金流量主要从何而来，用到哪去？

与企业经营和发展的调配关系，以及与利润的对应关系，等等，这些都需要透过现金流量表的分析来加以评价。

五、财务报表分析的局限性

进行财务报表分析，可以得到不能从财务报表上直接得到的信息。但是，使用财务报表进行财务分析具有局限性。

（一）会计假设

1. 持续经营与会计分期。持续经营和会计分期假设，产生了划分资本性支出和收益性支出问题，以及收付实现制和应收应付制问题。企业采用不同的方法，会对报表分析产生不同的影响。有些收入、费用的发生可能会跨越两个或多个会计期间，入账时要进行预先估计，使得报表信息含有不确定性成分，如长期合同的完工程度和相应成本的预估等。

2. 货币计量。币值稳定是货币计量假设的内容之一，在此基础上，企业多年前购入的资产，可以加总于多年后购入的资产总额。而现实中通货膨胀普遍存在，致使货币性资产实际购买力降低；而实物资产以历史成本原则记账，常有越是长时期存放的资产，其现时价值越是高出原账面价值的情况。在通货膨胀条件下由于资产低估导致成本偏低，会使收益虚增。即使币值不变，货币时间价值也会影响财务报表的真实性。所以，通货膨胀及货币的时间价值等因素的存在，致使财务原则的以历史成本记账与现实市价产生了背离。例如，在出售或购买某项企业资产时，该项财产的市场价值是重要的经济数据，但财务报表并不提供这样的数据，它只提供其账面原值、已提折旧或已摊销额、净值等数据，明了历史成本计价的人会使用更相关的经济价值而不是这些会计价值。

（二）主观估计

处理会计实务，虽然必须遵循一定的公认会计原则，但其中的众多处理方法，却是必须由财务人员主观估计选择的。例如，对材料计价方法、固定资产折旧方法的选择，固定资产耐用年限在规定范围内的估计，对长期待摊费用的摊销事项的处理等，都包含有主观估计成分在内。在对财务报表的处理过程中，也会由于财务人员的学识、经验、职业道德的不同，对同一事项采用不同的处理方法，得出不同的结论。所以，主观估计的伸缩性，使财务报表的内容产生了差异。

（三）信息时效性

财务报表是在财务事项发生后，经过一定程序，记录、汇总、分摊、计算，然后才编制出来的。如果企业规模庞大，机构众多，业务复杂，交易频繁，则把每一结算期内所有财务事项，完全结算清楚，并编制成能显示企业业绩及财务状况的各种报表，需要经过相当时日。因此，造成财务报表分析不能及时反映企业的财务状况和经营成果。

（四）非货币因素

财务报表上所反映的项目，都是可以用货币金额衡量并记载的，但影响企业财务状况和经营成果的因素，很多是无法用金额表达的。例如，员工的技术水平、生产流程、机器效率等，均无法从财务报表中得到。

（五）偶然或伪饰

财务分析所使用的财务报表，都是根据年度决算日的财务记录编制的，然而年度决算前临时发生的偶然财务事项，往往会对财务报表的内容产生重大影响。有时财务人员为了企业的利益，故意伪饰财务报表，致使报表数字不真实，财务分析不能正确反映企业的财务状况。例如，上市公司的关联交易，如果公司的营业收入和利润很大一部分来源于关联企业，就应该特别注意关联交易的定价政策，分析公司是否以明显偏离市价的方式进行关联交易，伪饰财务报表。

许多虚假财务报表和不良审计报告的案件，打击了股市报表和审计报告的公信力。财务数据有其勾稽关系（Articulation），拙劣的假账可以判断，手法较高的假账实难判断。例如，国内一些灰色票据市场的存在，为制假者提供了“原始凭证（Source Document）”。信托责任的先天不足，缺乏强有力的法制环境与监管机构，使得对报表的会计操纵成为纯粹的财务技术问题。

第二节　财务报表横向趋势分析

财务报表比较分析分为外部比较分析和内部比较分析。外部比较分析，例如，在一个股市报表基本真实的环境下，人们可以透过一些行业标准进行比较。行业标准是同行业企业在同一时期内的平均水平，证券类的报纸、网站会公布这些数据。企业可以通过数据、比率与行业标准的比较，来看出自身经营的好坏。本书讲述的是企业基于真实数据的内部比较分析。

所谓趋势分析是指将可比指标（绝对值或相对值指标）与不同时期财务报表中同类指标的历史数据进行比较，以便为进一步分析和评价财务数据的变化趋势和变化规律的一种分析方法。它与差异分析都是建立在比较的基础上，属于比较分析法。

财务报表横向趋势分析是连续几个年度财务报表数据绝对金额及百分率增减的比较，主要可以看出企业财务发展的动态趋势。如果只分析一年的财务报表往往不够全面，该年可能有较多的非常或偶然事项，不能代表企业的过去，也不能说明其未来。如果对企业若干年的财务报表按时间序列做分析，就能看出其发展趋势，也能看出本年度是否具有代表性，有助于规划未来。

本节所举的例子只用连续两年的报表数据进行比较，简单明了，便于读者掌握。读者在实际工作中可以“照葫芦画瓢”，用连续 3～5 年的报表数据进行比较，可以用一年比上一年的增减变动进行环比分析，也可以选定一年为基期进行定基比分析，将绝对金额增减和百分率增减两栏放在年度之间。在编制比较财务报表时可使用 Excel 表格的公式设定生成所需数据。

财务报表横向趋势分析，是采用前后期（连续两年或多年）对比的方式编制比较财务报表（Comparative Financial Statements），设置绝对金额与百分率增减两栏，从绝对金额与百分率的变化中揭示出有用的信息。其目的是查明什么项目变化了，并找出是什么事件造成这种变化，这些事件对企业的未来有何影响。

下面，我们以A公司为例进行报表的编制与分析，本节对表格中有的项目格式做了一些改动。

一、比较资产负债表分析

A公司比较资产负债表如表2－1所示。

表2－1　A公司比较资产负债表　单位：千元

项　目	2004年末	2005年末	绝对金额增减	百分率增减（%）
资产				
流动资产：				
货币资金	3 640	4 812	1 172	32.2
应收票据	2 980	3 300	320	10.7
应收账款	7 936	7 452	－484	－6.1
预付款项	322	216	－106	－32.9
存货	5 650	6 648	998	17.7
流动资产合计	20 528	22 428	1 900	9.3
非流动资产：				
长期股权投资	520	1 260	740	142.3
固定资产	11 598	14 424	2 826	24.4
非流动资产合计	12 118	15 684	3 566	29.4
资产总计	32 646	38 112	5 466	16.7
负债及所有者权益				
流动负债：				
应付票据	1 012	1 200	188	18.6
应付账款	3 856	4 218	362	9.4
应交税费	1 792	2 208	416	23.2
流动负债合计	6 660	7 626	966	14.5
非流动负债：				
长期负债	3 682	2 616	－1 066	－29
负债合计	10 342	10 242	－100	－1
所有者权益：				
普通股股本	11 980	14 400	2 420	20.2
留存收益	10 324	13 470	3 146	30.5
所有者权益合计	22 304	27 870	5 566	25
负债及所有者权益总计	32 646	38 112	5 466	16.7

表 2 – 1 可用图 2 – 1 表示如下：

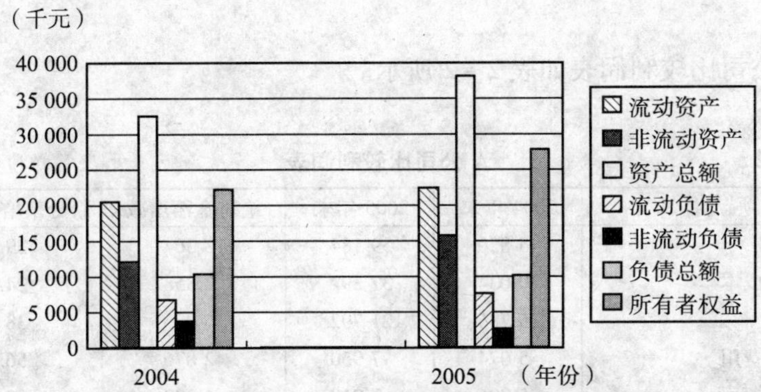

图 2 – 1　比较资产负债图

从表 2 – 1、图 2 – 1 中可以看出：

1. 在 2004 ~2005 年间，A 公司的流动资产增加了 1 900 千元，主要是货币资金和存货增加，同期流动负债只增加了 966 千元，只相当于流动资产增加数的一半多，这表明企业的短期清偿能力较强。从另一方面看，流动资产增长了 9.3%，而流动负债增长了 14.5%，流动负债的增长速度快于流动资产的增长速度。长期负债降低了 29%，这表明公司的利息负担有较大减轻。

2. 企业的资产总额增长了 5 466 千元，增幅 16.7%，而负债总额则减少了 100 千元，降低了 1%，资产的增长是由增发普通股票和留存收益的增加来支持的。

3. 从明细项目看，公司的应收账款减少了 484 千元，赊账规模的减小有助于减轻坏账风险。对外投资大幅增加，增加了近一倍半，最突出的是投资于固定资产，净增 2 826 千元，用以扩大再生产，可以预期，企业的产销量将有较大增长。

4. 公司持有的货币资金增长了 32.2%，留存收益（Retained Earning）增长了 30.5%，达到了 13 470 千元，可以预期，公司发放的现金股利将处于较高的水平。

二、比较利润表分析

A 公司比较利润表如表 2－2 所示。

表 2－2　　A 公司比较利润表　　单位：千元

项　目	2004 年末	2005 年末	绝对金额增减	百分率增减（%）
营业收入	45 820	59 184	13 364	29.2
减：营业成本	30 034	37 392	7 358	24.5
营业毛利	15 786	21 792	6 006	38
减：销售费用	5 074	7 950	2 876	56.7
管理费用	5 896	7 218	1 322	22.4
息税前收益	4 816	6 624	1 808	37.5
减：财务费用	610	522	－88	－14.4
税前收益	4 206	6 102	1 896	45.1
减：所得税费用	1 388	2 014	626	45.1
税后收益	2 818	4 088	1 270	45.1
期初留存收益	8 278	10 344	2 066	25
加：本年度税后收益	2 818	4 088	1 270	45.1
可供分配的收益	11 096	14 432	3 336	30.1
减：派发现金股利	730	900	170	23.3
期末留存收益	10 366	13 532	3 166	30.5

表 2－2 可用图 2－2 表示如下：

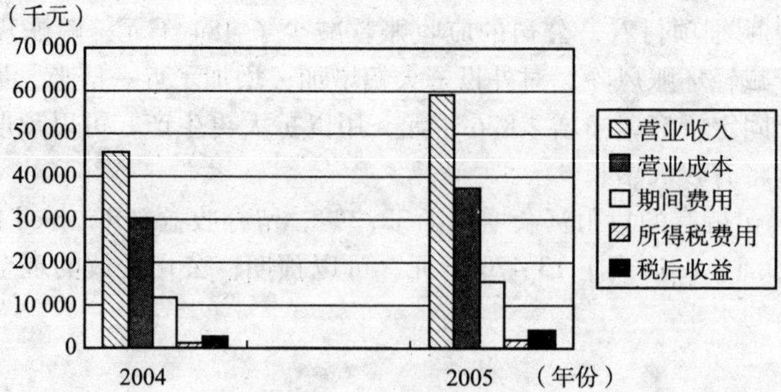

图 2－2　比较利润图

从表2-2、图2-2中可以看出：

1. 2005年度比2004年度营业收入增加了13 364千元，增幅达29.2%，而营业成本增幅为24.5%，低于营业收入的增幅达4.7个百分点，显然A公司在成本控制方面取得了一定的成果，这使得毛利的增幅达到了38%。

2. 相对于营业成本而言，销售费用大量扩张，其增幅高达56.7%，是营业收入增幅的近两倍（高出27.5%），这直接减少了企业利润。

3. 公司的财务费用降低了14.4%，这与比较资产负债表中长期负债减少，企业利息负担减轻是相关的。

4. 公司税后收益增加了45.1%，2005年度派发现金股利900千元，比上年增加了23.3%，而企业的期末留存收益达13 532千元，对该公司的原始投资而言是一个相当高的数额。对此，股东应该相当满意。

三、财务报表指数分析

财务报表指数分析，是横向分析的一种简化形式，它只计算趋势百分比（Trend Percentage），不列示绝对金额增减栏目。

指数分析法是通过观察连续数期的财务报表，比较各期的有关项目金额，分析某些指标的增减变动情况，在此基础上判断其发展趋势，从而对未来可能出现的结果做出预测的一种分析方法。运用指数分析法，报表使用者可以了解有关项目变动的基本趋势，判断这种变动趋势是有利或者不利，并对企业的未来发展做出预测。

指数分析通常采用编制历年财务报表的方法，即将连续多年的报表，至少是最近3年，或者5年，甚至10年的财务报表并列在一起加以分析，以观察变化趋势。观察连续数期的财务报表比单看一个报告期的财务报表，能了解到更多的信息和情况，并有利于分析变化的趋势。

简单指数法计量的是，相对于数值为100的基期数，某一变量随着时间推移而发生的变化。使用这种方法，我们可以计量一段期间上某一数据系列的简单指数。某一期间指定为基期，基期数指定为100，这一数据系列内的其他数据可以表示成基期值的一项百分数。

运用指数分析法应计算指数，指数有两种，即定比和环比。定比是选定某一年作为基期，然后其余各年与基期比较，计算出指数，这样能够明确地反映出有关项目和基期相比发生了多大变化。环比是指将项目本年数和前一年数相比较，而计算出的指数，由于它以前一期作基数，因而更能明确地说明项目的发展变化速度。

下面，我们以 A 公司为例进行定比指数分析，以揭示该企业的发展趋势。读者可以编制环比指数分析表进行环比指数分析，可以只选择几项主要栏目数据进行分析。

A 公司 2005 ~2008 年度资产负债表如表 2 -3、图 2 -3 所示，A 公司指数资产负债表如表 2 -4、图 2 -4 所示。

表 2 -3　A 公司 2005 ~2008 年度资产负债表　单位：千元

项　目	2005 年	2006 年	2007 年	2008 年
资产				
流动资产：				
货币资金	4 812	8 914	21 308	30 710
应收票据	3 300	2 746	2 780	2 078
应收账款	7 452	7 528	8 618	11 540
预付款项	216	204	242	230
存货	6 648	7 198	7 454	9 182
流动资产合计	22 428	26 590	40 402	53 740
非流动资产：				
长期股权投资	1 260	1 120	1 184	480
固定资产	14 424	16 672	17 376	20 764
非流动资产合计	15 684	17 792	18 560	21 244
资产总计	38 112	44 382	58 962	74 984
负债及所有者权益				
流动负债：				
应付票据	1 200	1 300	458	1 014
应付账款	4 218	3 568	4 028	6 422
应交税费	2 208	1 264	1 226	2 144
流动负债合计	7 626	6 132	5 712	9 580
非流动负债：				
长期借款	2 616	2 680	3 362	4 640
负债合计	10 242	8 812	9 074	14 220
所有者权益：				
普通股股本	14 400	20 400	32 400	41 000
留存收益	13 470	15 170	17 488	19 764
所有者权益合计	27 870	35 570	49 888	60 764
负债及所有者权益总计	38 112	44 382	58 962	74 984

表2－3可用图2－3表示如下：

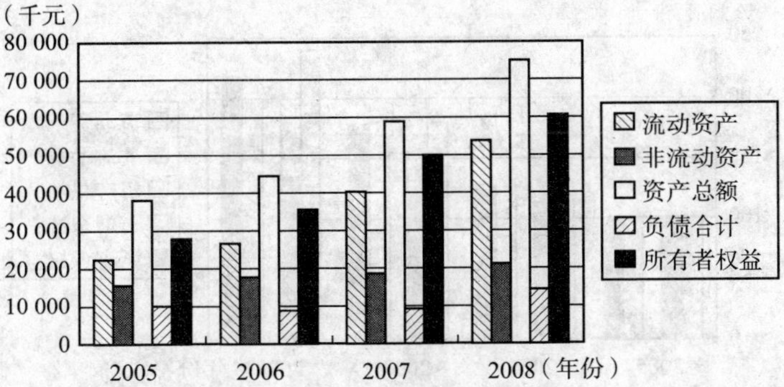

图2－3　比较资产负债图

表2－4　**A公司指数资产负债表**　单位：百分比（%）

项　目	2005年	2006年	2007年	2008年
资产				
流动资产：				
货币资金	100	185.2	442.8	638.2
应收票据	100	83.2	84.2	63
应收账款	100	101	115.6	154.9
预付款项	100	94.4	112	106.5
存货	100	108.3	112.1	138.1
流动资产合计	100	118.6	180.1	239.6
非流动资产：				
长期股权投资	100	88.9	94	38.1
固定资产	100	115.6	120.5	144
非流动资产合计	100	113.4	118.3	135.5
资产总计	100	116.5	154.7	196.7
负债及所有者权益				
流动负债：				
应付票据	100	108.3	38.2	84.5
应付账款	100	84.6	95.4	152.3
应交税费	100	57.2	55.5	97.1
流动负债合计	100	80.4	74.9	125.6
非流动负债：				
长期借款	100	102.4	128.5	177.4
负债合计	100	86	88.6	138.8
所有者权益：				
普通股股本	100	141.7	225	284.7
留存收益	100	112.6	129.8	146.7
所有者权益合计	100	127.6	179	218
负债及所有者权益总计	100	116.5	154.7	196.7

表2－4可用图2－4表示如下：

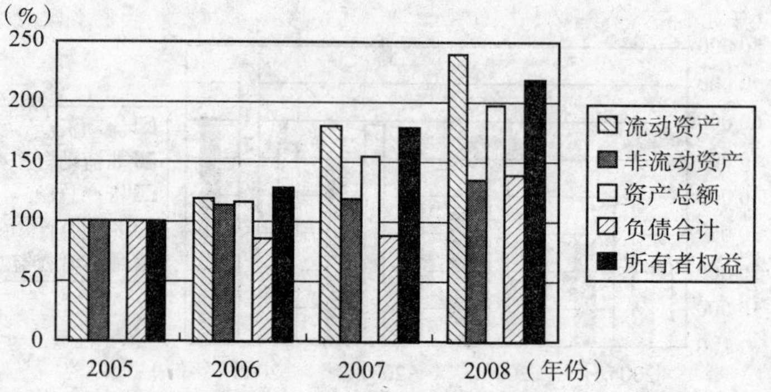

图2－4　指数资产负债图

从表2－3、图2－3，表2－4、图2－4可以看出：

1. A公司货币资金（现金和银行存款）余额逐年大幅上升，2008年比2005年增长了6.38倍，货币资金的充沛可以确保偿还债务、购买原辅材料、支付费用之需，也可增加对外投资赚取利息收入。应收账款三年间增长了54.9%，存货增长了38.1%，合计流动资产增长了2.4倍。

2. 2008年长期股权投资减少至480千元，不到2005年的四成。固定资产2006年增加了2 248千元；2007年增加了704千元，增幅较小；2008年增加了3 388千元，增长尤为显著。3年间非流动资产增长了35.5%，资产总额增长了96.7%，接近翻一番。

3. 2008年应付账款为6 422千元，比2005年增长了52.3%。长期借款增长了77.4%，负债总额增长了38.8%。

4. 普通股股本逐年扩大，至2008年达到41 000千元，是2005年的2.85倍。留存收益逐年增加，3年间增长了近一半。所有者权益总额3年间增长了一倍多，公司股东获利颇丰。

再看A公司的利润表，如表2－5、表2－6所示。

表2－5　　A公司2005～2008年度利润表　　单位：千元

项　目	2005年	2006年	2007年	2008年
营业收入	59 184	63 504	69 132	86 388
减：营业成本	37 392	39 558	45 990	55 860
营业毛利	21 792	23 946	23 142	30 528

续表

项　目	2005 年	2006 年	2007 年	2008 年
减：销售费用	7 950	8 670	8 730	10 590
管理费用	7 218	7 566	7 080	9 246
息税前收益	6 624	7 710	7 332	10 692
减：财务费用	522	120	210	656
税前收益	6 102	7 590	7 122	10 036
减：所得税费用	2 014	2 505	2 350	2 509
税后收益	4 088	5 085	4 772	7 527

表 2－5 可用图 2－5 表示如下：

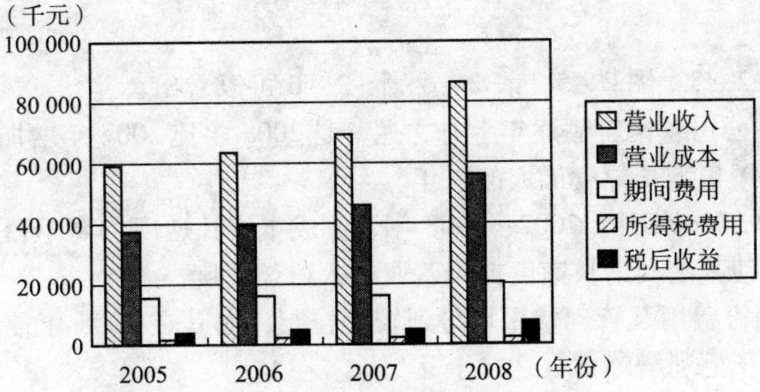

图 2－5　比较利润图

表 2－6　A 公司 2005～2008 年度指数利润表　单位：百分比（%）

项　目	2005 年	2006 年	2007 年	2008 年
营业收入	100	107.2	116.8	145.9
减：营业成本	100	105.7	122.9	149.3
营业毛利	100	109.8	106.1	140
减：销售费用	100	109	109.8	133.2
管理费用	100	104.8	98.1	128
息税前收益	100	116.3	110.6	161.4
减：财务费用	100	22.9	40.2	125.6
税前收益	100	124.4	116.7	164.5
减：所得税费用	100	124.4	116.7	124.6
税后收益	100	124.4	116.7	184.1

表 2－6 可用图 2－6 表示如下：

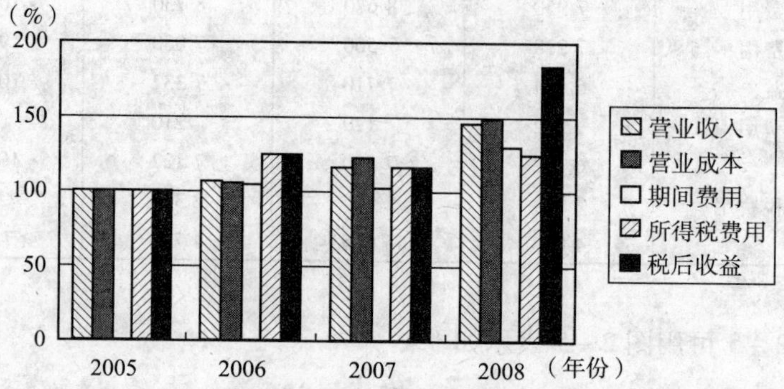

图 2－6　指数利润图

从表 2－5、图 2－5，表 2－6、图 2－6 可以看出：

1. A 公司年销售额逐年上升，尤其是 2008 年比 2007 年增加了 17 256 千元，是销售增长幅度最大的一年。

2. 除 2006 年外，2007、2008 年营业成本增长速度均高于营业收入增长速度，使其毛利增长速度低于营业收入增长速度。

3. 销售费用及管理费用均得到较好控制，尤其在 2008 年使得税前收益增幅高于毛利增幅百分之二十几。

4. 2008 年度企业所得税税率开始从 33% 下降为 25%，对企业是个节税效益。总的来看，2008 年度经营情况最佳，收入和收益都有很好成绩。

5. 就资产利用效率而言，以 2005 年为基期，2006 年资产总额增长了 116.5%，税前收益增长了 124.4%，2007 年资产总额增长了 154.7%，税前收益增长了 116.7%，2008 年资产总额增长了 196.7%，税前收益增长了 164.5%。2006 年资产利用效率最高，对 2007、2008 年来说，公司应加强对成本增长的控制。

进行指数分析应注意，如在某一栏目出现零或负值，则该栏目就无法进行比较，必须是数据为正值的栏目才能进行指数分析。

第三节 财务报表纵向结构分析

结构分析（Structural Analysis）也称比重分析，侧重于对报表中某一总体项目的各个构成因素所产生的影响大小及其程度高低的分析。具体做法是连续几个年度财务报表数据作为选定的一个基数的百分率的比较，主要可以看出企业财务资源的配置结构及其动态趋势。

结构分析的前提，是采用百分率形式编制资产负债表和利润表，即以资产负债表中的资产或权益总额、利润表中的营业收入的金额为基数，将表中项目以基数的百分率形式列示，从中可以看出企业经济资源的配置结构和各项目的相对重要性。

资产负债表的结构分析，是对构成报表的资产、负债、所有者权益这三大会计要素之间以及三大要素所包含的具体内容之间的相互比例关系的分析，通过对表中各项目以及各项目在总资产中所占的比重进行比较分析，进一步了解企业的财务状况，发现其中存在的问题，并从结构变动方面预测其未来走向。

利润表的结构分析，是对表中各项目以及各项目占营业收入的比重进行比较分析，以深入了解企业在一个会计期间的投入产出与经营盈利情况，发现影响净利润的主要问题，预测收入、费用、利润的变动趋势。

使用纵向分析的方法，还可将同一行业中两家或数家规模不同的企业进行比较，显现优劣异同。

下面，我们仍以 A 公司为例，编制纵向百分率资产负债表和利润表如表 2－7、表 2－8 所示。

表 2－7　　A 公司纵向百分率资产负债表　　单位：千元

项　目	2004 年末	纵向百分率（%）	2005 年末	纵向百分率（%）
资产				
流动资产：				
货币资金	3 640	11.1	4 812	12.6

续表

项　目	2004 年末	纵向百分率（%）	2005 年末	纵向百分率（%）
应收票据	2 980	9.1	3 300	8.7
应收账款	7 936	24.3	7 452	19.6
预付款项	322	1	216	0.6
存货	5 650	17.3	6 648	17.4
流动资产合计	20 528	62.9	22 428	58.8
非流动资产：				
长期股权投资	520	1.6	1 260	3.3
固定资产	11 598	35.5	14 424	37.9
非流动资产合计	12 118	37.1	15 684	41.2
资产总计	32 646	100	38 112	100
负债及所有者权益				
流动负债：				
应付票据	1 012	3.1	1 200	3.1
应付账款	3 856	11.8	4 218	11.1
应交税费	1 792	5.5	2 208	5.8
流动负债合计	6 660	20.4	7 626	20
非流动负债：				
长期借款	3 682	11.3	2 616	6.9
负债合计	10 342	31.7	10 242	26.9
所有者权益：				
普通股股本	11 980	36.7	14 400	37.8
留存收益	10 324	31.6	13 470	35.3
所有者权益合计	22 304	68.3	27 870	73.1
负债及所有者权益总计	32 646	100	38 112	100

表 2－7 可用图 2－7 表示如下：

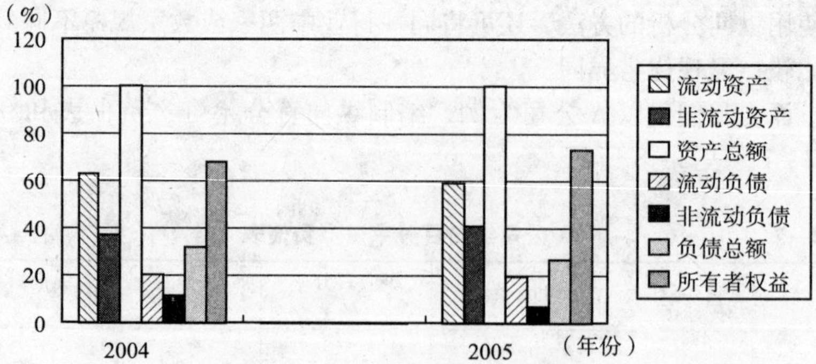

图 2－7　纵向百分率资产负债图

表2-8　**A公司纵向百分率利润表**　单位：千元

项　目	2004年末	纵向百分率（%）	2005年末	纵向百分率（%）
营业收入	45 820	100	59 184	100
减：营业成本	30 034	65.5	37 392	63.2
营业毛利	15 786	34.5	21 792	36.8
减：销售费用	5 074	11.1	7 950	13.4
管理费用	5 896	12.9	7 218	12.2
息税前收益	4 816	10.5	6 624	11.2
减：财务费用	610	1.3	522	0.9
税前收益	4 206	9.2	6 102	10.3
减：所得税费用	1 388	3	2 014	3.4
税后收益	2 818	6.2	4 088	6.9

表2-8可用图2-8表示如下：

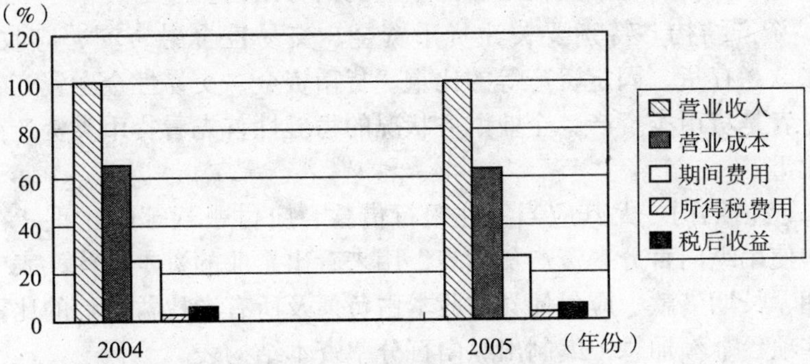

图2-8　纵向百分率利润图

从表2-7、图2-7，表2-8、图2-8可以看出：

1. 货币资金与应收票据之和保持在20%～21%，表明企业财务状况相当稳健。应收账款占资产总额的比重下降了4.7%，这表明企业财务风险有所降低。固定资产的比重增长了2.4%，这是由企业扩建引起的。流动资产的比重下降了4.1%，非流动资产上升了4.1%。这表明公司资产结构趋向稳健。

2. 流动负债占负债及所有者权益总额的比重基本上保持不变，但因为长期借款的比重下降了4.4%，带动企业负债占负债及所有者权益总额的比重下降了4.8%，业主权益比重上升了4.8%，这表明公司更多地由股东出资而非债务进行资金融通，企业财务风险下降，另一方面也表明公司财务杠杆的作用减弱。

3. 营业成本下降了 2. 3%，引起毛利率上升，表明企业降低了成本，提高了效益。但因为销售费用的比重增长了 2. 3%，使得息税前收益未能同步增长。表中还显示管理费用的比重有所下降，税后收益呈上升趋势，2004 年每销售百元货物可获 6. 2 元纯利，2005 年则达到 6. 9 元纯利。

4. 虽然横向分析显示，长期股权投资增长了 142. 3%，但其占资产总额的比重较小，同样，预付款项下降了 32. 9%，但其比重只占 0. 6%，企业所得税费用增加了 45. 1%，但它占营业收入的比重只有百分之三点几，均不会引发企业财务状况的较大波动。

进行纵向分析可以直观地看出企业的财务结构。

1. 资产结构。特别要关注货币资金、交易性金融资产、应收票据、应收账款、存货、固定资产等的比重。货币资金、交易性金融资产、应收票据三者是货币类资产，企业财务状况的稳健性首先看货币类资产占总资产的比重。

2. 负债结构。尤其应当关注银行借款、应付账款等的比重。在资本分析中使用纵向百分率资产负债表，用来看出企业的资本结构，表中列示出短期、长期借款、应付债券与股本占负债及所有者权益总计的比重，可将这些项目金额加总，编制出纵向百分率资本结构表。

3. 所有者权益结构。主要是观察股权资本结构，是较为单一还是多元化，不同的股权资本结构在公司治理和对待财务风险上会有所不同，股权结构对企业的决策机制、监督机制和激励机制产生影响，从而影响企业经营业绩。还要看所有者权益的增加是业主增资还是盈余公积与未分配利润增长等。

4. 盈利结构。从纵向百分率利润表可以直观地看出毛利率、营业净利率等指标及其成长情况。

进行纵向分析应注意的是，由于各项目数据所占基数的比重不同，其金额百分比的变动对企业财务整体的影响也就不同，因此要按财务上的重要性原则分别判断。

本章小结

1. 狭义的财务分析指的就是财务报表分析，用于评价企业的偿债能力、营运能力、盈利能力和成长能力等。

2. 财务报表横向趋势分析是连续几个年度财务报表数据绝对金额及百分率增减的比较，主要可以看出企业财务发展的动态趋势。

3. 财务报表指数分析是横向分析的一种简化形式，它只计算趋势百分数，不列示绝对金额增减栏目。

4. 财务报表纵向结构分析是连续几个年度财务报表数据作为选定的一个基数的百分率的比较，主要可以看出企业财务资源的配置结构及其动态趋势。

复习题

1. 简述财务报表分析的主要目的。
2. 简述财务报表横向趋势分析。
3. 简述财务报表指数分析。
4. 简述财务报表纵向结构分析。

第三章　财务比率分析

第一节　比率分析概述

比率分析（Ratio Analysis）是通过财务比率来反映财务指标之间相互关系的方法。通过比率分析法的运用，人们可以把注意力从复杂的经济过程中超脱出来，而集中在企业财务方面的各种相互关系上，因此比率分析是财务分析的一种主要的方法。

按照分析的目的不同，本书将之分为偿债能力分析、营运能力分析、盈利能力分析、企业市值分析和成长能力分析五项。

财务比率（Financial Ratios）能对公司财务问题做出许多回答，比如一家商业银行的信贷人员在考虑一项为期一年的贷款申请时，他需要了解申请的公司是否有足够的偿债能力和流动性；公司普通股票的潜在投资者希望了解公司的获利能力如何；而公司内部财务分析人员则可能想知道公司为了发展计划以举债方式融资是否合理，通过运用财务比率，我们可以得到这些问题以及与之有关问题的答案。

财务比率为分析者提供了企业不同时点的财务数据以及和其他企业之间的比较。比如一家年销售额两亿元的企业的存货比年销售额一亿元的企业的存货要大，但是这两家企业的销售存货比率可能相似，因而财务比率表示一种标准的财务资料，以便不同企业之间的比较。财务比率为回答下述问题提供了依据：

1. 企业财务的流动性如何？流动性涉及企业偿还到期债务的能力和资产变为现金的能力，这对企业的信用很重要。

2. 企业资产是否产生足够利润？因为企业购买一项资产的主要目的是能产生利润，如果利润水平与投资规模相比是不充足的，必须逐步查出原因。

3. 企业投资是如何筹集资金的？这些融资决策对普通股股东的收益有直接影响。

4. 普通股股东的收益是否充分？财务管理的目标是最大限度地增加普通股股票的价值，投资者得到的收益水平是决定普通股股票价值的决定因素。

5. 企业成长情况如何？企业是平稳增长还是跳跃式发展呢，还是有升有降、波动起伏呢，通过财务比率的计算和比较以及图表的列示，可以清楚地展现出来。

虽然比率分析所需的数字是简单的，但是，正确地运用财务比率去回答上述问题，需要对财务分析手段的充分理解和大量的分析技能。

进行财务比率分析应结合行业情况、景气状况、物价水平、财务核算方法以及科技进步情况综合分析。

在进行财务比率分析时，许多人会碰到一个困难，就是计算出财务比率之后，无法判断它是偏高还是偏低。与本企业的历史比较，只能看到自身的变化，无法知道在竞争中所处的地位。因此，需要进行企业之间的对比。与同行业、同规模的其他企业进行比较，可以看出与对方的不同，为发现问题和查找差距提供线索。但是，对方并不一定是好的，与之不同也未必不好。这时反映行业平均水平的财务比率，可以作为比较的标准。标准财务比率，可以作为评价一个公司财务比率优劣的参照物。以标准财务比率作为基础进行比较分析，更容易发现企业的异常情况，并便于揭示企业存在的问题。

标准财务比率的建立主要采用统计方法，即以大量历史数据的统计结果作为标准。这种方法是假设大多数情况是正常的，社会平均水平是反映标准状态的，脱离了平均水平，就脱离了正常状态。在西方国家的某些政府机构和金融企业的报刊、网站定期公布各行业的财务方面统计指标，为报表使用者进行分析提供帮助。我国证券类的报刊、网站提供上市公司的财务比率，包括一些分行业的平均数据。

对于行业的平均财务比率，在使用时应注意以下问题：

1. 行业平均指标是根据部分企业抽样调查来的，不一定能真实反映整个行业的实际情况。如果其中有一个极端的样本，则可能歪曲整个状况。

2. 计算平均数的每个公司采用的会计方法和程序不一定相同，资本密集型与劳动密集型企业可能加在一起平均，负有大量债务的企业可能和少量债务的企业加在一起平均。因此，报表分析往往要对行业平均财务比率进行修正，尽可能建立一个可比的基础。

财务比率分析虽然简单明了，但是任何一位分析人员均不应忽视它的局限性，财务比率分析的局限性主要表现在以下几个方面：

1. 当企业进行多元化经营时，往往难以将其划归哪一行业，故无法将其与同行业水平相比。市场上发布的行业平均标准仅仅是一个大概数，只给分析者提供一个一般的指南而已。一项比率在不同行业的公司之间进行比较没有多大意义，什么比率才是适当的取决于公司所处行业、管理策略和总的经济状态。

2. 公司之间财务比率的比较可能具有误导性。各企业的财务核算不大相同，且不同分析人员对同一比率的定义往往不一样，这会导致比率计算的口径不同，如会计实务中对收入、无形资产等项目的确认有差异，存货计价法、折旧方法等不同。

3. 企业各期水平不同，不能以年终的财务报表作为依据来计算财务水平。为了避免这一问题，宜使用平均的财务报表。会计记录反映的是历史成本，通货膨胀引起的货币购买力变化会扭曲不同时期比率的可比性，例如，在通货膨胀期间，那些营业收入和净收益与资产和权益之间的比率可能会歪曲性地上扬。

4. 计算出来的比率反映的是各个财务要素之间过去的关系，分析人员不应相信过去数据必定反映了企业目前状态以及未来前景。

5. 对外部使用者而言，一些公司出于某些不可告人的目的而假造或伪饰且经不良审计公布的财务报表，对其进行分析会产生错误或偏差的判断。

本章数据来源如表 3 -1、表 3 -2 所示。

表 3－1 **资产负债表** 会企 01 表

编制单位：B 公司 2008 年 12 月 31 日 单位：千元

资 产	期末余额	年初余额	负债及所有者权益	期末余额	年初余额
流动资产：			流动负债：		
货币资金	34 000	32 776	短期借款	37 400	35 700
交易性金融资产	10 200	8 500	应付票据	4 080	3 740
应收票据	5 848	6 120	应付账款	5 950	4 930
应收账款	43 664	40 298	预收款项	2 856	3 604
预付款项	2 550	2 040	应付职工薪酬	4 828	3 944
应收股利	68	102	应交税费	17 238	15 980
其他应收款	1 258	1 428	应付股利	12 206	10 710
存货	76 560	74 520	其他应付款	850	2 176
一年内到期的非流动资产	6 800	5 100	一年内到期的非流动负债	5 100	3 400
其他流动资产			其他流动负债		
流动资产合计	180 948	170 884	流动负债合计	90 508	84 184
			非流动负债：		
非流动资产：			长期借款	6 800	6 800
长期应收款			应付债券	11 900	15 300
长期股权投资	10 200	6 800	长期应付款		
固定资产	132 600	129 200	其他非流动负债		
在建工程	8 500	5 100	非流动负债合计	18 700	22 100
工程物资			负债合计	109 208	106 284
固定资产清理			所有者权益（或股东权益）：		
无形资产	3 672	5 712	实收资本（或股本）	195 500	195 500
开发支出			资本公积	340	340
长期待摊费用	3 060	6 120	盈余公积	21 862	16 014
其他非流动资产			未分配利润	12 070	5 678
			所有者权益（或股东权益）合计	229 772	217 532
资产总计	338 980	323 816	负债和所有者权益（或股东权益）总计	338 980	323 816

表 3－2　　利润表　　会企 02 表

编制单位：B 公司　　2008 年 12 月　　单位：千元

项　　目	行次	本月数	本年累计数
一、营业收入	1	102 208	1 190 030
减：营业成本	2	73 430	854 360
营业税金及附加	3	7 248	88 170
销售费用	4	4 992	55 870
管理费用	5	5 372	63 376
财务费用	6	346	4 144
加：投资收益（损失以“－”号填列）	7	1 438	6 422
二、营业利润（亏损以“－”号填列）	8	12 258	130 532
加：营业外收入	9	108	862
减：营业外支出	10	124	964
三、利润总额（亏损总额以“－”号填列）	11	12 242	130 430
减：所得税费用	12	3 060.5	32 607.5
四、净利润（净亏损以“－”号填列）	13	9 181.5	97 822.5

第二节　偿债能力分析

企业的负债按其流动性，可以分为流动负债和长期负债。流动负债（Current Liabilities），是指将在一个营业周期或一年内偿还的债务，包括短期借款、应付票据、应付账款、预收账款、应付职工薪酬、应付股利、应交税费、其他暂收应付款项和一年内到期的长期借款等。长期负债（Long-term Liabilities），是指偿还期在一个营业周期或一年以上的负债，包括长期借款、应付债券、长期应付款等。

按照《公司法》的规定，公司因不能清偿到期债务，被依法宣告破产的，由人民法院依照有关法律的规定，组织股东、有关机关及有关专业人员成立清算组，对公司进行破产清算。

偿债能力是企业偿还到期各种债务的能力，通过对它的分析，能揭示企业财务风险的大小。企业生产经营活动对资金的需求是呈现波浪起伏状态的，这就决定了企业在融资活动中应有一定比例的负债融资，以满足企业对资金的某一时期的需要。企业的债务是以持有一定的资产为物质保证的，债务到期也必须以资产变现偿付。资产按变现能力或流动性强弱分为短期资产和长期资产，因此，偿债能力分析也分为短期偿债能力分析和长期偿债能力分析。

一、短期偿债能力分析

企业生产经营中，必须支付购买原材料的价款、职员薪水、津贴、税金等项支出。而且，向债权人筹措而来的资本，虽有长短之分，一旦到期均必须偿还。因此，企业必须经常保持足以支付这些支出的资产，尤其是对于流动负债，随时要有足以应付可能必需的现金等速动资产的准备。

短期偿债能力（Short-term Solvency）是指企业在一定期间（一年或一个营业周期）内以流动资产偿还流动负债的能力。短期偿债能力的大小，主要取决于净营运资本的大小以及资产变现速度的快慢。具有良好短期偿债能力的企业必须是有充裕的净营运资本运用于企业的经营和管理，没有债务压力，并且其营业状况良好。如果企业缺乏短期偿债能力，不但资金周转困难，无法获得有利的购货折扣机会和支付其短期债务，而且可能意味着在偿还长期性债务方面也有问题。企业能否及时偿付到期的流动负债，是反映企业财务状况好坏的重要标志，企业必须十分重视短期债务的偿还能力，维护企业的良好信誉。反映短期偿债能力的指标主要有：

（一）净营运资本

净营运资本（Net Working Capital）是流动资产减去流动负债后的余额，它是企业维持正常经营活动所需资金的基本保证，表明企业在按期足额偿还流动负债之后，还有多少流动资产可以用于生产经营。计算公式如下：

净营运资本 = 流动资产 - 流动负债

根据表 3 - 1 资产负债表的资料，计算 B 公司 2008 年末的净营运资本如下：

净营运资本 = 180 948 - 90 508 = 90 440（千元）

净营运资本通常被视为企业经营使用流动资金的安全保证，净营运资本越多，表明企业不受短期债务约束的可用资金越充裕，生产经营所需资金就越有保证；反之，净营运资本过低，意味着企业在按期偿债和保证生产经营所需之间左支右绌，资金需求可能会出现紧张。

净营运资本是用于衡量企业短期偿债能力的绝对值指标，在不同企业及同一企业的不同期间，可能存在显著的规模差异，该指标不能进行比较。

营运资本管理也称为短期财务管理，包括流动资产管理和流动负债管理。20世纪后期以来，西方企业界推崇“零营运资本”，实行“零库存管理”和“JIT管理”，实施“以流量抵存量”（即资产流入、流出同步协调以降低资产存量）管理，大力降低存货和应收账款的占用，从而降低企业整体的流动资金占用。“零营运资本”目标管理本质上就是降低流动资金占用、加快流动资产周转速度，也就加速了现金流的周转速度同时也增大了现金流，创造出更多的盈利和价值。

（二）流动比率

流动比率（Current Ratio）也称营运资本比率（Working Capital Ratio）或真实比率（Real Ratio），是指流动资产与流动负债的比率。该比率历经一百余年而在财务分析中居于重要位置，它表明企业每一元流动负债有多少流动资产作为偿还的保障，反映企业在短期内用流动资产偿还到期流动负债的能力。

流动比率是所有资产负债表比率中最常用的，它不仅是企业资产变现能力的量度，也是管理者保持安全边际的量度。一般来说，流动比率越高，反映企业短期偿债能力越强，债权人的权益越有保证。流动比率高，不仅反映企业拥有的净营运资本多，而且表明企业可以变现资产数额大，债权人遭受损失的风险小。因为从整体上看，流动资产的变现能力与流动负债的偿还期限基本对称。

如果流动比率等于1，从物质保证性来说，只要流动资产不发生重大损失，流动负债的偿还就具备物质基础；从偿还可能性来说，只要流动资产能及时、足额实现周转价值，流动负债的清欠就有现实的可能。但是，由于流动资产变现过程中可能遇到种种障碍，使得流动比率为1时，也可能企业会面临到期不能偿债的风险。在日本，20世纪后半期大力推广JIT（Just In Time，适时管理）系统，存货的数量大为减少，许多行业以流动比率等于1为理想比率。

如果流动比率小于1，说明流动资产不能保证流动负债的及时偿还，这对于短期债权人来说，无疑是一个不良的信号。在这种情况下，潜在的短期债权人可能放弃对企业的资金注入，企业的短期融资将会陷入困境。即使企业有良好的信誉和坚实的经营基础，可以获得短期的新债还旧债，但也不会持续太长的时间，危机随时可能出现。

如果流动比率大于1，说明企业的流动资产不仅从物质保证性和偿还可能性上，能保证流动负债的及时偿还，而且即使遇到流动资产的周转不畅，也能有一定的资产周转缓冲，来确保流动负债的及时、足额偿还。无疑，短期债权人对这种流动比率的企业持有乐观的预期。

另外，流动资产在满足对流动负债的偿还的基础上，还必须满足企业的生产经营对流动资产的需要。按照西方企业的长期经验，一般认为流动比率为2:1比较适宜，美国称之为“Two-to-one Ratio”，它表明企业财务稳定可靠，除了满足日常正常经营的流动资金需要外，还有足够的财力偿还到期的流动负债（包含“一年内到期的非流动负债”），而到期债务不能偿还将会直接导致企业的破产。但近些年来西方制造业企业的流动比率平均多在1~1.5之间，呈现下降的趋势。

该指标计算公式如下：

$$流动比率=\frac{流动资产}{流动负债}\times 100\%$$

根据表3-1资产负债表的资料，计算B公司2008年末的流动比率如下：

$$流动比率=\frac{180\ 948}{90\ 508}\times 100\% \approx 199.9\%$$

这一比率约等于2:1，表明企业短期偿债能力很强，流动资金运用得当。如果流动比率过低，表明企业可能捉襟见肘，难以如期偿还债务。如果流动比率过高，则表明企业流动资产占用较多，会影响资金的使用效率和企业的获利能力，需要进一步分析流动资产的结构是否合理，如货币资金是否运用得当，存货是否呆滞积压，应收账款的流动状况是否正常等，因此，分析流动比率还需注意流动资产的结构、流动资产的周转情况、流动负债的数量与结构等情况。

对于各种流动资产的比例，即使两个公司具有相同的流动比率，流动资产中货币性资产占有较高比例的公司，与存货比例较高的公司相比具有更强的变现能力。流动资产周转速度较快的公司，与周转速度较慢的公司相比具有更强的变现能力。流动负债中预收账款、预提费用的比例较高的公司面临着较小的偿债压力。进行流动比率分析要注意流动资产的构成，一家经营不善的企业，总有大批超过一年的呆账或呆货，流动资产长期化了。

总之，流动比率对衡量企业如期偿付短期债务能力是个很有用的指标。但在运用时，要注意以下几点：

1. 流动比率并不是衡量短期偿债能力的绝对标准。手中缺少货币资金的企业，也许能通过举债来偿还当前债务。流动比率比较低的公司，或许能通过举借长期债务偿还流动负债，这样做会提高公司的流动比率，但不会使公司财务状况有所改善。这时，要着重分析企业流动资产的未来变现能力，以判明企业是否必须在较长时期内维持借新债还旧债的局面，若是如此，企业将面临风险。

2. 虽然流动比率较高，企业有足够的可变现资产，但这并不等于说企业已有足够的货币资金用来还债。流动比率高可能是存货积压、应收账款和票据增多且收账期延长以及待摊费用和损失增加的结果。如果真是这样，真正用来清理债务的现款就远远不足。这时，需进一步分析流动资产的实际组成内容才能得出最终结论。

3. 从短期债权人角度看，流动比率越高越好，但是，从企业经营的角度看，过高的流动比率表明企业在流动资产上占用了较多的资金，很可能超出了企业生产经营的需要，给企业带来机会成本。因此，企业应尽可能地将流动比率维持在不使流动资产闲置的水平。

4. 合适的流动比率标准对不同企业而言是不一样的，也就是流动比率的高低应视不同行业、不同企业而定。例如，制造流行时装的生产商需要较高的流动比率，因为公司的应收账款和存货都有较高的风险。另一方面，金属运销商即使具有比服装制造商低得多的流动比率，也可能是安全的，因为金属运销商主要的流动资产是钢铁、铜和铝型材存货，这些资产不会过时，价格也会随通货膨胀上升。

（三）速动比率

速动比率（Quick Ratio）也称酸性测验比率（Acid-test Ratio），是企业速动资产与流动负债的比率。它用于衡量企业流动资产中可以立即用于偿付流动负债的能力。

速动资产（Liquid Assets），包括货币资金、交易性金融资产、应收票据、应收账款、其他应收款等流动资产，存货、预付款项则不应计入。在流动资产中，属交易性金融资产的股票和债券，可以立刻在证券市场出售而转化为现金，应收票据和应收账款通常也能在较短时期内变为现金。也有的分析者以账龄分析将超过一定期限的应收账款因其发生坏账的可能性较大而予以剔除，同样对有些信用级别较低、流动性较差的短期有价证券，在出售时经常会因市场价格的波动而蒙受一些损失，假如速动比率不对此做出适当调整，它所传递的有关企业流动性的信息，就难免包含一些不可靠的因素，从而使人产生误解。该指标计算公式如下：

$$速动比率=\frac{速动资产}{流动负债}\times 100\%$$

$$速动资产=流动资产-预付款项-存货$$

计算速动比率时，所以要扣除存货，是因为存货是流动资产中变现较慢的部分，它通常要经过产品的售出和账款的收回两个过程才能变为现金，存货中还可能包括不适销对路从而难以变现的产品。至于预付款项，只能减少企业未来的现金付出，却不能转变为现金，因此，不计入速动资产。

速动比率可以用作流动比率的辅助指标。有时企业流动比率虽然较高，但在流动资产中易于变现、可用于立即支付的资产很少，则企业的短期偿债能力仍然较差。速动比率能更准确地反映企业的短期偿债能力。按照西方企业的长期经验，一般认为速动比率为 1∶1 比较适宜，它表明企业的每一元负债，都有一元易于变现的资产作为抵偿。这时只要不遇到收款困难，偿还流动负债所需的现款就能及时获得，企业不会遇到偿债压力。但是一旦在某一特定时间，企业出现额外的现金需要，以致超出了原流动负债的偿还数，这时速动比率为 1 就不是一个安全比率。速动比率因行业不同会有很大的差别，例如，采用现金销售的商场，几乎没有应收账款，大大低于 1 的速动比率是正常的，而一些应收账款很多的企业，速动比率要大于 1 才会被认为是比较合理的。从整体上讲，速动比率为 1 在实践中被证明是相对较合适的比率。但近些年来西方制造业企业的流动比率呈下降趋势，速动比率也呈下降趋势。这里应注意，西方发达国家法制环境与经济伦理较为良好，应收款项通常较易收现。我国自 2007 年 6 月起施行的《破产法》第七条规定“债务人不能清偿到期债务，债权人可以向人民法院提出对债务人进行重整或者破产清算的申请。”类似这样的保护债权的法制建设要执行到位尚需时日。

根据表 3－1 资产负债表的资料，计算 B 公司 2008 年末的速动比率如下：

$$速动资产 = 180\ 948 - 2\ 550 - 76\ 560 = 101\ 838（千元）$$

$$速动比率 = \frac{101\ 838}{90\ 508} \times 100\% \approx 112.5\%$$

这一比率超过 100%，表明企业有充分能力偿还流动负债。如果速动比率过低，说明企业的偿债能力存在不足，必然使企业面临很大的流动压力，其风险自然很高；但如果速动比率过高，则又说明企业可能拥有过多的应收账款，给企业带来较多的债权占用而发生的机会成本。实际上，在企业理财活动中，应根据市场状况和债务人的信用情况等因素，在基本保持速动比率略小于 1 的前提下，做出一定的灵活调整，亦即速动比率因企业、行业、季节不同而不同。

速动比率比之流动比率，在对短期负债偿还能力的分析考核上，更具体化了。因为速动比率计算中的速动资产将流动资产中变现能力不强且不稳定的资产排除在外，从而使流动负债的偿还建立在更加坚实的变现能力基础上。当然，由于速动资产中仍然具有变现能力不确定的资产，所以，速动比率还不能百分之百地按其计算结果来判断流动负债的安全性或者企业不能及时偿债的风险。

必须注意的是，尽管速动比率更能反映流动负债偿还的安全性和稳定性，但是并不能认为速动比率较低的企业的流动负债到期得不到偿还。实际上，如果企业存货流转顺畅，变现能力强，即使速动比率低，只要流动比率高，企业仍然能到期足额还本付息。所以，速动比率更适合于以较高标准衡量企业是否面临偿债风险。而以较低标准衡量企业是否面临偿债风险时，必须结合流动比率一起评价。

（四）现金比率

现金比率（Cash Ratio）也称超速动比率，是现金和等值现金与流动负债的比率。这里等值现金是指与现金几乎具有相同变现能力的银行存款、短期有价证券、可贴现和转让票据等。它们或者可以随时提现，或者可以随时转让变现，或者可以随时贴现变现，总之，持有它们就等于持有现金。现金和等值现金可称为货币类资产，即资产表上的货币资金、交易性金融资产、应收票据。计算公式如下：

$$现金比率=\frac{现金+等值现金}{流动负债}\times 100\%$$

式中，分子可用货币资金、交易性金融资产、应收票据的期末余额相加之和。商业汇票分为商业承兑汇票和银行承兑汇票，商业汇票方式结算货款，收款风险很小，可在未到期时向银行申请贴现，其中银行承兑汇票由银行承诺到期无条件支付票款，故此将应收票据计算在内。

可以看出，这一比率是速动比率的进一步细化，它将流动资金中非现金和非等值现金排除出去，然后与流动负债相比较。这意味着作为偿债保证的资产是变现能力近乎百分之百的资产，因而以此偿还流动负债也具有百分之百的稳定性与安全性。在一般情况下，企业不必保留过多的现金类资产，现金类资产往往是企业收益率最低的资产，如果这一比率过高，就意味着企业原本不必筹集过多的流动负债。但企业有必要保留较多的现金类资产，在过多与较多之间是有所区别的。企业现金类资产占总资产比率保持在10%以上是较稳健的，处于10%以下则易陷入被动。观察现金类资产占总资产比率还要注意资产表上的长期投资科目，如果企业持有股票和长期债券，应急时可在证券市场上出售，此时另当别论。美国微软（Microsoft）公司常年保有大量的现金类资产，给人以高度安全性和随时可投资高科技项目的形象。

根据表3－1资产负债表的资料，计算B公司2008年末的现金比率如下：

$$现金比率=\frac{34\ 000+10\ 200+5\ 848}{90\ 508}\times 100\% \approx 55.3\%$$

现金比率并没有一个较为接近的、公认为合理的标准，各企业按各自的实际情况维持不同的比率。从计算结果看，B公司只要动用现金类资产即可偿还一半以上的流动负债。

在对企业的短期偿债能力进行分析时，要将上述四个比率结合起来分析，而不能仅仅通过某一个比率的高低来对企业的风险进行判断。

在上述的短期偿债能力分析中可以看出，短期偿债能力分析是以流动资产和流动负债的相互依存关系为基础的，很少或不涉及企业获利能力对偿债影响的分析。之所以这样做，是因为流动资产在短期内可以生成现金用于偿还流动负债，而且其生成现金的数量与盈利的多少并无直接联系。比如在销售产品过程中，如采取赊销，可能获利多，但不能立即收现；而现销时，可能获利少，但能立即收现。因此，短期偿债能力不强调盈利能力分析，而是强调一定时期企业流动资产变现能力的分析。由于财务核算中收入和费用、成本的确认是以权责发生制原则为基础的，所以财务报表上的盈利并不表示实际的现金流入。有时尽管财务报表上的利润数字很高，但企业也可能由于缺乏足够的现金而无力支付短期债务，陷入财务危机；也可能尽管企业在某财务期间内发生亏损，但手头仍有足够的现金用于偿还短期负债。因此，企业偿还短期负债的压力是企业日常理财中所经常面临的财务风险，消除和避免这种风险必须依靠经常进行短期偿债能力分析以及组织现款进行偿债，这与企业一定时期的盈利能力无关，却与企业资产的变现能力和企业的再借款能力有关。

二、长期偿债能力分析

长期偿债能力（Long-term Solvency）是指企业偿还长期负债的能力，或者说偿还所有债务的能力，因为企业一般是先偿还流动负债再偿还长期负债。

分析一个企业的长期偿债能力，主要是为了确定该企业偿还债务本金与支付利息的能力。因此，长期债务的还本付息不仅仅取决于还本付息的现金流入量，而且最终与企业的盈利能力相关。长期偿债能力取决于以下四个方面：

1. 长期偿债能力最终取决于经营流转的顺畅程度。企业经营流转的顺畅程度是由各时点的存量流动资产的流动性或变现能力所决定的，生产经营流转畅通无阻，周转速度快，资产价值变现得快，清偿债务就有了保证，也就是说，现金流入、流出畅通，资金周转流畅，盈利机会增多，企业长期融通的资金带来的收益也多，还本付息就有了保证。因此，要使长期偿债能力得到保证或提高，各期流动资产必须周转顺利。

2. 长期偿债能力必须以主权性融资的多少为保证条件。企业必须保持合理的资本结构，才能确保长期债务的安全。如果说企业的经营流转从根本上决定了长期负债能否及时清偿，那么，一旦企业经营流转出现阻碍时，长期负债就难以确保偿还，长期债务的债权人就面临很大的风险。为此，企业都必须保有一定数量的自有资本，以确保长期债务在遇到经营风险时仍能清欠偿还。否则，企业在债务比重很大时，就会将大部分经营风险转移到债权人身上，长期负债的偿还就没有充分保证。而这时，企业筹资也将遇到很大困难。

3. 长期偿债能力必须以长期资产作为物质保证。如果从某一时点看，企业长期负债的偿还是以某相应的资产作为物质保证的。在正常情况下，作为长期负债的物质保证的资产，除了一部分流动资产外，剩下的就是长期资产。所以，长期资产的数量、结构和完整程度必然对长期偿债能力形成制约，尤其是在企业破产清理时，这种制约更明确，也就是资产的清理变现价值决定了债权人债务的偿还数额。

4. 长期偿债能力与企业的盈利能力有着密切的联系。这主要由于现金流量的变动，最终取决于企业所能获得的收入和必须付出的成本的差额及两者之间的比例关系。盈利能力的强弱直接决定企业创造现金收入的能力，影响现金净流量的大小，盈利能力强，现金流入量大，现金的流出就有保证。一个长期不盈利的企业，在通货膨胀普遍存在的情况下，要想偿还长期债务相当困难；而一个长期盈利的企业，其现金流量不断增加，为长期债务的还本付息提供了坚实的基础。

衡量企业长期偿债能力及反映企业权益结构的指标主要有：

（一）负债比率

负债比率（Debt Ratio）也称资产负债比率，是指负债总额与资产总额的比率，它是衡量企业在多大程度上利用债权人的资金来对其资产进行融通以展开生产经营活动的指标，反映在总资产中有多大的比例是通过借债筹集的，也就是从资产和负债的依存关系角度，反映债务的物质保障程度。负债比率表明了企业偿还全部债务的能力，也反映了企业利用债权人提供资金进行经营活动的能力。计算公式如下：

$$负债比率=\frac{负债总额}{资产总额}\times 100\%$$

公式中的负债总额不仅包括长期负债，还包括流动负债。这是因为流动负债作为一个整体，企业总是长期性占用着，可以视同长期性资本来源的一部分。

负债比率反映债权人所提供的资本占全部资本的比例，从债权人的立场看，他们关心的是能否按期收回本金和利息，由于负债比率的高低直接关系到他们所提供的资金或发放的贷款的安全程度，所以他们一般都希望企业有较低的负债比率。这样，即使企业破产清算，他们的权益也能在较大程度上得到保护。而对一个负债比率很高的企业，是很少有人愿意再借钱给他的。从企业的立场看，负债利息可以在所得税前扣除，有节税效应。如果全部资本利润率超过借入款项的利率，那就收到两项好处，一是扩大了业主的利润，尤其在通货膨胀时期，可以用贬值的货币偿还债务；二是扩大了经营规模，此外业主保持着对企业的控制权。反之，全部资本利润率低于借款利率，也会产生两项不良效果，一是减少了业主的利润，因为借入资本多出的利息要由业主所得的利润来弥补，二是加重了企业负担和风险，这时应减轻企业的债务包袱；当然，若企业没有这笔借入资金便无法正常运转，则另当别论。

根据表 3－1 资产负债表的资料，计算 B 公司 2008 年末的负债比率如下：

$$负债比率=\frac{109\ 208}{338\ 980}\times 100\% \approx 32.2\%$$

从计算结果看，债权人的权益是有充分保障的。

负债比率因行业的不同而有很大差别，有的行业普遍负债比率高，有的行业普遍负债比率低。进行该指标分析时，应结合同期同行业的情况加以判断。

（二）有形资产负债比率

有形资产（Tangible Assets）是总资产剔除预付、无形、待摊等资产后的部分。

并非所有的资产都可作为长短期债务的偿债物质保证。例如，无形资产及长期待摊费用采取摊销形式收回价值，它必须依靠存货价值的实现，其摊销价值才能实现，因此，它不能作为偿债保证。为了更谨慎和稳妥地判断企业的偿债能力，我们使用一个比负债比率更保守和稳健的比率，计算公式如下：

$$有形资产负债率=\frac{负债总额}{资产总额-非有形资产}\times 100\%$$

$$非有形资产=预付款项+无形资产+长期待摊费用+开发支出+商誉+递延所得税资产+其他非流动资产$$

这一比率低，表明有更多的有形资产、实物资产或金融资产来支持长短期债务的偿还，企业的偿债能力强又有可靠的物质保证；反之，表明企业的偿债能力弱，企业的债务没有足够的物质作为保证。这一指标使得对企业偿债能力的分析建立在更加切实可靠的物质保证上。

根据表3-1资产负债表的资料，计算B公司2008年末的有形资产负债比率如下：

$$有形资产负债率=\frac{109\ 208}{338\ 980-(2\ 550+3\ 672+3\ 060)}\times 100\%$$
$$\approx 33.1\%$$

从计算结果看，企业债务有坚实的保证。

（三）业主权益比率和业主权益乘数

业主权益比率是反映业主出资占企业投资比重的指标，即反映企业资产中有多少是所有者投入的，计算公式如下：

$$业主权益比率=\frac{所有者权益总额}{资产总额}\times 100\%$$

可见，业主权益比率=1-负债比率，其分析正好与负债比率相反。这个比率越高，说明企业的资本结构和所有者对企业的控制权越稳固，而债权人的利益越有保障，企业较少面临偿债付息的压力。但是，对一个利润稳定增长或经营状况良好的企业而言，资本结构偏重于所有者权益，必然使企业融资成本提高，所有者难以获得财务杠杆利益。

根据表3-1资产负债表的资料，计算B公司2008年末的业主权益比率如下：

$$业主权益比率=\frac{229\ 772}{338\ 980}\times 100\%\approx 67.8\%$$

计算结果表明，B公司每百元资产由67.8元所有者权益提供资金保证，企业财务状况稳固。

当银行长期借款的利率低于企业的利润率时，投资者就可举债经营而得到更多的投资报酬。当然过多地依靠举债经营，企业将会承担过大的财务风险。如果利率超过企业利润率，就会使投资者的利益受到损害。这种举债经营的财务支撑能力，如同杠杆作用，故也称财务杠杆的运用。下面举例说明，如表3-3所示。

表 3-3　　利息与利润关系表　　企业利润率：10%

项　目	利息率 8%	利息率 8%	利息率 12%
全部资本	1 000 000	1 000 000	1 000 000
其中：自有资本	600 000	500 000	500 000
借入资本	400 000	500 000	500 000
利润额	100 000	100 000	100 000
利息	32 000	40 000	60 000
投资利润额	68 000	60 000	40 000
投资利润率	11.3%	12%	8%

注：表中利润率、利润额、投资利润额、投资利润率，本例任意使用，此外无意义。

从表 3-3 的计算结果可以看出，当企业利润率 10% 高于利息率 8% 时，借款 400 000 元，投资者的投资利润率达 11.3%，高于企业利润率；如借入资本增加到 500 000 元，投资者的投资利润率达 12%，比前者提高了。但一旦利息率超过利润率时，假定为 12%，投资者的投资利润率下降，在本例中下降为 8%，低于企业利润率。由此可见，利用财务杠杆，适度地借入资本可以提高企业投资者的利润率，但过多的借入资本会增加企业财务风险，一旦经营上出问题，利润率下降并低于利息率，企业投资者的投资报酬率就会因弥补利息支出而有更大幅度的下降。这就需要依靠企业家的判断能力，在商业繁荣时期可以大量举债经营，扩大企业规模，增加投资者利润；在市场开始不景气时期偿还借款，避免投资者利润大幅度下滑。

业主权益乘数（Equity Multiplier），又称股东权益倍数，是业主权益比率的倒数，即资产总额是业主权益的倍数，计算公式如下：

$$业主权益乘数 = \frac{资产总额}{所有者权益}$$

这一系数越高，财务风险越大。

根据表 3-1 资产负债表的资料，计算 B 公司 2008 年末的业主权益乘数如下：

业主权益乘数 = 338 980 ÷ 229 772 ≈ 1.5（倍）

计算结果表明，B 公司的股权资本支撑着 1.5 倍的投资规模。

（四）产权比率与产权系数

产权比率（Debt to Equity Ratio），是指负债总额与所有者权益之间的比率，这个比率是用来表明由债权人提供的和由投资者投资的资金来源的相对关系，也表明债权人投入的资本受到企业投资者权益的保障程度。

对于企业而言，借贷资本比所有者权益资本的风险大，在某些具体的日期，需要支付借贷资本产生的固定利息支出，并且最后要求偿还本金，如果企业延期支付贷款，贷款者可以采取有可能导致企业宣告破产的法律行动。所有者权益资本的风险较小，企业董事对股利支付具有控制权，而且并不需要向股东偿还本金。通常这么认为，相对于借贷资本而言，企业资本结构中所有者权益资本越高，这家企业越有可能渡过业务量下滑这种难关，然而这种下滑可能会迫使一些所有者权益资本低的企业破产。但是，和借贷资本相比，所有者权益资本高并不一定说明管理有方，相对于借贷资本而言，所有者权益资本的成本较高，而且以相对较低的利息率借入一定量的资本，然后赚取较高的回报率，两项比率之间的差额可以提高普通股每股收益，并不必增加流通在外的股数。在通货膨胀加剧时期，企业的负债可以将部分通货膨胀损失转嫁给债权人承担。这一比率越低，表明企业的长期偿债能力越强，债权人权益的保障程度越高，承担的风险越小，反之则相反。该指标计算公式如下：

$$产权比率=\frac{负债总额}{所有者权益总额}\times 100\%$$

有的主张在计算产权比率时将优先股股本包括在负债总额之内，因为对优先股支付的股息和对债务支付的利息一样，通常都是固定的。在美国，一般是按照市场价值计算的，通常情况下，负债的账面价值与市场价值的差额不大，可以忽略不计；股权资本的市场价值却会由于股票市场的剧烈波动而出现大的变化，与账面价值的差额不容忽视。

根据表 3－1 资产负债表的资料，计算 B 公司 2008 年末的产权比率如下：

$$产权比率=\frac{109\ 208}{229\ 772}\times 100\%\approx 47.5\%$$

可见，B 公司负债占业主权益的将近一半。产权比率可从负债比率与业主权益比率推导得出：

$$\frac{负债比率}{业主权益比率}=\frac{负债总额}{资产总额}\div\frac{所有者权益总额}{资产总额}=\frac{负债总额}{所有者权益总额}$$
$$=产权比率$$

以 B 公司为例，负债比率 32.3%，业主权益比率 67.8%，产权比率

$$=\frac{32.3}{67.8}\times 100\%\approx 47.5\%$$。

经济学家郎咸平讲道，香港地产界“四大天王”（香港最大的四家地产公司）几十年来历经多次风暴而茁壮成长，更重要的不是“抓住机遇”，而是“抵御诱惑”，坚持稳健性原则，保持较低的负债率，产权比率历年来每家都常年保持在约20%。

产权系数（Equity Coefficient）是产权比率的倒数，计算公式如下：

$$\text{产权系数}=\frac{\text{所有者权益总额}}{\text{负债总额}}\times 100\%$$

B公司2008年末的产权系数计算如下：

$$\text{产权系数}=\frac{229\ 772}{109\ 208}\times 100\%\approx 2.1\text{（倍）}$$

计算结果表明，B公司所承担的每1元负债背后有2.1元的资本净值做保障。

（五）净营运资本与长期负债比率

如果说负债比率在衡量长期偿债能力时，没有区分作为其物质保证的资产有多少是长期资产，多少是短期资产，那么净营运资本与长期负债比率就弥补了这一缺陷，它能评价企业的流动资产有多少可以用于作为长期债务的物质保证。这一指标既是衡量长期债权人提供企业流动资产的尺度，也是衡量长期债务偿还保证程度的一个重要指标。计算公式如下：

$$\text{净营运资本与长期负债比率}=\frac{\text{净营运资本}}{\text{长期负债}}\times 100\%$$

一般说来，以流动资产作为偿还长期负债的物质基础，对长期债权人来说到期收回债务的风险最小，所以，净营运资本与长期负债比率越高，长期偿债能力越强。这一指标有三种情况：一是当流动资产大于流动负债时，多出的部分可作为偿还长期负债的物质基础，这一比率越高，对债权人越有保障。但对企业来说，这一比率越大，也即长期负债中用于流动资产的比例越大，长期借款的利率高于短期借款的利率，意味着企业的融资成本升高，会降低企业的收益率。二是当流动资产等于流动负债时，净营运资本为零，这时，长期负债只靠长期资产偿还。三是当流动资产小于流动负债时，净营运资本为负值，这时不仅长期负债而且一部分短期负债也要依靠长期资产来偿还，处于这种情况时企业会面临偿债风险，这时计算这一比率无意义，唯一的作用是通过其负数性质，说明流动负债被长期资产占用。

根据表3－1资产负债表的资料，计算B公司2008年末的净营运资本与长期负债比率如下：

$$净营运资本与长期负债比率=\frac{90\ 440}{18\ 700}\times 100\%\approx 483.6\%$$

计算结果表明，B公司每1元长期债务有4.8元净营运资本作为保障。

在财务管理中，应以短期资产大致对应（略高于）短期负债，长期资产大致对应长期负债。如果大量以短期负债来满足长期资产的需要，长期资产周转较慢，债务到期需要偿还时，资金一时难以从经营中抽出，就会造成财务危机。

（六）长期资产与长期资本比率

长期资产是指企业在正常经营活动中长期（超过一年或一个营业周期）所拥有的厂房、设备等固定资产或对外长期投资。从理论上讲，长期资产还包括无形资产等，但无形及其他长期资产不能作为偿债保证，在此不将它纳入长期资产的范围内。当企业面临财务危机，无法支付到期债务或在进行清算时，被迫出售长期投资或固定资产，以作为债务偿还的保证。如果企业有大量有价值的固定资产或对外投资可以出售，并足以偿还债务，那么，债权人的利益是有保障的。在实际工作中，报表分析者很难得到有关长期资产现行价值的资料，也就很难估计出确切的未来现金流入量。因为，财务报表上对长期资产的计价采用的是历史成本原则，由于物价的变动，长期资产的市价可能大大高于其账面价值；也可能在出售长期资产时市场不景气，只能卖个很低的价格。

长期资本代表企业长久性资金来源之和，即长期负债和所有者权益。

该比率可以用来衡量长期资产与长期资金来源的平衡性。企业因生产经营规模扩充，需要添置固定资产或对外进行长期投资，这意味着要长期占用资金，再度变现需要较长一段时间。故购建固定资产或进行长期投资的资金最好是不需要立即清偿的资金，即所有者权益和长期负债，否则会给企业带来流动压力。所以，这一比率可以用来判断企业是否合理调配资金购建固定资产和进行长期投资。计算公式如下：

$$长期资产与长期资本比率 = \frac{长期投资 + 固定资产}{长期负债 + 所有者权益} \times 100\%$$

如果该比率小于1，表明长期资产是由长期资本负担的，有一部分其他资产是由长期资本提供资金的，资本结构称得上健全，资产与其资金来源较合适。如果大于1，则表明有一部分长期资产是由流动负债购置的，这时，企业的资本结构存在较大的财务风险。由于长期资产周转缓慢，不像流动资产那样可以在较短时间内变现并自由地运用于各个方面，在通常情况下，企业的长期资产应与长期资本相适应，这样才有长期的安全性，资本结构也才能稳定。一般来说，这个比率不应大于1。

根据表3-1资产负债表的资料，计算B公司2008年末的长期资产与长期资本比率如下：

$$长期资产与长期资本比率 = \frac{10\ 200 + 141\ 100}{18\ 700 + 229\ 772} \times 100\% \approx 60.9\%$$

计算结果表明，B公司长期资产只占长期资本金来源的六成左右，该公司在这方面不会遇到流动压力的问题，财务风险低。

（七）利息保障倍数

利息保障倍数也称已获利息倍数（Number of Times Interest Earned）或利息所得倍数，是息税前利润与利息费用的比率。这一比率越高，表示企业收益使之能承受越高的债务费用。因此，债权人要分析利息保障倍数，来衡量债权的安全程度。

当然，能否按期还债不仅要看利润情况，还要看企业的现金流量，即是否有足够的可动用现金。如果企业总是能够一贯按时、足额支付债务利息，它也许无须动用流动资产偿还债务本金，到期的债务本金可以续借或举借新债来偿还。

利润表上企业利润总额加利息费用为息税前利润，该指标计算公式如下：

$$利息保障倍数 = \frac{利润总额 + 利息费用}{利息费用}$$

式中，在息税前利润的计算过程中，利息费用并不等于利润表上财务费用的数额，因为当发生存款利息或支付手续费时，财务费用账户的金额就相应变动了。这里的利息费用是指企业全年发生的银行长短期贷款利息

(包括贷款购建固定资产时计入固定资产原价的资本化利息)、企业债券应付利息等的总额，应根据财务费用、固定资产、应付债券等账户数据分析计算（剔除借贷款项的手续费和借贷款项存放银行时的存款利息)，同时利润总额加上借贷款项的手续费、减去借贷款项存放银行时的存款利息。外部分析只能用利润表利润总额加上财务费用期末累计数计算，是不精确的。

根据表3-2利润表的资料，若B公司2008年利息费用为5 000千元，则

$$利息保障倍数=\frac{130\ 430+5\ 000}{5\ 000}\approx 27.1$$

计算结果表明，B公司支付利息完全没有问题。

利息保障倍数必须大于1，否则表明企业息税前利润不足以偿付利息费用。这一指标越高，则越容易进行债务融资，一般应保持在8以上为宜。

企业向银行贷款或发行债券，不仅要定期支付利息，还要到期偿还本金，相比于利息，本金是大数目，所以不应对这一指标给予过多关注，该指标只做参考使用。

下面介绍两个参考性指标，可用可不用。

(八) 本息保障倍数

本息保障倍数是指息税前利润与负债本息的比率，计算公式如下：

$$本息保障倍数=\frac{利润总额+利息费用}{利息费用+\frac{本金偿还}{1-所得税率}}$$

式中，年度还本金额是以净利润归还，需要除以（1-所得税税率）以还原到税前的水平，所得税税率按实际缴纳的税率（非名义税率）计算。

对债权人来讲，贷款的目的是获取利息收入并到期收回本金，企业经营获取利润仅能满足支付利息的支出是不行的，必须有能力偿还到期本金，这样才能保持企业的声誉，也才能在偿还贷款后又能取得新的贷款。

(九) 固定财务支出保障倍数

这一比率是将息税前利润与固定财务支出相对比，企业全部固定财务

支出包括利息、租金、优先股股息和本金偿还，这里租金包含经营租赁费和融资租赁费。企业计提的折旧费并不减少现金流量，其资金可用于偿付财务支出，但折旧费已计入制造费用、管理费用或销售费用中，即在计算得出税前收益前已做了扣除，应加回到税前收益中。企业已付的经营租赁费，在计算得出税前收益前已做了扣除，也应加回到税前收益中。企业已付的融资租赁费，因其是定期需要支付的，也加回到税前收益中。企业的优先股股息率通常是固定的，在此将之视为一项固定费用，因它是从税后收益支付的，在计算这一比率时，应进行调整，使之建立在税前的基础之上。该指标计算公式如下：

$$\text{固定财务支出保障倍数}=\frac{\text{息税前利润}+\text{折旧费}+\text{已付租金}}{\text{利息}+\text{租金}+\dfrac{\text{优先股股息}}{1-\text{所得税率}}+\dfrac{\text{本金偿还}}{1-\text{所得税率}}}$$

式中，分母租金一项是指全年已付及未付的租金总额，该指标增加考量了租金和优先股股息这两项必付的固定费用，因此，它比本息保障倍数更能全面地反映出企业偿债能力的保证程度。

三、影响企业偿债能力的其他因素

上述的财务比率是分析企业偿债能力的主要指标，分析者可以比较最近几年的有关财务比率来判断企业偿债能力的变化趋势，也可以比较某一企业与同行业其他企业的财务比率，来判断该企业的偿债能力强弱。但是，在分析企业偿债能力时，除了使用上述指标以外，还应考虑到以下因素对企业偿债能力的影响，这些因素既可影响企业的短期偿债能力，也可影响企业的长期偿债能力。

1. 商业信用（Commercial Credit）。企业商业信用良好，在出现偿债困难时，比较容易与债权人协商延期付款，或取得较宽松的银行贷款。

2. 可动用的银行贷款指标。可动用的银行贷款指标是指银行已经批准而企业尚未办理贷款手续的授信额度。这种贷款指标可以随时使用，增加企业的现金，提高企业的支付能力。

3. 发行股票、债券或出售资产。企业声誉如何，能否很快地通过增加发行债券或股票以获取资金，满足偿债需要。企业是否有准备很快出售变现的长期资产，如企业将长期持有的股票出售、将不需用的固定资产出售等。

4. 长期租赁。融资租赁（Capital Lease）的费用列入长期负债，而经营租赁并不列入，如果企业经常发生长期的、大额的经营租赁（Operating Lease）业务，会对偿债能力发生影响。

5. 合资经营。企业参与合资时，通常会产生承诺事项。承诺事项，是指企业由具有法律效力的合同或协议的要求而引起义务的事项。例如，与合资企业的银行贷款提供担保有关的承诺、信用证承诺、售后回购协议下的承诺，或者与合资企业签订长期的原材料购货合同等，这类承诺事项可能使企业存在一些潜在负债。

6. 或有事项（Contingency）。或有事项，是指过去的交易或者事项形成的，其结果需由某些未来事项的发生或不发生才能决定的不确定事项。或有事项分为或有资产和或有负债。

或有资产（Contingent Assets）是指过去的交易或者事项形成的潜在资产，其存在需通过未来不确定事项的发生或不发生予以证实。例如权利遭他人侵犯时，诉讼判决可能得到的赔偿等。

或有负债（Contingent Liabilities），是指过去的交易或者事项形成的潜在义务，其存在需通过未来不确定事项的发生或不发生予以证实；或过去的交易或者事项形成的现时义务，履行该义务不是很可能导致经济利益流出企业或该义务的金额不能可靠计量。它包括已贴现商业承兑汇票、未决诉讼、未决仲裁、对外提供担保等形成的或有负债（不包括极小可能导致经济利益流出企业的或有负债），如销售的产品可能会发生的质量事故赔偿、尚未解决的税额争议可能出现的不利后果、诉讼案件和经济纠纷可能败诉并需赔偿的金额等。这些或有负债尤其是金额巨大的或有负债项目一旦成为企业现实的负债，则会对企业的财务状况产生重大影响。

7. 担保责任。企业有可能以自己的资产为其他企业提供担保，如为他人向金融机构借款提供担保、为他人购物担保或为他人履行有关经济责任提供担保等，这种担保责任在被担保人没有履行合同时，就有可能成为企业的负债。因此，在进行财务分析时，必须要考虑到企业是否有巨额的法律担保责任。

8. 已证实资产发生减值。在资产负债表日至财务报告批准报出日之间，获取了证明某项资产已经发生了损失或永久性减值。例如某客户宣告破产，只能偿还部分货款。又如对某公司持有一项长期股权投资，而该公司破产清算，只能收回部分投资。

9. 销售退回。企业因各种原因发生的大额销售退回，将导致应收款和现金流的减少。

以上各因素中数额较小的，则不予考虑。

第三节 营运能力分析

营运能力（Operating Capacity）指的是对企业拥有的各项资产的经营管理能力，也就是将各项经营性资产转化为营业收入和现金的能力。

营运能力是通过企业生产经营资金周转速度的有关指标所反映出来的企业资金利用的效率，它表明企业管理人员经营管理、运用资金的能力。企业生产经营资金周转的速度越快，表明企业资金利用的效果越好、效率越高、企业管理人员的经营能力越强。

企业营运能力反映企业的经营状况及其潜力，营运能力的分析，也是对企业经营状况及其潜力的分析，对资产存量是否合理，管理效率高低的分析。企业营运能力直接影响盈利能力，特别是随着市场经济的发展，竞争的加剧，对营运能力的分析有利于对企业实力的了解和对市场变化的适应，使管理机构对重大问题能作出正确的决策。

企业的资产应按流动性分为流动资产和非流动资产。流动资产（Current Assets）是指可以在一个营业周期或一年内变现或耗用的资产，主要包括现金、银行存款、交易性金融资产、应收及预付款项、存货等；非流动资产（Non-current Assets）是指在一个营业周期或一年以上才改变其现存的资产形态，而转变为其他形态的资产，具有较强的固定性。包括长期投资、固定资产、无形资产和其他资产等。

资产是企业拥有和控制的能以货币计量的经济资源，企业要想独立进行生产经营活动，必须拥有一定种类、一定数量的资产，并使资产处于营运状态。资产是企业从事生产经营活动的物质基础，而资产处于良好的营运状态，又是企业维持不断再生产的前提条件。实质上，企业生产经营过程也就是对资产的不断运用过程，而企业的生产经营状况又受企业理财活动的制约，并影响着企业的理财活动。企业经营规模的大小受企业能为经营活动提供多少资金的制约，而企业所提供的资金规模在相当程度上又受企业经营效益的影响，企业能合理配置和运用存量资产，生产出高质量、适销对路的产品，是实现高收入、高利润的基础。企业可供分配利润提高，资本积累增加，可用于生产、发展的资金就充足，企业就会处于良好循环状态。

正因为资产的规模、配置和运用状况与企业的经济效益密切相关，因此，必然引起与企业有利害关系的各方信息使用者的关注。当然，不同的信息使用者，处于不同的经济利益，他们所关注的侧重点是不同的。债权人通过对资产存量规模变动、周转速度和利用效率变化的分析，判断企业经营的稳定性、债权的物质保证程度或安全性，预测企业未来对债权人资金的依赖程度及偿债的能力；投资者通过对资产存量营运状况和效率的分析，判断企业财务安全性、资本保全程度及资产的收益能力，并考核经营者的工作业绩，预测企业未来发展前景，决定是否追加投资以扩大资产规模。企业经营者受聘于投资者，独立从事资产营运，其愿望是能始终保持良好的营运状况，实现资本保值和增值，但资产营运状况受许多因素的影响和制约，经营者必须借助于企业资产营运状况的全面分析，及时了解营运中出现了什么问题，采取哪些措施改善企业的营运状况，使其不断朝好的方向转化。企业经营者对资产营运状况分析的意义在于：

1. 通过对营运状况的分析，评价现有的资产存量规模对生产经营的适应性，以探讨经营规模对资产存量依存关系的规律性，为预测下一期资产增量提供依据。

2. 通过对营运状况的分析，评价各项存量资产的质量及对收益的影响，分析资产配置的合理性，为决策者结合本企业的具体情况，选择最佳资产组合，改善财务状况提供依据。

3. 通过对营运状况的分析，评价资产的利用效率，及利用效率的变化对企业财务成果的影响，以了解资产利用过程中存在的问题，不断地总结经验教训，挖掘资产利用潜力，以最少的资产占用获取最大的经济效益。

利用财务报表所进行的营运能力分析，使用的指标很多，涉及的内容也很广，既有对资产总额的分析，也有对固定资产结构和使用情况的分析，有对流动资产结构及使用情况的分析，包括存货周转分析和应收账款回收期的分析，等等。本节择其主要者加以阐述。

一、流动资产周转情况分析

企业的流动资金在生产经营过程中，从货币资金开始，然后经过存货、应收账款，又回到货币资金，周而复始地不断循环和周转。因此，对流动资产的构成和周转使用情况的分析在营运能力分析中具有重要的地位。在流动资金中，应收账款和存货周转速度的快慢，对整个流动资金的周转及使用效果起重要作用。

反映流动资产周转情况的指标主要有应收账款周转率、存货周转率和流动资产周转率。

（一）应收账款周转率

应收账款是企业因销售商品或提供劳务而形成的债权。应收账款周转率（Accounts Receivable Turnover）是反映企业赊销账款收现速度的指标，也是反映企业经营管理水平的一项重要指标。它可通过以下两个指标的计算来表示：

1. 应收账款周转次数。它是一定时期内赊销收入净额与应收账款平均余额的比率，计算公式如下：

$$\text{应收账款周转次数}=\frac{\text{赊销额}}{\text{应收账款平均余额}}$$

$$\text{赊销额}=\text{营业收入}-\text{现销收入}$$

$$\text{应收账款平均余额}=\frac{\text{期初应收账款}+\text{期末应收账款}}{2}$$

式中，赊销额在内部分析时使用，外部分析时，因不能明确赊销与现销数额，采用营业收入。对于季节性生产、淡旺季分明的企业，大量使用分期收款方式结算的企业，式中应收账款应将每月月末余额相加除以12算出平均余额。对于主要使用现金结算的企业，计算应收账款周转率无意义。

在一定时期内应收账款周转的次数越多，表明应收账款变现速度越快，企业管理工作的效率越高。这不仅有利于企业及时收回货款，降低资金占用成本，减少收账费用和避免发生坏账损失的可能性，而且有利于提高企业资产的流动性，提高企业短期债务的偿还能力。

下面，我们根据表3－1资产负债表的数据计算B公司2008年度的应收账款平均余额。

$$应收账款平均余额=\frac{40\ 298+43\ 664}{2}=41\ 981\text{（千元）}$$

2008年度B公司营业收入为1 190 030千元，其中现销额为704 730千元，赊销额为485 300千元，则

应收账款周转次数＝485 300÷41 981≈11.6（次）

计算结果显示B公司2008年应收账款周转率将近12次，周转速度相当快，几乎平均每月周转一次。

企业因赊销引起的应收账款管理，是企业管理的一项重点。例如，一旦拖欠大额账款的客户破产倒闭，必然引起连锁反应，导致企业资金周转不灵。赊销对象、收款管理如果出差错或不及时，会造成企业现金流量青黄不接，置企业于危险之中。所以企业管理当局对应收账款管理应高度重视，未雨绸缪，不可等闲视之。

2. 平均收账期。赊销账款收现速度还可用平均收账期（DSO，Days Sales Outstanding）表示，也称应收账款周转天数，计算公式如下：

$$平均收账期=应收账款平均余额÷\frac{年销售额}{360}=\frac{360}{应收账款周转率}$$

式中，360代表一年的营业天数。这一指标表示自产品销售出去开始，至应收账款收回为止所需经历的天数。周转天数越少，说明应收账款变现的速度越快，企业资金被外单位占用的时间越短，管理工作的效率越高。

B公司平均收账期＝360÷11.6≈31（天）

一般企业在赊销条件中都明确规定账款的付款期限。应收账款的回收天数与所售产品的种类、商业往来的惯例以及竞争环境等因素有关。

有的企业应收账款的收账期高于同行业，这种宽松的信用期限未必有助于扩大企业的营业收入和营业利润的增长，同时，企业经营所面临的风险也更大。举例而言，某公司与一客户做一笔100万元的生意，收账期4个月，毛利率15%，即4个月后货款收回，毛利15万元；与另一客户也是100万元的生意，收账期2个月，毛利率10%，4个月做了2笔生意，毛利20万元；这一例子说明，企业经营应着眼于缩短收账期，并给予现

金折扣，适当降低利润率，走薄利多销、快销快收的路线，同时，企业也有更高的安全性。应收账款占用数额过大，会使存货及其他资产所占用的资金减少，使企业失掉取得收益的机会，造成机会成本，坏账损失和收账费用也会相应增加。由于资本成本、机会成本和坏账风险等，对于有些收账期过长的生意、客户应考虑干脆不做。

平均收账期作为应收账款账龄分析，是企业流动资产周转情况分析的重要组成部分。企业在采用赊销策略时，往往规定放出账款的期限，以及企业催收账款的方针，这就成了计算这一比率进行评价的标准。如果实际收回账款所需天数超过企业规定的账款偿还期限，说明客户信用不好，有可能发生较多的坏账损失；同时也说明本企业有关部门催收账款不力，或是催收人员的延误或失职；企业会因此有过多的营运资本呆滞在应收账款之上，影响流动资产的流动程度。

（二）存货周转率

存货，是指企业在日常活动中持有以备出售的库存商品、处在生产过程中的在产品、在生产过程或提供劳务过程中耗用的材料和物料等。存货同时满足下列条件的，才能予以确认：

1. 与该存货有关的经济利益很可能流入企业；

2. 该存货的成本能够可靠地计量。

存货依据企业的性质、经营范围并结合其用途，一般可分为：

1. 工业企业存货：原材料、委托加工材料、周转材料、在产品及自制半成品、库存商品。

2. 商业企业存货：商品、材料物资、周转材料等。

3. 其他行业（一般是指服务业）存货：各种少量物料用品、办公用品、家具用品等。

存货是企业除固定资产以外，在日常生产经营过程中的物资，是大部分企业的一项重要的资产，企业的存货状况通常被视为其经营状况是否良好的“晴雨表”。

存货周转率（Inventory Turnover）是一定时期内企业营业成本与存货平均余额间的比率，它是衡量企业销货能力和企业存货管理效率的重要依据，计算公式如下：

$$存货周转率 = \frac{营业成本}{存货平均余额}$$

式中，存货平均余额的计算方法有两种，如果企业销售较为平稳，则 $存货平均余额 = \frac{期初存货余额 + 期末存货余额}{2}$；如果企业销售受季节性影响或各月销售大起大落，那么，$存货平均余额 = \frac{全年每月底存货余额}{12}$。

根据表3－1资产负债表、表3－2利润表的资料，计算B公司2008年末的存货周转率如下：

$$存货平均余额 = \frac{74\ 520 + 76\ 560}{2} = 75\ 540（千元）$$

存货周转率 = 854 360 ÷ 75 540 ≈ 11.3（次）

计算结果表明，B公司存货一年周转11.3次。

存货周转速度还可用存货周转天数（Days Sales of Inventory）来表示，计算公式如下：

$$存货平均周转天数 = 存货平均余额 \div \frac{营业成本}{360} = \frac{360}{存货周转率}$$

B公司存货平均周转天数 = 360 ÷ 11.3 ≈ 31.9（天）

计算结果表明，B公司存货自入库之日起到发售之日止平均为31.9天，这一过程包含了从材料入库、投料生产、产品完工到产品销售。B公司存货周转次数较高，周转天数也就相应较少。

存货是流动资产中重要的组成部分，其质量和流动性对企业的流动性状况具有举足轻重的影响，并进而影响企业的短期偿债能力。

存货周转率是用来衡量企业销货能力大小和存货是否适量的指标。在通常情况下，存货周转速度越快，如果是盈利企业，则其利润就会越多。由此可见，存货周转率的分析不仅与营运能力有重要关系，也与企业的获利能力有直接的关系。例如，在毛利率不变的情况下，某企业存货1 000 000元，每周转一次可得毛利100 000元，如一年周转5次，则可获毛利500 000元。在保证不缺货的情况下，存货周转的速度快，说明企业的销售效率高，库存积压少，营运资本中被存货占用的比重相对较小，这无疑会提高企业的经济效益。反之，存货周转率低则是企业管理不善、经营情况欠佳的一种迹象。存货周转率减慢的原因，可能是存货积压，市场需求量减少，冷背风险增加；可能是质量有问题，残次货品增多；也可能是生产过程延长，成套性差；也可能是商品价格偏高，等等，要进一步分析其原因，也可能是企业因某种原因增大某些品种库存的结果。

存货周转率的高低要看具体的行业和企业，20 世纪八九十年代世界流行的日本即时制、零库存，对某些行业和企业并不适用。在人口数量不断膨胀、人均自然资源日益稀缺、科技进步造福面有限的今天，许多品种的原材料，如许多种类的矿产资源，相关行业的企业应通过各种交易方式，来保持一定的持有量。企业应更注重长远利益和稳健性，而非眼前的周转率和短期盈利。

在工业企业，根据存货的主要组成内容，分为三类存货账户：

1. 原材料存货（Raw materials inventory），是指要进入制造过程转化成为最终销售货物组成部分的原材料项目。

2. 在产品存货（Work in process inventory），是指已经进入制造过程但尚未完工的货物。

3. 产成品存货（Finished goods inventory），是指已经制造出来但尚未移送给顾客的货物。

工业企业存货周转率又可分为原材料周转率、在产品周转率和产成品周转率，这三个比率可作为内部参考，外部分析无法获得资料。

1. 原材料周转率。这是用来对原材料平均余额与原材料耗用成本进行比较的指标，计算公式如下：

$$原材料周转率=\frac{耗用原材料成本}{原材料平均余额}$$

假定某工业企业 2008 年全年耗用原材料成本为 1 000 000 元，原材料平均余额为 400 000 元，则该企业 2008 年度原材料周转率计算如下：

原材料周转率 = 1 000 000 ÷ 400 000 = 2.5（次）

2. 在产品周转率。这是用来表明在产品平均余额与产品制造成本之比，计算公式如下：

$$在产品周转率=\frac{制造成本}{在产品平均余额}$$

假定某工业企业 2008 年度制造成本为 1 500 000 元，在产品平均余额为 150 000 元。依上式，该企业 2004 年在产品周转率计算如下：

在产品周转率 = 1 500 000 ÷ 150 000 = 10（次）

3. 产成品周转率。这是以产成品平均余额与营业成本进行比较的指标，计算公式如下：

$$产成品周转率=\frac{营业成本}{库存商品平均余额}$$

假定某工业企业2008年全年营业成本为1 800 000元，产成品平均余额为250 000元，则该企业2008年产成品周转率计算如下：

产成品周转率＝1 800 000÷250 000＝7.2（次）

（三）营业周期

企业的营业周期（Operating Cycle）是指从取得存货承担付款义务开始到销售存货并收回现金为止的时间，计算公式如下：

营业周期＝存货平均周转天数＋平均收账期

B公司2008年营业周期为：

营业周期＝31.9＋31＝62.9（天）

企业的营业周期短，说明存货和应收账款周转速度快；营业周期长，说明存货和应收账款周转速度慢。较短的营业周期表明对供、产、销的有效管理，企业要做市场的快速反应者，速度决定成败。应该注意的是，不同企业采用不同的存货计价方法导致不同的期末存货价值，从而会缩短或延长存货周转天数，因此会影响到营业周期的计算；不同企业采用不同的坏账准备计提方法和提取比例，会使不同企业之间的应收账款周转天数的计算结果产生差异，因而也会影响到营业周期的计算；并且外部报表使用者通常只能用营业收入净额而不是赊销净额计算应收账款周转天数，可能会缩短应收账款的周转天数，进而缩短企业的营业周期。

（四）流动资产周转率

流动资产周转率（Current Assets Turnover），是流动资产的平均占用额与流动资产在一定时期所完成的周转额之间的比率，它是反映企业流动资产周转速度的指标。计算公式如下：

$$流动资产周转次数=\frac{营业收入}{流动资产平均余额}$$

$$流动资产平均余额=\frac{期初流动资产+期末流动资产}{2}$$

式中，流动资产平均余额也可以按照12个月月末余额计算平均数。

流动资产周转率不仅仅反映企业生产经营过程中投入流动资产的周转

速度，而且反映生产经营过程中新创价值的情况。在流动资金占用额不变的情况下，流动资产周转加速可以使资金运用的机会增多，从而扩大生产销售规模，使收入增加，相当于扩大了企业资产投入，增强了企业盈利能力。在产销规模不变的情况下，流动资产周转加速可以使占用的资金减少，从而节约流动资金，降低了资金使用成本。

根据表 3－1 资产负债表、表 3－2 利润表的资料，计算 B 公司 2008 年末的流动资产周转率如下：

$$流动资产平均余额=\frac{170\ 884+180\ 948}{2}=175\ 916（千元）$$

流动资产周转次数 = 1 190 030 ÷ 175 916 ≈ 6.8（次）

B 公司 2008 年流动资产周转了近 7 次。在一定时期内，流动资产周转次数越多，表明以相同的流动资产完成的周转额越多，流动资产利用的效果越好。

流动资产周转一次所需天数，计算公式如下：

$$流动资产周转天数=\frac{360}{流动资产周转次数}$$

B 公司流动资产周转天数 = 360 ÷ 6.8 ≈ 52.9（天）

B 公司流动资产不到两个月就周转一次。周转一次所需天数很少，表明流动资产在经历生产和销售各阶段占用的时间越短，周转越快。生产经营任何一个环节上的工作得到改善，都会反映到周转天数的缩短上来。按天数表示的流动资产周转率更能直接地反映生产经营状况的改善，便于比较不同时期的资产周转率，因此应用较为普遍。

二、固定资产周转情况分析

固定资产（Fixed Assets），是指企业为生产产品、提供劳务、出租或者经营管理而持有的、使用时间超过一年的有形资产，包括房屋、建筑物、机器、机械、运输工具以及其他与生产经营活动有关的设备、器具、工具等。

企业的固定资产占资产总额的比重一般来说都比较大，而且直接构成企业的生产能力，它的利用情况直接影响生产效率、产品质量和成本水平，因此分析固定资产的利用情况，对于判断企业营运能力具有重要意义。

（一）固定资产周转率

固定资产周转率（Fixed Assets Turnover），也称固定资产利用率，是指企业年营业收入与固定资产平均余额的比率，它是反映企业固定资产周转情况，从而衡量固定资产利用效率的指标。计算公式如下：

$$固定资产周转次数=\frac{营业收入}{固定资产平均余额}$$

$$固定资产平均余额=\frac{期初固定资产+期末固定资产}{2}$$

式中，分母不用固定资产原价计算，是因为固定资产平均余额表示年度内固定资产平均占用的资金，而固定资产原价并不能真正反映实际占用的资金。在营业收入和固定资产总量不变的情况下，因计提折旧使固定资产余额逐年减少，固定资产周转率也会逐年加速，因此，这个指标反映的周转速度有一定的局限性。

企业固定资产余额受以下因素的影响：

1. 固定资产原价的大小；
2. 固定资产使用时间的长短；
3. 会计上使用的折旧方法；
4. 企业自有固定资产、融资租赁固定资产和经营租赁固定资产的比例；
5. 新置、改造或报废、毁损引起的增减变动。

由于这些因素，两家规模相当的同行企业，其固定资产周转率也可能相差很大，因此，该比率一般很少在不同企业间进行比较。

从理论上讲，一件固定资产提完折旧才算完成其价值的周转，与某个会计期间的营业收入没有关系，但营业收入的多少取决于固定资产的实物生产能力。固定资产周转率指标主要用于生产性固定资产占大比重的企业，如工厂、酒店等。

根据表 3－1 资产负债表、表 3－2 利润表的资料，计算 B 公司 2008 年末的固定资产周转率如下：

$$固定资产平均余额=\frac{129\ 200+132\ 600}{2}=130\ 900\text{（千元）}$$

固定资产周转次数 = 1 190 030 ÷ 130 900 ≈ 9.1（次）

这是一个较高的比率，固定资产周转率高，表明企业固定资产利用充分，同时也表明企业固定资产投资得当，固定资产结构合理，能够充分发挥效率。反之，如果固定资产周转率不高，则表明固定资产使用效率不高，提供的生产成果不多，企业营运能力不强。

固定资产周转率较低的公司，如钢铁公司，在经营活动的周期波动中显得比较脆弱，因为固定资产的成本相对固定，当这些公司的营业收入缩减时，企业收入可能无法维持正常的成本补偿。相反，如果一个公司的固定资产周转率相对高一些，如服务行业中的企业就具有这种特点，这些企业可以随着收入的下降而不断削减成本，因而在缩减过程中困难也小得多。

固定资产周转一次所需天数，计算公式如下：

$$\text{固定资产周转天数} = \frac{360}{\text{固定资产周转次数}}$$

B 公司固定资产周转天数 = 360 ÷ 9.1 ≈ 39.6（天）

分析固定资产周转率时，要注意固定资产年度内计提折旧、报废清理而减少，更新重置而增加的情况。

以下几个比率可用于固定资产较多的大中型企业。

（二）固定资产净值率与磨损率

净值是固定资产的剩余账面价值，固定资产净值率用来表明企业期末固定资产的新旧程度，计算公式如下：

$$\text{固定资产净值率} = \frac{\text{固定资产余额}}{\text{固定资产原价}} \times 100\%$$

这一比率越高，说明新购置的固定资产越多，使用时间还比较短。

固定资产磨损率，是指期末的累计折旧（Accumulated Depreciation）与原值（Original Value）之间的比率，计算公式如下：

$$\text{固定资产磨损率} = \frac{\text{累计折旧}}{\text{固定资产原价}} \times 100\%$$

可见，固定资产磨损率 = 1 - 固定资产净值率

（三）固定资产使用率

固定资产使用率是指期末在用固定资产原价与全部固定资产原价之

比，计算公式如下：

$$固定资产使用率=\frac{在用固定资产原价}{全部固定资产原价}\times 100\%$$

（四）固定资产占用率

固定资产占用率是指固定资产原价平均总额与工业总产值之比，这个比率说明每百元产值需要占用多少固定资产原价，计算公式如下：

$$固定资产占用率=\frac{固定资产平均原价}{工业总产值}$$

式中，$固定资产平均原价=\frac{\begin{matrix}期初固定\\资产原价\end{matrix}+\begin{matrix}期末固定\\资产原价\end{matrix}}{2}$

这个比率越高，说明每百元产值占用的固定资产原价越大。随着新技术、先进工艺的使用，生产效率的提高，会影响这个比率的上升或下降。

（五）固定资产更新率

固定资产更新率是指新增固定资产原价对期初固定资产原价总额的比率，它反映了固定资产更新的规模和速度，计算公式如下：

$$固定资产更新率=\frac{本期新增固定资产原价}{期初固定资产原价}$$

（六）固定资产退废与损失率

固定资产退废是指企业全年退废清理的固定资产（包括正常、非正常报废及不需用而让售的固定资产），固定资产损失是指全年固定资产盘亏、毁损所造成的固定资产损失数。计算公式如下：

$$固定资产退废与损失率=\frac{本期退废、损失固定资产原价}{期初固定资产原价}$$

三、总资产周转情况分析

（一）总资产周转率

又称投资周转率，是反映企业总资产周转情况的指标，计算公式如下：

$$总资产周转率=\frac{营业收入}{资产平均总额}$$

$$资产平均总额=\frac{期初资产总额+期末资产总额}{2}$$

公式中分母使用资产平均总额，是因为公式中分子数据来自于动态的利润表，分母数据取自于静态的资产负债表，使用平均数可使分子、分母在时间上保持一致。

根据会计恒等式，资产＝负债＋所有者权益，即企业的总资产是企业的负债和所有者权益所代表的全部经济资源的投资对象，因此，总资产周转率又称投资周转率。这一比率越高，表明企业投资效益越好；反之，如果这一比率较低，则说明企业利用总资产的效率较低，最终会影响企业的盈利能力。

在营运周转过程中，总资产周转率的提高有两种方式，一是投资额保持不变，尽量增加营业收入；二是在营业收入水平一定的情况下尽可能地减少投资额。为了分析总资产周转速度变动的原因，可将以上公式做如下分解：

$$总资产周转率=\frac{营业收入}{流动资产平均余额}\times\frac{流动资产平均余额}{总资产平均余额}$$

$$=流动资产周转次数\times流动资产占总资产比重$$

从以上公式可以看出，总资产周转速度的快慢受两个因素的影响：一是流动资产周转速度；二是流动资产占总资产的比重。因为流动资产周转速度快于非流动资产，所以流动资产在总资产中所占的比重越大，总资产的周转速度越快。

有的企业在运用这一比率时用营业资产总额代替资产总额。所谓营业资产，是指在生产经营过程中投入使用的、与营业收入产生直接有关的资产，即从资产总额中减去非营业用资产（如用作长期投资的有价证券，出租的厂房建筑物和机器设备等）后的余额。

根据表 3－1 资产负债表、表 3－2 利润表的资料，计算 B 公司 2008 年末的总资产周转率如下：

$$资产平均总额=\frac{323\ 816+338\ 980}{2}=331\ 398\text{（千元）}$$

$$总资产周转率=1\ 190\ 030\div331\ 398\approx3.6\text{（次）}$$

计算结果表明，B公司2008年每1元的资产可产生3.6元的销售额。

有的企业在运用这一比率时用营业资产总额代替资产总额。所谓营业资产，是指在生产经营过程中投入使用的、与营业收入产生直接有关的资产，即从资产总额中减去非营业用资产（如用作长期投资的有价证券，出租的厂房建筑物和机器设备等）后的余额。

（二）业主权益销售率

这一比率是用销售额来计算业主权益的周转次数，据以表明对投资者投入资本的利用程度，也用来揭示所有者权益与营业额之间的比例是否合适。计算公式如下：

$$业主权益销售率=\frac{营业收入}{所有者权益}$$

式中的所有者权益，在计算期内如有变化应按平均余额计算。

$$平均业主权益=\frac{期初所有者权益+期末所有者权益}{2}$$

根据表3－1资产负债表、表3－2利润表的资料，计算B公司2008年末的业主权益销售率如下：

$$平均业主权益=\frac{217\ 532+229\ 772}{2}=223\ 652（千元）$$

$$业主权益销售率=1\ 190\ 030\div 223\ 652\approx 5.3（次）$$

计算结果表明，B公司2008年平均每1元业主权益实现的营业收入为5.3元。或者说，该公司用营业收入来计算的业主权益周转次数为5.3次。

四、劳动生产效率情况分析

企业的职工，即人力资源，是企业财富的直接创造者。提高劳动生产率，企业的人均创利额也随之提高。计算公式如下：

$$劳动生产率=\frac{营业收入}{平均职工人数}$$

这一指标表明企业的人员效率，一个机构冗杂、人浮于事的企业，其人力效率是很低的，而低效率的企业将在市场竞争中被人力资源配置良好的高效率的企业无情地淘汰。这一指标如果要进行比较的话，只能在同行业及同类企业中进行比较。

五、研发投入情况分析

衡量企业经营能力的分析中，有一个指标特别受关注，就是研发费用和营业收入的比率，称为研发比率。计算公式如下：

$$研发比率=\frac{研发费用}{营业收入}$$

《企业会计准则第 6 号——无形资产》第七、八、九条规定："企业内部研究开发项目的支出，应当区分研究阶段支出与开发阶段支出。研究阶段的支出，应当于发生时计入当期损益。开发阶段的支出，同时满足相关条件时，确认为无形资产。"

按照规定，研究阶段支出作为当期费用处理，开发阶段支出满足条件的作资本化处理。在计算这一比率时，则要将本期研究阶段支出和开发阶段支出合并起来。

这项比率对劳动密集型产业意义不大，对技术密集型产业意义重大。高科技企业不断地推陈出新，产品更新换代频率快，要有新的技术成果推出，必须有大量的科研经费投入，科研投入多，产出新技术、新产品的可能性就大，这对企业的发展和股价升值至关重要。

第四节　盈利能力分析

怎样做企业才会有良好的盈利呢？宏碁公司创始人施振荣 1993 年提出了一个著名定律，叫做"微笑曲线"，就是说产业价值链是个弧形，上面的两端附加价值高，中间最低的一段是加工组装生产，即传统的制造业，附加价值低，而且随着时间的演进，这个弧线越来越弯，两头翘得越来越厉害。上面的前端是大概三项，一是研发；二是原材料采购；三是设计。后端也是大概三项，一是品牌营销；二是销售渠道管理；三是售后服务，包括各种各样的服务。从事生产制造的企业赚取的是加工费，能够向两端延伸的企业才会有丰厚的利润。

现代企业的竞争是产业链的竞争，利润依附于产业链。我国制造业多数处于较初级的加工业，大多难以技术升级，所处的产业链环节利润稀薄。众多跨国公司，例如耐克、阿迪达斯，并不从事生产制造，而是将订单交付中国或越南的鞋厂，并由许多鞋厂相互竞争，而公司掌控品牌、设计、广告、营销、渠道等等一个完整的产业链。日本大型钢铁公司在20世纪后叶即大举投资、入股澳洲、巴西等地的铁矿场，在国际铁矿石定价上有了话语权，利润空间宽广。企业并不是要想着去做大，而是要想着去做强，打造强有力的产业链条。另外，行政垄断企业的利润由高价维持，实质上是一项特许经营税，这种垄断并非百年老店，随着市场化的长期深入，垄断暴利将无以为继，行政垄断企业本质上不是企业，不能进行企业意义上的盈利能力分析。

什么是会计利润？利润是企业全部收入抵补全部成本费用后的盈余，是企业进行生产经营活动取得的财务成果。企业从事生产经营活动，其根本目的是能持续、稳定地取得数量可观的利润，这样才能有充足可靠的财务资源，保证企业的独立经营和持续、稳定的发展，才能如期向政府缴纳税金，才能有充足的现金流量，偿还到期借款本息，增加职工工资和奖金，提高职工福利，并能在投资者中分配利润，维护投资者权益，使投资者增长再投资的实力。另外，企业盈利能力的大小还直接影响着市场的繁荣与稳定，良性运转的市场，需要参与市场运作的主体有稳定、良好的盈利能力，若企业经营不善，长期利润微薄或亏损，不仅无力发展，还会在激烈的市场竞争中被淘汰。

盈利能力（Earning Power）是指企业获取利润的能力，利润是企业内外有关各方都关心的中心问题，也就是企业的效益问题。利润是投资者取得投资收益、债权人收取本息的资金来源，是经营者经营业绩和管理效率的集中体现，也是职工福利的保障。因此，企业盈利能力分析十分重要。

盈利能力要靠优质产品，还要靠营销能力，发展优质客户、扩大市场占有率、增加营业收入是提高企业盈利能力的基础和保证。举例而言，早期的甲骨文（Orade）公司开发的软件产品，不如另一家几位大学教授的公司开发的产品，但甲骨文创办人拉里·埃里森（Lany J. Ellison）擅长营销，发展成为大公司，而另一家公司则湮没不闻。

企业经营的最终评价是企业盈利的多少。无论是企业的投资者或债权人，都非常重视企业的盈利能力。投资者的直接目的就是获得更多的利润，因此对于信用相仿的几个企业，人们总是将资金投给利润丰厚的企业。企业管理者，自然更关心本企业的盈利能力，收益高低是企业管理效能优劣最重要的指标。对于有股票上市的企业，每个时期获得的股利多少，直接影响企业的信誉、股票的行情。

企业财务信息的使用者，由于在企业中的利益关系不同，对企业利润进行分析的目的是不相同的。例如，企业的短期债权人在企业中的直接利益是企业在短期内对短期债务还本付息，这是一种短期利益，因此，他们一般很少关注企业获利的长期趋势，而只关心企业当期的盈利水平和现金流入量的大小。因为实际偿债时，要依靠货币资金来支付，企业当期利润大小是决定现金流入量的主要因素，但并不等于现金流入量，这是由于当期利润是按照权责发生制计算的，经营活动的现金流量是按收付实现制计算的，现金流入量还包括企业筹资和投资活动流入的现金。短期债权人只有结合企业当期获利情况，分析企业现金流入量，才能准确判断企业是否有足够的现金偿债能力。

长期债权人的直接利益是未来债务到期时，企业能及时足额还本付息。长期债务利率高，利息数额大，要靠企业较高的盈利能力来保证。另外，长期负债还本付息时间长，企业面临的市场环境可能会出现重大的变化，偿还本息会面临着企业的经营风险和市场风险。因此，长期债权人在进行利润分析时，更关注企业经营的长期持续、稳定的发展，关心和分析企业盈利能力的长期趋势，以预测和判断企业长期偿债能力。

投资者的直接利益是投资报酬的高低，在市场经济条件下，资本总是投向盈利能力强的项目。投资者不仅要了解企业当前的盈利能力，还要通过盈利能力分析，判断现在的盈利能力是否稳定、持久，判断盈利水平的变动趋势，判断资本保全程度、资本增值能力，预测资本风险的大小，以决定是否继续投资还是转让产权。

企业管理当局对企业盈利能力的分析是全面的，利润是综合反映企业生产经营成果的重要指标，利润的多少受多种因素的影响，企业在一定时期的销售规模、生产能力、成本费用的高低、资金运筹是否得当以及各项管理工作的水平，都最终反映到利润指标上。企业要想提高盈利能力，取得稳定、持续增长的利润，就必须有一套长远的、行之有效的企业发展战略，一方面着眼于市场，不断扩大市场占有率；另一方面要着眼于企业内部，强化内部管理，提高产品质量，降低产品成本。另外，企业一定时期的盈利能力，还受外部经济环境和宏观调控等变化的制约。因此，经常分析利润的变化情况及其变动原因，评价利润目标、计划的完成情况，分清企业内外环境变化对盈利能力的影响，并进一步了解哪些收支、业务和产品或劳务项目引起盈利的变动，生产经营哪些方面存在薄弱环节，以挖掘增加利润或减少亏损的潜力，为制定提高经营效益的决策提供依据。

进行营利能力分析之前，需要看业务分部和地区分部报表，看企业营业收入和净利润的行业分布结构与地区分布结构。还需要对利润变动的具体原因展开分析，因为，会计上利润的变化，既有可能是经营业绩的变化引起的，也有可能是会计政策和会计估计变更引起的。上市公司的财务报表附注，必须披露“重要会计政策和会计估计”和“会计政策和会计估计变更以及差错更正的说明”。

本节将企业盈利能力分析指标划分为三项：营业盈利能力分析、资产盈利能力分析、资本盈利能力分析。本节不使用利润总额（税前利润）指标，2008 年起企业所得税税率为 25%，内外资企业一致，除了一些企业适用优惠延续性条款和国家需要重点扶持的高新技术企业税率为 15%，不必考虑税率差异对企业盈利能力的影响；只使用净利润（税后利润）指标，只有净利润才是投资者最终享有的利润。

一、营业盈利能力分析

（一）毛利率

毛利率（Gross Profit Margin）是指毛利与营业收入之间的比率。所谓毛利，是指营业收入与营业成本之间的差额，营业成本是企业最大的开支项目，它的变动对企业的利润影响最大，因此设计了毛利率这样的初级指标，以反映企业商品销售的初始获利能力，只有足够大的毛利率才能形成较大的利润。计算公式如下：

$$毛利率 = \frac{营业收入 - 营业成本}{营业收入} \times 100\%$$

根据表 3 - 2 利润表的资料，计算 B 公司 2008 年末的毛利率如下：

$$毛利率 = \frac{1\ 190\ 030 - 854\ 360}{1\ 190\ 030} \times 100\% \approx 28.2\%$$

企业对存货计价方法和固定资产折旧方法的会计处理对营业成本也会产生影响，从而影响毛利率。毛利率发生变化应从各生产成本项目进行分析，原辅材料的涨跌、工人工资的增减、水电费及其他制造费用的变化等，薄利或厚利的不同品种产品销量的变化也会产生影响。

企业生产经营取得的收入扣除营业成本后有余额，才能用来抵补企业的各项经营支出以计算营业利润，毛利是企业利润形成的基础。单位收入的毛利越高，抵补各项支出的能力越强，获利能力越高，相反，获利能力越低。

实行目标管理的公司，都制定有销售毛利率的短期目标和中、长期目标，分析时，可将报告期实际毛利率与公司目标值相比，分析与目标值的差距。另外，毛利率有很明显的行业特点，营业周期短、固定费用低的行业，毛利率通常比较低，如零售商业；生产周期长的行业，毛利率低则无法弥补巨大的固定成本。毛利率随行业的不同而高低各异，但同一行业的毛利率一般相差不大，与同期同行业的平均毛利率水平相比较，可以揭示企业在定价政策、推销费用和生产成本控制方面存在的问题。因此，报告期的毛利率除了与目标值比较外，还必须与行业平均值和行业先进水平相比较，以评价公司的盈利能力在同行业中所处的位置，并进一步分析差距形成的原因，以找出提高获利能力的途径。

（二）营业净利率

营业净利率，是指净利润与营业收入的比率，它反映企业营业收入创造净利润的能力，计算公式如下：

$$营业净利率=\frac{净利润}{营业收入}\times 100\%$$

从公式可以看出，只有当净利润的增长速度快于营业收入的增长速度时，营业净利率才会上升。在分析该比率时应注意，营业收入包含主营业务收入和其他业务收入，利润的形成也并非都由营业收入所产生，它还受到投资收益、营业外收支等因素的影响。要注意的是，净利润是否受到了大额的非常项目损益或大额的投资收益的影响，在分析报告中另加说明，金额不大可以忽略不计。当然，利润应主要来自于营业收入，才具有可持续性。

对上市公司的分析要注意投资收益、营业外收入等一次性的偶然收入，一次性的收入突升，如利用资产重组、非货币资产置换、股权投资转让、资产评估、非生产性资产与企业建筑物销售所得收入调节盈余，即公司可能用这些手段调节利润。

根据表3-2利润表的资料，计算B公司2008年末的营业净利率如下：

$$营业净利率 = \frac{97\ 822.5}{1\ 190\ 030} \times 100\% \approx 8.2\%$$

计算结果表明，B公司2008年每百元营业收入实现8.2元净利润。

营业净利率是企业销售的最终获利能力指标，比率越高，说明企业的获利能力越强。但是它受行业特点影响较大，通常来说，越是资本密集型企业，其营业净利率就越高；反之，资本密集程度较低的企业，其营业净利率也较低。该比率分析应结合不同行业的具体情况进行。

也可以将企业的息税前利润作为公式的分子以计算息税前利润率，因为利息支出实际上是企业新创价值的一部分，把息税前利润作为公式的分子可以消除筹资方式对盈利能力的影响，即消除由于借贷款项而产生的利息、手续费等对利润水平产生的影响。但是，通常企业借入资金加上自有资金，有了这个资金运用总量，才产生出这个销售量和利润额，计算息税前利润率只是一种参考指标。

（三）成本费用净利率

成本是按一定方法对象化的费用，费用是企业在生产经营中发生的各种耗费。例如为车间生产出产品而发生的各项耗费归入生产成本，而期间费用（销售费用、管理费用和财务费用）计入当期损益，不计入成本。税金不计入成本费用，虽然税金与成本费用一样，是营业收入的抵减项目，但企业的各项税金是分开计算的，是强制缴纳的，在性质上与成本费用有区别。利润表只列示与营业收入相配比的营业成本，企业月末完工入库产品的生产成本结转库存商品，当月销售的库存商品结转营业成本，用公式表示：

本期营业成本＝期初库存商品＋本期入库商品－期末库存商品

成本费用净利率是反映利润表营业收入中耗用的成本费用与获得的净收益之间关系的指标，这些耗费和收益最终通过本期的货款全部回笼来收回，计算公式如下：

$$成本费用净利率=\frac{净利润}{成本费用总额}\times 100\%$$

成本费用总额 = 营业成本 + 销售费用 + 管理费用 + 财务费用

根据表 3－2 利润表的资料，计算 B 公司 2008 年末的成本费用净利率如下：

成本费用总额 = 854 360 + 55 870 + 63 376 + 4 144 = 977 750（千元）

$$成本费用净利率=\frac{97\ 822.5}{977\ 750}\times 100\%\approx 10\%$$

计算结果表明，B 公司耗费每百元成本费用可获净收益 10 元。这项比率越高，表明企业耗费一定成本费用所得的收益越高。这是一个能直接反映增收节支、增产节约效益的指标。企业生产销售的增加和费用开支的节约，都能使这一比率提高。

现代企业降低成本费用的主要途径是工艺及流程优化、技术（装备）革新、新型设计、规模效应、品质管理（次品与返修品及废品的减少）、员工技能与熟练程度的提高等等。而不是依靠价廉品质低的材料、增加劳动强度、延长劳动时间或低廉工薪，那样会产生反作用力、造成负面影响，而从另外方面如产品及服务品质降低、劳动生产率下降、人才流失、员工队伍素质低等，有形无形地增加企业的成本费用，致使企业在激烈的市场竞争中处于劣势。

我国劳动力价格低廉，制造业产品成本主要是材料成本，工人工资所占比重不高。提高工人工资，使之保持在同行业中的高水平，培训和吸纳高技能员工，加之以良好的管理，企业将从产品品质、生产效率等方面获得加倍的效益，这是提高工资以降低相对成本的方式。压低工人工资表面上降低了成本绝对数，实际上无形中增加了相对成本，企业为之付出更大的代价。有竞争力的薪酬体系才能吸引有竞争力的人力资源，有竞争力的人力资源才能造就有竞争力的企业。例如，蒙牛公司从一家新办小厂，不几年间成长为大型企业，所奉行的高工资政策引发的工作激励起到了一个决定性的作用。

不能把成本费用只看做成本费用，其中有些项目带有投资的含义，支出得当，能带来有形无形的成倍效益。例如，华为公司在建造公司总部（固定资产投资带来折旧费用）、接待贵宾和研究开发（研究阶段费用计入当期损益）等方面的豪华支出。西班牙 Zara 公司大部分服装产自人力昂贵的欧洲，以便就近供销；各个服装工厂通过共长200公里的隧道与巨型分配中心相连；将营业周期从行业平均的一百多天降到十多天：告诉世人的是降低单位产品成本要靠速度和规模，而不是靠廉价的人力和土地等。

二、资产盈利能力分析

（一）总资产报酬率

总资产报酬率（ROA，Return On Assets）又称总资产净利率，是衡量企业全部经济资源综合利用效益的指标。总资产报酬率与企业的投资报酬率（ROI，Return On Investment）是同义词，企业的各项资产是由借贷资本和股权资本投资形成的。但我们这里使用ROA而不使用ROI，以免混淆，因为ROI与ROA有所区别，ROI主要还是指一个投资项目投入与回报的关系。计算公式如下：

$$总资产报酬率=\frac{净利润}{资产平均总额}\times 100\%$$

这一比率越高，表明资产利用的效率越高，说明企业在增收节支和节约资金使用等方面取得了良好的效果，否则相反。可将上式做如下分解：

$$总资产报酬率=\frac{净利润}{资产平均总额}=\frac{营业收入}{资产平均总额}\times\frac{净利润}{营业收入}$$

$$=总资产周转率\times 营业净利率$$

上述关系式揭示了两条改善总资产报酬率的途径，一是增加营业净利率——每百元营业收入获得较多的收益；二是加快总资产周转率。这个指标能从营运能力和盈利能力两方面反映企业的经营业绩，是一个较为全面的指标。如果企业的资产周转速度越快，营业净利率越高，则总资产报酬率越大。因此，提高总资产报酬率可以从两方面着手，一方面加强资产管理，提高资产利用率；另一方面加强销售管理，增加营业收入，提高利润水平。

根据表3－1资产负债表、表3－2利润表的资料，计算B公司2008年末的总资产报酬率如下：

$$总资产报酬率=\frac{97\ 822.5}{331\ 398}\times 100\%\approx 29.5\%$$

计算结果表明，B公司2008年每百元由股东和债权人提供的投资可产生29.5元的净利润。

总资产报酬率是一个综合指标。企业的总资产来源于所有者投入资本和举债两个方面，利润的多少与企业资产的多少、资产的结构、经营管理水平有着密切的关系。为了正确评价企业经济效益的高低，挖掘提高利润水平的潜力，可以用该项指标与本企业前期、计划、本行业平均水平和本行业先进水平进行对比，分析形成差异的原因。

一般来说，重工业固定资产投资规模大，资产周转较慢，营业净利率较高。轻工业投资较少，资产周转较快，营业净利率较低。各行业趋向于一个平均的总资产报酬率，因为资本总是从低报酬行业向高报酬行业流动，直到投资报酬和投资风险相对均衡，这是市场经济社会资本运动的规律。由于投资的信息不对称、主观惯性偏好及流动时滞性等原因，股市上各行业及同行业各企业的总资产报酬率是不相同的。

以下是两个参考性指标，从利润角度说明企业资产的利用效率。

（二）流动资产净利率

流动资产净利率是企业净利润与流动资产的平均占用额之间的比率，计算公式如下：

$$流动资产净利率=\frac{净利润}{流动资产平均余额}\times 100\%$$

进行流动资产净利率因素分析，可将上式做如下分解：

$$流动资产净利率=\frac{营业收入}{流动资产平均余额}\times\frac{净利润}{营业收入}$$

$$=流动资产周转次数\times营业净利率$$

可见，流动资产净利率的高低受周转速度和营业净利率的影响。在营业净利率不变的情况下，流动资产周转速度越快，在一定时期内流动资产投入营运的机会越多，每增加营运一次就增加一次获利的机会，从而提高资产的获利能力。同样，在资产营运机会不变的情况下，每销售百元产品获取的利润提高了，运用同样的流动资产在一定时期获取的利润也就增加。

根据表3－1资产负债表、表3－2利润表的资料，计算B公司2008年末的流动资产净利率如下：

$$流动资产净利率=\frac{97\ 822.5}{175\ 916}\times 100\% \approx 55.6\%$$

（三）固定资产净利率

固定资产净利率是反映一定时期净利润与固定资产平均余额之间的比率，计算公式如下：

$$固定资产净利率=\frac{净利润}{固定资产平均余额}\times 100\%$$

这里不使用固定资产原值而使用净值，是因为在计算利润时累计折旧作为一项扣除项目已做了扣除。如同流动资产净利率，固定资产净利率也可分解：

$$固定资产净利率=\frac{营业收入}{固定资产平均余额}\times\frac{净利润}{营业收入}$$

$$=固定资产周转率\times营业净利率$$

根据表3－1资产负债表、表3－2利润表的资料，计算B公司2008年末的固定资产净利率如下：

$$固定资产净利率=\frac{97\ 822.5}{130\ 900}\times 100\% \approx 74.7\%$$

三、资本盈利能力分析

（一）股本收益率

实收资本，股份公司称为股本（Share Capital），是指企业实际收到的投资人投入的资本以及按照有关规定由资本公积、盈余公积转入的资本，是业主权益主要的一部分。所有者权益中参加利润分配的只是实收资本，股本收益率（实收资本净利率）是企业的净利润与实收资本的比率，是反映投资者投入企业的实收资本盈利能力的指标。计算公式如下：

$$股本收益率=\frac{净利润}{平均实收资本}\times 100\%$$

$$平均实收资本=\frac{期初实收资本+期末实收资本}{2}$$

根据表3－1资产负债表、表3－2利润表的资料，计算B公司2008

年末的股本收益率如下：

$$平均实收资本=\frac{195\ 500+195\ 500}{2}=195\ 500$$

$$股本收益率=\frac{97\ 822.5}{195\ 500}\times100\%\approx50\%$$

这一比率很高，表明B公司实收资本利用效果很好。

在企业经营期间，业主一般并不把利润全部分掉，会留一部分在企业，这实际上是追加投资，如果发生累计亏损，那就是业主权益的减值，所以，真正反映资本盈利能力的是净资产报酬率。

（二）净资产报酬率

净资产报酬率（ROE，Return on Equity）是指净利润与所有者权益之间的比率，反映所有者投资的获利能力。计算公式如下：

$$净资产报酬率=\frac{净利润}{平均业主权益}\times100\%$$

分母业主权益，在此使用的是平均值，由于分子是当年的净利润，所以分母用年初和年末净资产的平均值，同分子的当年利润进行比较更为合理。

根据表3－1资产负债表、表3－2利润表的资料，计算B公司2008年末的净资产报酬率如下：

$$净资产报酬率=\frac{97\ 822.5}{223\ 652}\approx43.7\%$$

计算结果表明，B公司每百元股东投资产生43.7元净利润。这项比率越高，表明所有者投资的收益水平越高，盈利能力越强；反之，则收益水平不高，盈利能力不强。

净资产报酬率仅从所有者角度来考察企业盈利水平的高低，而总资产报酬率则从所有者和债权人两方面来考察企业整体盈利水平。在相同的总资产报酬率水平上，由于不同的企业采用不同的资本结构形式，即不同的负债和所有者权益比例，会造成不同的净资产报酬率。

营业净利率是一项评价综合盈利能力的重要指标，但它没有考虑产生净收益的投资资本。对于一些当年度营业净利率较高的行业来说，它们的净资产报酬率却低于其他行业的平均值，这反映了此效用的产生来源于大量的资产投入。而有的行业，例如某家超级市场的当年度营业净利率仅为大约1.5%，但它的净资产报酬率却高于许多行业的平均值。又如国内某家房地产开发公司，当年度营业净利率为20%，其资金主要使用银行贷款，自有资金较少，净资产报酬率高达300%。

对股份公司而言，必须每年派发现金股利、配股或股票市价升值来为股东提供报酬，否则难以维持其资产规模，更难吸引投资者购买其股票来使公司市价升值，筹措更多资金了。因此净资产报酬率是一个重要的指标，它是公司获利能力的重要标志，关系到投资者对公司现状和前景的判断，关系到公司高级经理人员的任免。净资产报酬率的水平是否令人满意，要看同期同行业的平均状况、经济景气状况、投资者承受的风险程度和预期的收益率等因素。

四、杜邦模型分析

杜邦模型（DuPont Analysis），是美国杜邦公司始于1910年设计和使用的一个财务比率分析的综合模型，它是将已有的指标层层分解，而不是建立新指标，进行杜邦模型分析关键在于对指标的理解和运用。

杜邦模型是将几个评价企业经营效率和盈利能力的比率结合起来，并最终通过净资产报酬率来做综合反映，以此揭示利润与资产、销售的关系。净资产报酬率可以进行如下分解：

$$\text{净资产报酬率}=\frac{\text{净利润}}{\text{所有者权益}}=\frac{\text{净利润}}{\text{资产总额}}\times\frac{\text{资产总额}}{\text{所有者权益}}$$

$$=\text{总资产报酬率}\times\text{业主权益乘数}$$

$$=\text{总资产周转率}\times\text{营业净利率}\times\text{业主权益乘数}$$

B公司净资产报酬率＝3.6次×8.2%×1.5≈43.7%

从总资产周转率看，B公司每1元资产可产生3.6元的销售额；从营业净利率看，该公司每百元销售可产生8.2元净利润；从业主权益乘数看，该公司的股权资本支撑着约1.5倍的投资规模，负债额接近于股权的一半。周转快，利润高，有利的借贷融资，使得该公司2008年净资产报酬率达到43.7%这一高水平。这是企业经营机制良好，经理人员管理有方的结果，对此股东应该相当满意。

B公司2008年杜邦模型如图3－1所示。

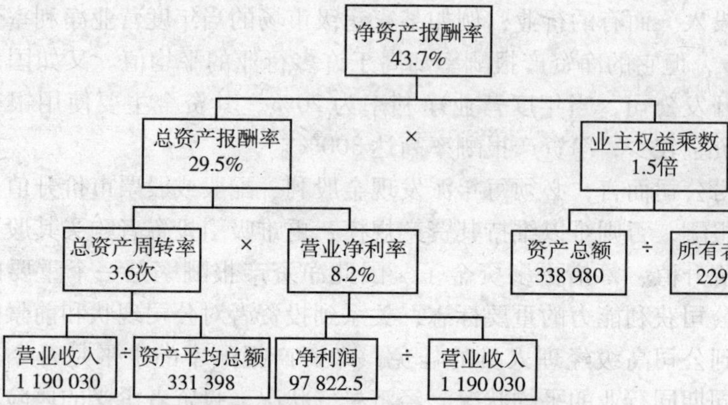

图 3－1　B 公司 2008 年杜邦模型（金额单位：千元）

从图 3－1 中可以看出：净资产报酬率是中心，其他各项指标都是围绕这一中心，通过彼此之间的依存和制约关系，来揭示企业的盈利能力。净资产报酬率的高低，取决于总资产报酬率的高低，以及业主权益的结构比重。总资产报酬率体现着总资产的盈利能力；总资产周转率用来衡量对总资产的利用率，但不反映利用资产实现的盈利；营业净利率揭示了营业收入的盈利率，但不反映形成销售而产生利润所使用的资产的情况；总资产报酬率将两者有机地结合起来。业主权益乘数是表示企业融资程度的指标，它体现企业的股权资本支撑着几倍于自身的投资规模，就是所谓的财务杠杆。杜邦模型之所以成为著名的财务模型是它所围绕的关键比率——净资产报酬率、总资产报酬率——是具有综合性和代表性的比率。

使用杜邦模型进行财务分析还应注意企业资产的使用期，例如，10 年前企业购置的资产的账面价值，如果没有定期进行资产评估，可能早已低于其重置价值。那么，10 年前购入资产的收益率 20%，可能还不如新购资产的收益率 10%。

正如沃尔评分法是有片面性的，该方法是选几项比率并设定标准值进行比较评分，实际上为不同国家、时期、行业的企业设置标准值主观性太强。杜邦模型也是有局限性的，它选取的是净资产报酬率、总资产报酬率这两个主要的盈利能力分析指标。要对企业财务进行综合、全面的评价，请阅读下一节：成长能力分析，分析企业的成长能力综合了多方面的财务信息。

第五节　成长能力分析

企业成长是指企业的发展趋势和发展速度，成长能力分析主要观察企业投入要素和生产经营成果的发展速度，从总体上把握企业的发展水平，为预测今后企业的发展提供依据。还要分析企业的发展有无后劲，企业的发展是速度型还是效益型，企业发展的原因是什么，是该企业所属行业的发展呢？还是依靠增加投入带来的发展，或是依靠提高管理水平，提高劳动效率带来的发展。

对于成长性，主要从以下几方面来分析：

1. 从整体上分析企业的发展水平。把投入、产出要素同历史水平比较，同行业水平比较，分析评价企业发展速度的快慢。如从利润、营业收入、固定资产等的增长来评价企业的发展水平。

2. 相关增长率相互比较分析。例如，将利润增长率同营业收入增长率对比，结合分析投入要素的增长速度，就可判断企业的发展属于速度型还是效益型；将上交税金增长率与利润增长率相比较，就可看出企业对国家贡献的大小。

3. 分析企业发展的原因。对企业发展的原因，一方面要分析客体因素，即由于需求变动或产业结构调整使整个行业得到发展。这时要把本企业的投入、产出发展速度与行业的发展速度相比较，如果发现本企业的发展速度明显低于行业水平，则说明企业主体努力程度不够，即使本企业有发展，也很可能是由于客体因素决定的。另一方面要分析主体努力程度，无论行业发展与否，本企业的发展速度都高于行业水平，则说明企业在各方面都做出了努力，这可以通过市场占有率、新产品产值率（新产品产值与总产值之比）等指标来进一步分析。

不管什么原因使企业得到发展，从生产角度看，产出的增长最终要取决于投入要素的多少和投入要素的利用效率。所以，我们还要分析产出增长的原因，是由于投入要素的数量增加带来的，还是由于投入要素的利用程度提高带来的。靠投入要素数量增加带来产出的增长称为外延扩大再生产，靠投入要素利用效率提高所带来产出的增长称为内涵扩大再生产。

企业的成长包括企业规模的扩大、利润的增长、所有者权益的增加等，一个企业的成长能力概括了该企业的盈利能力、管理效率和支付能力，是企业实力的综合反映。通过将前后期财务报表资料进行对比，可以分析企业的资产、利润及所有者权益的增长情况，以预测该企业的未来发展趋势，评价企业的成长能力。

企业的成长情况首先表现为企业规模的扩大，即企业总资产的增长速度，但企业的成长最终却落实在企业的所有者权益的增长上。因为企业规模的扩大可以是企业所有者权益的增加，也可能是企业负债规模的增加，企业负债规模的扩大首先不是企业自有资金的增加，只是聚集了企业外部的资金，不是企业真正意义上的成长，此外，负债规模的扩大还要依赖于企业所有者权益的增加，所有者权益得不到增加，增加的负债也没有保障。所以，企业的成长能力首先依赖于企业财务状况的不断改善。

要增加所有者权益的规模，关键是企业净利润的增长。影响所有者权益变动的因素包括资本的变动和企业实现的利润，在这两者中，前者是投资人向企业追加的投资，但一个管理效率低下和盈利能力差的企业是很难得到投资人追加投资的。由此可见，企业实现的利润才是所有者权益增长的关键。而企业净利润的增加又依赖于企业销售能力的增长，只有资产运用效率高（周转速度快）、盈利能力强的企业，所有者权益才能实现真正快速增长，所以企业的成长能力又依赖于企业的管理效率和盈利能力。

企业销售额、净利润以及每股收益的过去成长率和预期成长率是财务报表分析的重点。由于普通股股票价值、预测的成长率、收益和股利变化的期望值之间关系紧密，投资者因此感兴趣，经常将这些增长率与通货膨胀率相比，以便观察公司是与通货膨胀率同步增长还是真正意义上的增长。为了预测公司应收账款、存货和生产性资产变化所需要的未来资金水平，信贷人员研究与公司过去成长有关的资料。为了评价比较基础上的公司业绩，识别竞争对手潜在弱点和预测未来行为，公司需要分析其自身和竞争对手的成长率。

一般而言，成长特点和成长分析包括三个步骤：

1. 对于所分析成长率的各个变量进行数量性计量。这个量化分析用于描述隐含在数据中的成长类型，具体方法可能是简单的指数系列，也可能是复杂的数学公式。

2. 说明各种成长来源。这一步骤既包括成长来源的数量性分析，也包括质量性分析。分析的对象是各种来源之间的相互关系、公司经营特点、财务特点和所研究会计期间的外部环境。

3. 为了预测未来的成长水平和预测分析可能的财务和经营成果，除了使用前面所讲述的分析方法，还应结合其他数据，如预测的行业成长率或管理层宣布的资本扩张计划。

一、发展速度分析

为了将财务报表各项目进行各个时期动态的横向比较分析，了解其发展程度和规律性，需要计算发展速度。发展速度是指报告期水平与基期水平之间的百分比，它说明报告期水平比基期水平的发展程度。计算公式如下：

$$发展速度=\frac{报告期水平}{基期水平}$$

由于用作对比的基期不同，发展速度可分为定基发展速度、环比发展速度和平均发展速度。

1. 定基发展速度。定基发展速度是指报告期水平与固定基期水平之比，这个比率表明各个不同时期的发展水平与固定基期水平对比发展到什么程度，计算公式如下：

$$定基发展速度=\frac{报告期水平}{固定基期水平}\times 100\%$$

2. 环比发展速度。环比发展速度是指每个报告期水平都与其上期水平之比，说明后期比前期发展到什么程度，计算公式如下：

$$环比发展速度=\frac{报告期水平}{上期水平}\times 100\%$$

定基发展速度和环比发展速度之间的关系是：定基发展速度等于各环比发展速度的连乘积。

3. 平均发展速度。平均发展速度是指事物在一个比较长的时期内，各个时期的平均发展水平，计算公式如下：

$$\overline{X}=\sqrt[n]{\frac{S}{P}}\times 100\%$$

式中，$\overline{X}$——平均发展速度；

n——时期数；

S——最终水平；

P——最初水平。

例如，B 公司营业收入的最终水平为 2008 年的 1 190 030 千元，最初水平为 2004 年的 806 230 千元，其定基发展速度为 147.6%。平均发展速度计算如下：

$$\overline{X}=\sqrt[4]{\frac{1\ 190\ 030}{806\ 230}}\times 100\% = 110.2\%$$

应用以上的计算公式可对财务报表的任何一个项目进行成长分析，但通常只选取一些主要项目，下面举几个例子：

1. 总资产成长率。总资产成长率是指期末资产总额与期初资产总额的比率，计算公式如下：

$$\text{总资产成长率}=\frac{\text{期末资产总额}}{\text{期初资产总额}}\times 100\%$$

该比率反映了企业规模的扩大。根据表 3－1 资产负债表：

$$\text{总资产成长率}=\frac{338\ 980}{323\ 816}\times 100\% \approx 104.7\%$$

计算结果表明，2008 年 B 公司规模扩大了 4.7%。

观察一家企业的规模，还要具体看资产的质量，即不良资产的多少。不良资产是企业资产中存在问题、难以参加正常生产营运的部分，主要包括 1 年以上的，呆滞应收款项、积压的存货、闲置的固定资产和不良投资等。如果规模的扩大伴随着不良资产的相应扩大，那么，这样的生产规模扩大无助于降低单位产品成本，不带来规模效益。

2. 业主权益成长率。这一比率通常称为资本保值增值率。该比率是企业所有者最关心的财务信息，它反映所有者权益保值增值的情况，在企业所有权与经营权分离的情况下，保持一定的资本增值率是经营者对所有者最基本的责任。计算公式如下：

$$\text{资本保值增值率}=\frac{\text{期末所有者权益}}{\text{期初所有者权益}}\times 100\%$$

资本保值增值率是财政部制定的评价企业经济效益的十大指标之一，其数值等于 1 为资本保值，大于 1 的部分为资本增值，还应考虑到通货膨胀因素和货币的时间价值。

根据表 3－1 资产负债表：

$$资本保值增值率 = \frac{229\ 772}{217\ 532} \times 100\% \approx 105.6\%$$

计算结果表明，2008 年 B 公司业主权益增长了 5.6%。

观察一家企业的资本保值增值，还要参照所有者权益变动表，具体看所有者权益的各个项目。一是从企业外部，如投资者追加投资带来的实收资本增加；二是企业资本溢价或股票溢价、接受捐赠等带来的资本公积增加，通常是一次性的，没有持续性；三是盈余公积与未分配利润的增加，这才是真正可持续的业主权益成长。

3. 营业收入成长率。营业收入及其成长率是企业经营绩效评价的重要指标，营业收入的实现是经营活动创造现金流量的前提，营业额数值的大小反映出企业的经营实力。计算公式如下：

$$营业收入成长率 = \frac{本期营业收入}{上期营业收入} \times 100\%$$

“世界 500 强”榜单是以年营业收入的大小来排序，另外如“最具潜力公司”榜单也是以年营业收入成长率来排序的。

二、增长速度分析

有时，为了分析某项经济指标报告期水平比基期水平增加百分之几或若干倍，以表明经济事物的增长速度，往往要计算增长速度和平均增长速度。

增长速度是报告期的增长量与基期水平之比，计算公式如下：

$$定基（或环比）增长速度 = \frac{定基（或环比）增长量}{定基（或环比）水平} \times 100\%$$

$$= 定基（或环比）发展速度 - 1$$

平均增长速度计算公式如下：

$$i = \sqrt[n]{\frac{S}{P}} - 1$$

式中，i——平均增长速度；

n——时期数；

S——最终水平；

P——最初水平。

也可以用下式计算：

$S = P \times (1+i)^n$

平均发展速度减 1 后如为负数，则表明平均递减速度。

一般增长率的计算分为平均增长率和复利增长率，如某公司 2003 ~ 2008 年营业收入的数据如表 3 – 4 所示。

表 3 – 4　　某公司 2003 ~ 2008 年营业收入　　单位：千元

年度	2003	2004	2005	2006	2007	2008
净销售额	8 698	9 304	10 362	11 574	12 382	12 590

平均增长率的计算，首先以每年的计算为基础。从 2003 ~ 2004 年增长率是 7%（≈9 304 ÷ 8 698 × 100% – 100%），从 2004 ~ 2005 年增长率是 11.4%，以下以此类推。然后将这 5 年的增长率取平均值，则得到营业收入的平均增长率为 7.7% 这个结果。

复利增长率的计算使用复利现值的概念，本例中，2003 年的 8 698 如果想在 5 年后增加到 12 590 需要保持多大的增长率？或者说：采用多大的报酬率能够使得 2003 年的现值 8 698 千元等于 5 年后的终值 12 590 千元？使用复利现值系数表可以近似地求出这个比率是 8%（因为 8 698 ÷ 12 590 = 0.691，与系数表中时间为 5 年，利率为 8% 的系数 0.681 十分接近）。

当选取的基年或最后一年的数据畸高或畸低时，复利增长率方法会得出使人产生误解的结论，这时选择平均增长率的方法更为科学。

三、主要财务数据分析

B 公司连续 5 年的 7 项主要财务数据如表 3 – 5 所示。

表 3 – 5　　B 公司 2004 ~ 2008 年主要财务数据　　单位：千元

项目＼年度	2004	2005	2006	2007	2008
流动资产	142 536	150 246	163 263	170 884	180 948
非流动资产	110 298	122 979	130 546	146 132	147 832
负债	100 810	106 290	105 303	106 284	109 208
所有者权益	152 024	166 935	188 506	217 532	229 772
资产总额	252 834	273 225	293 809	323 816	338 980
营业收入	806 230	912 282	1 004 235	1 113 250	1 190 030
净利润	65 304.6	70 245.7	88 372.7	87 946.8	97 822.5

根据以上资料，按照公式计算，可以编制各项目的动态分析表，在此以营业收入净额为例，编制产品销售动态分析表，如表 3－6 所示。

表 3－6　　B 公司 2004～2008 年产品销售动态分析　　单位：千元

指标 \ 年度	2004	2005	2006	2007	2008
营业收入	806 230	912 282	1 004 235	1 113 250	1 190 030
定基发展速度（%）		113.2	124.6	138.1	147.6
定基增长速度（%）		13.2	24.6	38.1	47.6
环比发展速度（%）		113.2	110.1	110.9	106.9
环比增长速度（%）		13.2	10.1	10.9	6.9
平均发展速度（%）			111.6	111.4	110.2
平均增长速度（%）			11.6	11.4	10.2

从表 3－6 中可以看出，从定基速度看，B 公司 5 年间取得了长足的发展，增长势头良好。从环比速度看，该公司 2005 年增长最快，2006 年、2007 年稳定良好地增长，2008 年增长势头趋缓。从平均速度看，该公司 5 年来处于稳定增长的良性发展轨道上。

四、主要财务比率分析

除了上述进行的绝对数值的比较分析外，还可以进行相对数值的比较分析，我们选择 9 个分别反映偿债能力、营运能力和盈利能力的主要财务比率，将之列示如表 3－7 所示。

表 3－7　　B 公司 2004～2008 年主要财务比率

指标 \ 年度	2004	2005	2006	2007	2008
流动比率（%）	192.3	193.6	195.2	203	199.9
速动比率（%）	96.5	99.1	103.6	112	112.5
负债比率（%）	39.9	38.9	35.8	32.8	32.2
应收账款周转率	12.4	10.6	9.9	11.1	11.6
存货周转率	10.5	9.8	12.6	12.1	11.3
总资产周转率	3.3	3.5	3.5	3.6	3.6
营业净利率（%）	8.1	7.7	8.8	7.9	8.2
总资产报酬率（%）	27.1	26.7	31.2	28.5	29.5
净资产报酬率（%）	44.7	44	49.7	43.3	43.7

从表 3－7 中可以看出，B 公司 5 年来处于较为稳定的良性发展状态

之中，无论偿债能力、营运能力，还是盈利能力均属一流，该公司是一家优秀的公司。

五、图解法

图解法是将企业连续几个会计期间的财务数据或财务比率绘制成图，并根据图形走势来判断企业财务状况的变动趋势。这种方法比较形象、直观地反映出企业财务状况的发展趋势。

将表 3－5 中的营业收入、资产总额、业主权益和净利润绘制在坐标图中，如图 3－2 所示。

从图 3－2 中可以直观地看出企业营业收入和净利润的增长情况。我们还可以进一步绘制利润率示意图，将表 3－7 中的营业净利率、总资产报酬率、净资产报酬率绘制在坐标图中，如图 3－3 所示。

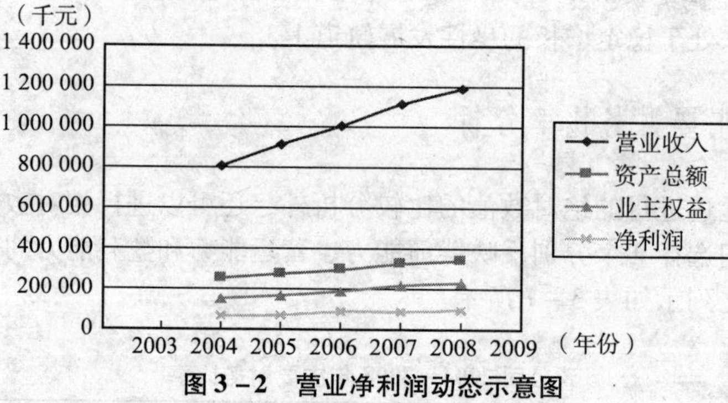

图 3－2　营业净利润动态示意图

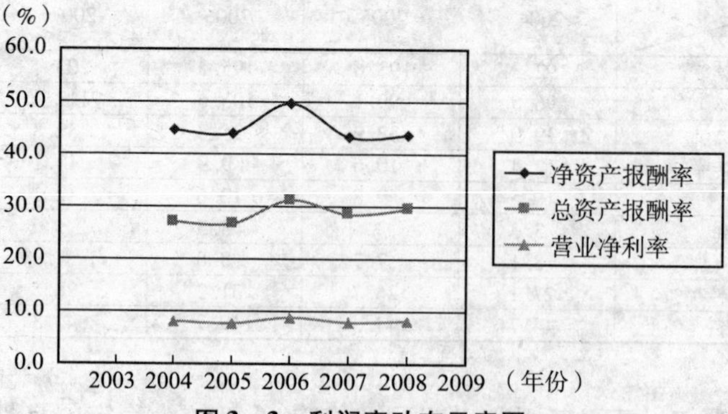

图 3－3　利润率动态示意图

上述 7 项指标、9 项比率均可绘图，读者可选择使用。

六、可持续成长率

这是一个虚拟的成长率，与实际的净资产报酬率和实际的股利支付率不一致，它是公司潜在的最大成长率。如果公司不发行新的权益股本，公司潜在收益成长率的最大值是净资产报酬率和派息率的一个简单的数学表达式。

例如，2008 年度某公司收益是 200 万元，年初净资产为 2 000 万元，永续派息率为 50%。可见，公司留存收益为 100 万元，公司年末净资产为 2 100 万元。如果下一年持续 10% 的净资产报酬率，则收益将会上升到 2. 100 万元，也就是年初净资产 2 100 万元的 10%。如果公司赚取的收益继续是年初净资产的 10%，并继续保持 50% 的派息率，这 5% 的收益成长率将会每年持续下去。

用公式表达如下：

$$B = \text{ROE} \cdot \left(1 - \frac{C}{E}\right)$$

式中，B——每年净收益成长率或可持续成长率；

ROE——年初净资产报酬率；

$\frac{C}{E}$——股利支付率；

C——每年普通股、优先股股利；

E——每年收益；

$1 - \frac{C}{E}$——留存收益率，等于 1 - 派息率。

如果公司准备保持一项确定的收益成长率，可以通过净资产报酬率和派息率之间的组合来达到这个目的。例如，如果净资产报酬率下跌到 7. 3%，而公司准备保持 5% 的收益成长率，可将派息率下调至 31. 5%，即 $0.073 \times (1 - 0.315) = 0.05$。

以上公式可进一步扩展，表示为每年留存收益的变化除以年初净值。

$$B = \frac{E \cdot \left(1 - \frac{C}{E}\right)}{OE} = \frac{\Delta RE}{OE}$$

式中，B——每年净收益成长率或可持续成长率；

E——每年收益；

C——每年股利；

ΔRE——当年留存收益变化；

OE——年初净资产。

七、普通股每股收益成长

公司制定的普通股每股收益成长目标受债务政策、股利支付率、市场决定的利息率和新的投资回报率的影响，可以借助可持续成长率公式来分析这些变量和每股收益成长之间的关系。

下列成长率等式基于如下假设：公司下一年的普通股每股收益等于今年的每股收益加上公司留存收益取得的利润，再加上通过留存收益而增加的借贷资本产生的收入，同时减去增量借贷资本的支出。

$$\mathrm{Eps}_{t+1} = \mathrm{Eps}_t + \mathrm{Eps}_t \cdot b \cdot r + \mathrm{Eps}_t \cdot b \cdot \frac{C}{E} \cdot (r-i)$$

式中，b——收益留存率，等于 1 - 派息率；

r——增量资产投资税后回报率；

$\frac{C}{E}$——产权比率；

i——税后利息率。

例如，假设今年的普通股每股收益是 0.3 元，公司以股利形式支付 50% 的利润，增量资产投资税后回报率为 10%，产权比率为 2 倍，债务税后利息率是 5%。通过以上公式，我们可以知道，公司下一年的每股收益是 0.33 元。

$$\underset{\text{下年每股收益}}{\underline{0.33}} = \underset{\text{今年每股收益}}{\underline{0.3}} + \underset{\text{留存收益增量利润}}{\underline{0.3 \times 0.5 \times 0.1}} \underset{\text{增量借贷资本的增量利润}}{\underline{+0.3 \times 0.5 \times 2 \times (0.1-0.05)}}$$

每年收益成长率也可以采用下列公式直接计算：

$$B = b \cdot r + b \cdot \frac{C}{E} \cdot (r-i)$$

另外，如果想计算用于取得某一具体的普通股每股收益的利润留存率，可用如下公式：

$$b = \frac{B}{r + \frac{C}{E} \cdot (r - i)}$$

第六节 企业市值分析

企业市值比率，又称市场测试比率，是指对在证券交易所上市的股份公司股票进行基本分析所采用的一系列比率。

股票价格是股票在证券交易市场中买卖的价格。一家公司发行股票时，一般在股票上标明该股票的票面金额，这是票面价值，票面价值可以确定每股股票在公司中所占的份额。

在正常的股市，通常情况下，一个公司第一批发行的股票刚进入股票市场时，其价格与票面价值相差不大，股票进入市场后，情况发生变化，股票价格越来越背离票面价值，许多股票的市场价格比票面价值高出几十倍。因为股票价格的高低取决于股票的预期收益率，因而直接取决于股息数额、未来股息增长状况以及银行存款利率的高低。

$$股票价格 = \frac{预期股息收益}{市场利率}$$

一般情况下，若股息高于银行存款利率，则股票价格会上升，反之，则价格下降。我国金融业实行行政性垄断，银行存款利率历来低于国际市场利率，甚至时常远低于通货膨胀率，相当于几十年来中央财政通过存贷利息差征收了现值数以十万亿元计的人民币值。国有企业较易获得廉价资金，民营企业贷款较难且利率及相关费用较高。这是认识股价与存款利率关系时应知晓的基本国情。

另外，股票价格还在很大程度上受供求关系的影响，某种股票价格求大于供，则价格上涨；供大于求，则价格会下降。我国股票交易市场缺少层次，美国各地共有 13 家证券交易所，印度各地共有 23 家证券交易所。我国企业上市困难，股票上市实行行政审批制，而非资格登记制，国有企业较易上市，民营企业较难上市，股市的供求关系尚需进一步理顺。

股票市场蕴含各种社会因素，如公司的发展趋势、经营状况、信誉等会影响股市，而与公司无直接关系的许多因素如政治因素、心理因素、经济趋势等也会影响股票行情的涨落。在变化莫测的股市行情下面，一个根本性、基础性的因素起着决定性的作用，就是上市公司自身的实力。实力是综合性的，包括各个方面：行业前景、高管素质、经营能力、科技水平等，实力强大自然表现不俗。投资者要在几千家公司之间做出投资选择，了解一些财务指标是基本的股市知识。

本书所讲述的财务报表分析方法用于企业内部根据真实的财务数据进行分析，对于外部报表使用者，假造或伪饰且经不良审计公布的财务报表，既不可使用也无从辨别。美国华尔街的很多分析家认为，20 世纪 30 年代的经济危机很大程度上是股市报表的不规范和不准确，误导了投资者。我国证券市场信用较差，会计信息失真现象相当严重，尤其为了取得上市、配股资格，利润操纵现象十分严重。经济学家吴敬琏说我国股市像个“赌场”，经济学家郎咸平提出要用“严刑峻法”，我国股市才有望步入正轨。股票基本面的分析（包括财务报表分析）在股市数据较为真实的国家才是理性的，本节介绍一些上市公司重要的也是基本的财务指标。

一、普通股每股净收益

普通股每股净收益又称普通股每股盈利、净利、收益（EPS，Earnings per Share of Common Stock）。本章第四节介绍的股本收益率是反映整体股权的收益率，而有的股份公司还发行优先股（Preferred Stock），优先股红利发放额是相对固定的，与公司债相似，优先股一般无投票权，不享受公积金权益。普通股（Common Stock）股东有对公司经营管理方面的控制权，有取得收益的权力，但要在优先股股东取得收入后才能行使其要求权，如果剩余盈利为零，则无盈利可言，如果亏损，还要承担经济损失。假如公司破产清算，偿债后的剩余财产先分配给优先股股东，之后才是普通股股东的部分。因此，普通股股东最关心的是普通股每股净收益，这是股价升值和派发普通股股利的基础。这部分净收益或以股利形式派发给普通股股东，或以留存收益留在公司内用以扩大营业规模，而企业资金增加、规模扩大又会引起股价上涨，从而给普通股股东增加了资本收益。企业理财目标是现有股东的财富最大化，派发股利和股价上涨是实现股东财富的途径。该指标计算公式如下：

$$普通股每股净收益=\frac{净利润-优先股利}{普通股流通股数}$$

式中，分母是指全流通，我国股市有大量非流通股，那么，分母按流通与非流通的普通股总股数计算，即年末股份总数－年末优先股股数。

根据表3－2利润表，若B公司发行了350 000 000股普通股，优先股15 000 000股，每股面值1元，2008年优先股股利为1 950 000元（=15 000 000×1×13%），则B公司普通股每股净收益计算如下：

$$普通股每股净收益=\frac{97\ 822\ 500-1\ 950\ 000}{350\ 000\ 000}\approx 0.274（元）$$

普通股每股净收益越高，说明普通股的获利水平越高，股东的投资效益越好；反之则越差。股东所持股票价值的大小在很大程度上取决于企业已实现的利润。

计算这一比率，应按照《企业会计准则第34号——每股收益》及其应用指南。遇到资本结构很复杂的公司时，这一计算相当复杂，不过普通股每股收益需要上市公司会计人员计算并列示在利润表上，分析者不必直接计算它，但应注意利润表中是否有大额的与正常营业无关的、非经常性的收益。

使用普通股每股净收益指标应了解其局限性。一是该指标不具备可比性。有的国家对股票的面值没有限制，如有的1元，有的2元，就无从比较；我国规定股票面值是1元，但有的平价发行，有的溢价发行，所代表的资本并不相同。即使同一只股票，并且每次按相同的价格发行，但每年的留存收益不同使各年每股代表的净资产不同，各年的每股收益也不具备可比性。二是净收益容易被经理人员进行主观的控制与调整，如交易时间的调度、提前或递延收入的确认等。也可能为提高净收益而牺牲股东的长期利益，如减少当年研发费用、递延维修费用、避免确认损失而不处理陈旧财产等。

二、市盈率与股票投资报酬率

（一）市盈率

市盈率（P/E，PE，Price to Earning Ratio）又称价格—盈余比率，是普通股每股现行市场价格与每股净收益的比率。它是通过公司股票的市场行情，间接评价公司盈利能力的指标，也是投资者以某种股票获得 1 元利润所愿支付的价格，即股票以几倍于每股净收益的价格买入或出售。计算公式如下：

$$市盈率=\frac{普通股每股现行市价}{普通股每股净收益}$$

式中，普通股每股现行市价采用当日的平均市价。

普通股每股现行市价显示了股东对未来报酬的预期，一般认为，市场价格等于以反映预期报酬风险的折现率对未来的股息和股价增值进行折算后得出的现值。因此，市盈率是投资人判别公司未来业绩的指标。市盈率水平在各行业和各企业间有所差异，它反映了市场对这些行业和企业股票收益增长率的不同预期。有时候，所有公司市盈率上升或下降的原因是由于基本经济状况预测和显示公司利润会受到一些全局性的有利或不利影响。

这一指标只反映股价对盈余的倍数，可以用来对同行业不同公司进行比较。市盈率被广泛用作评估公司股票价值的一个重要依据，投资者通过比较这一指标，基于对风险及未来盈利能力的判断，做出投资抉择。反映在股市上，同一价位的某种股票，有人卖出，有人买进。若一家公司在股票市场上连续维持较高的市盈率，或与同行业其他上市公司比较市盈率更高，说明这家公司的经营能力和盈利能力较强，具有较大的潜在成长能力，公司有较高的声誉，对股东有很大的吸引力。但如果一家公司与同行业其他上市公司比较市盈率过高，就可能存在有人炒作的高风险。

市盈率不能用于不同行业的公司之间进行比较，新兴行业通常比成熟行业市盈率更高，仅从这一比率并不表明前者就比后者有更高的投资价值。由于一般的期望收益率为 10% 左右，所以正常的市盈率为 10 ~ 20 倍。

假设B公司股票每股现行市价是10.1元，那么B公司市盈率计算如下：

市盈率 = 10.1 ÷ 0.274 ≈ 36.86（倍）

B公司的股票以其每股净收益36.86倍的价格交易，其现行市价是其票面价值的10.1倍，投资者支付36.86元可取得对该公司1元净利润的所有权。在牛市状况下，这一比率还可能上升。市盈率越高，表明企业未来成长的潜力越大，公众对该股票的评价越高。

（二）股票投资报酬率

股票投资报酬率是市盈率的倒数，计算公式如下：

$$股票投资报酬率 = \frac{普通股每股净收益}{普通股每股现行市价} \times 100\%$$

股票投资报酬率 = 0.274 ÷ 10.1 ≈ 2.7%

计算结果表明，购买B公司股票所花费的每百元在2008年度赚得2.7元净利润。这一比率越高，表明股权资本的盈利率越高，反之则越低，这一指标是投资者选择投资哪一家上市公司的重要参数。

三、普通股每股股利

普通股每股股利（DPS，Dividend Per Share），是企业股利总额与流通股数的比率，股利总额是用于对普通股分配股利的总额。要注意的是普通股每股股利与普通股每股净收益的区别，每股净收益是每一普通股所获得的净利润，每股股利则是每股净收益扣除盈余公积等利润分配之后可发放给每一普通股的股息金额。计算公式如下：

$$普通股每股股利 = \frac{普通股股利总额}{普通股流通股数}$$

假设B公司派发2008年度普通股股利总额42 000千元，其每股股利计算如下：

普通股每股股利 = 42 000 000 ÷ 350 000 000 = 0.12（元）

普通股每股股利是反映公司每一普通股获得股利多少的一个指标，每股股利的高低，一方面取决于企业获利能力的强弱，同时还受企业股利发放政策与利润分配需要的影响。如果企业为扩大再生产、增强企业后劲而多留利润，则每股股利就少，反之每股股利会增加。

四、派息率与留存收益率

（一）派息率

派息率（Dividend Payout Ratio），也称股利发放率、股利支付率，是用普通股每股股利与每股盈余相比来反映普通股股东从每股的全部盈余中分到手部分的多少，表明净收益中有多少用于股利的分配。对投资人而言，派息率比每股净收益更能直接体现当前利益。计算公式如下：

$$派息率=\frac{普通股每股股利}{普通股每股净收益}\times 100\%$$

派息率 $=0.12\div 0.274\approx 43.8\%$

派息率在企业经营的不同阶段会有所不同。派息率的高低决定于企业的股利发放政策。企业管理者应在考虑股利发放政策及市场变化等状况的基础上，决定股利的支付比率。

派息率是衡量企业派发的普通股股利占归普通股所有的净利润多大比例的指标，它也可以这样计算：

$$派息率=\frac{普通股股利总额}{净利润-优先股股利总额}\times 100\%$$

根据表 3－2 利润表，B 公司 2008 年末派息率计算如下：

$$派息率=\frac{42\ 000\ 000}{97\ 822\ 500-1\ 950\ 000}\times 100\%\approx 43.8\%$$

派息率的高低取决于公司盈利的大小，如同样派发 0.12 元的股利，甲公司利润丰厚，派息率只有 30%，乙公司利润稀少，派息率高达 60%。

一般来说，新设立、成长早期中的公司派息率较低，成熟行业的公司派息率较高，在成熟的股市，同行业趋向于一个平均利润率，也就是倾向于一个相差不大的派息率，通常各公司都在维持稳定的股利。

有些投资者看重短期内获得实惠，把发放的股利作为一个可靠的收入来源，他们希望派息率高一点。另一些投资者则希望派息率低一点，把更多净收益留存企业用以扩大再生产。

企业股利有多种形式，如现金股利（Cash Dividends）、股票股利

(Stock Dividends)、财产股利和债券股利等。股票股利实际上是利润的留存，公司采取股票股利政策，虽可减少现金压力，普通股每股股利也不致减少，但经常如此则会增加流通在外的股数，引起股价下跌。如果一国股市发放的主要是现金股利，投机色彩将会褪色，且能有效降低股东与管理者之间、大小股东之间的代理冲突，降低代理成本。某国股市报表大多是假的，实际上没有那么多的利润和现金，于是连年不分配或发放股票股利，较少发放现金股利。此外，企业还可以用资本公积派发股利。在将不同时期派息率进行比较分析时，其计算口径要保持一致。

在不同的国家，有着不同的股利政策。与大陆法国家（法国、德国等，包括我国大陆）相比，普通法国家（英国、美国等）的投资者保护更好，派息率也更高，资本市场的价值及范围更大。我国上市公司一年派发一次股利，美国的股利支付周期通常是3个月，即一个季度一次。我国派息率偏低且现金股利不占主流派息方式，根源在于国有股“一股独大”，政府股东与公司管理者对此要求并不强烈，显然，这种状况不利于股市健康发展。

（二）留存收益率

公司的净利润发放完股利之后，剩下的就是留存收益。留存收益率的计算公式如下：

留存收益率 = 1 - 派息率

B公司2008年末留存收益率计算如下：

留存收益率 = 1 - 43.8% = 56.2%

留存收益率越高，公司的资金越充分，财务风险越小。但是较高的派息率能够即时满足股东的收益要求，增强对公司的信心，一个有能力连年派发较高现金股利的公司，它的股价也会较高。基于信息不对称下的信号理论表明，投资者对发放高股利的公司估价较高，而对发放低股利或根本不发放股利的公司估价相对较低。西方的实证分析发现，股利增加伴随着股价的增长；相反，股利减少，股价会降低。

五、股利—市价比率

股利—市价比率，是指每股股利与每股现行市价的比率。它分为优先股股利—市价比率和普通股股利—市价比率。优先股股利—市价比率公式如下：

$$优先股股利—市价比率=\frac{优先股每股股利}{优先股每股现行市价}\times100\%$$

B 公司发行 15 000 000 股面值 1 元的优先股，现行市价每股 7.1 元，固定的股息率 13%，B 公司优先股股利—市价比率计算公式如下：

$$优先股股利—市价比率=\frac{0.13}{7.1}\times100\%\approx1.8\%$$

普通股股利—市价比率公式如下：

$$普通股股利—市价比率=\frac{普通股每股股利}{普通股每股现行市价}\times100\%$$

$$普通股股利—市价比率=\frac{0.12}{10.1}\times100\%\approx1.2\%$$

普通股股利—市价比率也可按如下方法推算得出：

$$\begin{aligned}普通股股利—市价比率&=\frac{普通股每股股利}{普通股每股现行市价}\\&=\frac{普通股每股股利}{普通股每股净收益}\div\frac{普通股每股现行市价}{普通股每股净收益}\\&=派息率\div市盈率\end{aligned}$$

$$普通股股利—市价比率=43.8\%\div36.86\approx1.2\%$$

普通股股利—市价比率是衡量普通股股东当期股利收益情况的指标，实际上，在计算股权投资的总收益时，还要在股利收益上再加减股价涨跌造成的资本损失，这样计算得出的数据才是全面的。

严格地说，普通股—市价比率和派息率这两个比率不能作为衡量企业财务状况的指标，它们实际是企业财务管理内容的另一个部分——股利政策所要讨论的比率。

一个公司必须事先预测出因企业成长而需追加投入的资金数量。通常每家上市公司都有一个它力图保持的目标产权比率，为了实现这个目标值，增加资金的数额中必须保持债权资本与股权资本的比例恰当。股权资本的筹集既可采用增发新股，也可利用企业的留存收益。如果公司认为采用增发新股的筹资成本较高，则可采用企业留存收益的方式筹集股权资金。以留存收益形式保留的净收益越多，发放给股东们的股利则越少。当然，这种方法仅适用于盈利公司。如果一个公司的财务状况陷于困境，很显然是不会给股东们发放股利的。

股票的股利收益经常被用来与债券的收益相比较，但实际上这种比较并不恰当。债券持有者的收益构成全部来自于利息（有时要根据债券折价或溢价的摊销进行调整），而股东的收益不仅仅是股利，还有留存收益。虽然股东们没有拿到留存收益，但事实上一直保存在企业的这部分净收益（假设投资于盈利资产）将增加企业的未来每股收益，这样就会提高股价，增加股东的资本收益。

六、普通股每股净资产与市净率

（一）普通股每股净资产

普通股每股净资产（NAVPS，Net Asset Value per Share），也称普通股每股账面价值（BVPS，Book Value per Share），净资产即资产 - 负债 = 所有者权益。它反映发行在外的每股普通股所代表的企业记在账面上的股东权益。计算公式如下：

$$普通股每股净资产=\frac{所有者权益总额-优先股权益}{普通股流通股数}$$

净资产是公司的解散价值，普通股每股净资产通常被认为是股价不会再往下跌的最低价。这一指标越高，表明企业内部积累越雄厚，在经济不景气时期也有较强抵御能力。在买受或合并企业时，普通股每股净资产和每股现行市价是估算企业价值的重要依据。

根据表 3 - 2 利润表，B 公司 2008 年末普通股每股净资产计算如下：

$$普通股每股净资产=\frac{229\ 772\ 000-15\ 000\ 000}{350\ 000\ 000}\approx 0.61（元）$$

计算结果显示，B 公司普通股每股净资产为 0. 61 元。

每股净资产数额是账面价值，企业会计是以历史成本核算的，实际上，企业所拥有的房地产、机器设备以及有价证券等资产的市场价格可能已经上涨，使得资产的账面价值之间出现差额，形成所谓账外资产。股票市价是受企业盈利能力及股利水平影响的，而股票账面价值则是由过去的财务状况和已完成的交易所形成的经营业绩决定的。如果企业经营已久，又没有定期进行资产评估，那么账面价值就会与实际市价形成较大差距，使得这一指标没有使用的意义。

普通股每股净资产可以表明企业发展的潜在能力。当股票市价低于其账面价值时，显示企业没有发展前景；而当市价高于账面价值时，表明企业有潜力。

（二）市净率

创立资产组合选择理论而获 1990 年诺贝尔经济学奖的美国财务学家哈里·马科维茨（Hawy M. Markowitz）教授认为，股票净值是股市投资最可靠的指标，投资者更应注意市净率，而不是人们通常使用的市盈率。市净率（P/B，Price to Book Ratio），表明投资者占有企业每 1 元的净资产所要付出的代价，计算公式如下：

$$市净率=\frac{普通股每股现行市价}{普通股每股净资产}$$

市净率 =10.1 ÷0.61≈16.6（倍）

计算结果表明，B 公司普通股票正以其账面价值 16.6 倍的价格在股市上流通，这是一个很高的比率，表明该只股票受到追捧。经济学家谢国忠说：“牛市一般市净率是 2.5 倍，熊市是 1.5 倍甚至更低。”

国际上，投资机构在股市猎取的目标是股价合理、反映企业内在价值、收购或控制成本低廉的上市公司。市净率指标可以帮助投资人寻求投资哪家上市公司，能够以较低的投入，得到较高的产出。

七、普通股每股经营现金流

普通股每股经营现金流是反映每股发行在外的普通股股票所平均占有的经营活动现金流量，或者说是反映公司为每一普通股获取的经营活动现金流量的指标，计算公式如下：

$$普通股每股经营现金流=\frac{经营现金流量净额-优先股利}{普通股流通股数}$$

该指标所表达的实质上是作为普通股每股收益的支付保障的现金流量，每股经营现金流充裕可以传递公司绩效的可信度信息，因而每股经营现金流指标越高越为股东们所乐于接受。

若 B 公司经营活动产生的现金流量净额为 128 325 千元，则：

$$普通股每股经营现金流=\frac{128\ 325\ 000-1\ 950\ 000}{350\ 000\ 000}=0.36（元）$$

普通股每股经营现金流反映了每股流通在外的普通股的经营活动现金流量，它通常高于普通股每股净收益，因为现金流量中没有减去折旧等非付现成本。每股经营现金流在反映企业进行资本支出和支付股利的能力方面，要优于每股净收益。每股净收益较高，同时又有较高的每股经营现金流，才是货真价实的绩优股。

八、现金股利保障倍数

该指标是经营活动现金净流量与现金股利支付额之比，反映企业用年营业现金净流量支付现金股利的能力。现金股利保障倍数越高，说明企业的现金股利占营业现金流量比重越小，企业支付现金股利的能力越强。计算公式如下：

$$现金股利保障倍数=\frac{经营活动现金净流量}{现金股利额}$$

B 公司 2008 年度支付的股利均为现金股利，普通股股利为 42 000 千元，优先股股利为 1 950 千元，则：

$$现金股利保障倍数=\frac{128\ 325\ 000}{42\ 000\ 000+1\ 950\ 000}\approx 2.9（倍）$$

以上普通股每股经营现金流、现金股利保障倍数两个指标可暂时不看，在阅读完第四章第四节现金比率分析时再回过头来看。

九、优先股股利保障倍数

这一比率是指息税前利润与利息费用和优先股股利之比。优先股股东同样需要考察其投资报酬的保障程度，所以要计算利润对优先股股利的保障倍数，以分析其投资的安全性。计算公式如下：

$$优先股股利保障倍数=\frac{净利润+利息费用+所得税费用}{利息费用+优先股股利}$$

B 公司净利润为 97 822.5 千元，利息费用为 5 000 千元，所得税为 32 607.5 千元，优先股股利为 1 950 千元，则：

$$优先股股利保障倍数=\frac{97\ 822.5+5\ 000+32\ 607.5}{5\ 000+1\ 950}$$

$$\approx 19.5（倍）$$

计算结果表明，B 公司优先股股利有绝对充分的保障。

十、市价—研发比率

普通股市价对研究开发费用的比率是指普通股每股现行市价对每股研究开发费用的比率，计算公式如下：

$$市价—研发比率=\frac{普通股每股现行市价}{每股研究开发费用}$$

$$=普通股每股现行市价\div\frac{研究开发费用总额}{普通股流通股数}$$

假设 B 公司 2008 年投入的研究开发费用是 20 000 千元，其市价—研发比率计算如下：

$$市价—研发比率=10.1\div\frac{20\ 000\ 000}{350\ 000\ 000}=176.8（倍）$$

计算结果表明，B 公司的普通股以每股研究开发费用 176.8 倍的价格进行买卖。

十一、市场增加值与市价—账面比率

（一）市场增加值

在一个有效的证券市场中，上市公司的股价可以明确地反映出公司的价值。公司价值的增加，就是股东财富的增加，市场增加值（MVA, Market Value Added）就是一家上市公司对股东财富的增量。计算公式如下：

市场增加值 = 总市值 − 总资产

总市值可以用每股当前价格乘以总股数来计算。公司上市以来的累计市场增加值，可以根据当前的总市值减去当前已公布的资产总额来计算。某一年的市场增加值，可以根据本年末累计市场增加值减去上年末累计市场增加值来计算。

这一指标仅是一项估计，总市值在全流通的股市才能计算，而财务会计上的总资产是按历史成本、谨慎性等原则以及划分资本性支出与收益性支出报告的，总是倾向于低估的。但它可以广泛地用于评价不同公司创造了多少财富。

（二）市价—账面比率

市价—账面比率（MBR）是总市值与总资产的比率，这一比率广泛应用于评估企业价值。计算公式如下：

$$\text{市价}-\text{账面比率}=\frac{\text{总市值}}{\text{总资产}}\times 100\%$$

本章小结

1. 通过比率分析法的运用，人们可以把注意力从复杂的经济过程中超脱出来，而集中在企业财务方面的各种相互关系上。

2. 偿债能力分析也分为短期偿债能力分析和长期偿债能力分析。短期偿债能力是指企业在一定期间（一年或一个营业周期）内以流动资产偿还流动负债的能力。反映短期偿债能力的指标主要有：流动比率、速动比率和现金比率。长期偿债能力是指企业偿还长期负债的能力，衡量企业长期偿债能力的指标主要有：负债比率、债务有形资产比率和产权比率。

3. 企业营运能力指的是对企业拥有的各项资产的经营管理能力。反映企业营运能力的指标主要有：应收账款周转率、存货周转率、流动资产周转率、固定资产周转率和总资产周转率。

4. 盈利能力是指企业获取利润的能力，反映企业盈利能力的指标主要有：毛利率、营业净利率、总资产报酬率和净资产报酬率。

5. 企业成长分析主要观察企业投入要素和生产经营成果的发展速度，企业的成长能力依赖于企业的管理效率和盈利能力。

6. 企业市值比率，是指对在证券交易所上市的股份公司股票进行基本分析所采用的一系列比率。主要包括：普通股每股净收益、市盈率、派息率、市净率等。

复 习 题

1. 简述财务比率分析的局限性。

2. 短期偿债能力有哪几个主要比率？长期偿债能力有哪几个主要比率（列举 5 个）？

3. 流动资产、固定资产周转情况分析有哪几个主要比率（各列举 3 个）？总资产周转情况分析有哪些主要比率？

4. 营业、资产、资本盈利能力分析有哪几个主要比率？复述杜邦模型中的净资产报酬率公式分解过程。

5. 企业成长分析中的主要财务比率分析可选择哪些主要财务比率？

6. 企业市值比率分析常用哪些基本指标？（列举 5 个）

第四章 现金流量分析

第一节 现金流量分析概述

现金为王（Cash Flow is King）是一切理财活动中的一条重要定律，企业价值最大化就是经营活动现金流量的最大化，经营活动创造的现金流量越多、风险越小、时期越长，企业价值就越大。现金流量概念是企业价值及其最大化理念的核心，现金流量理论也是现代财务理论的核心内容之一。

现金流量在很大程度上决定着企业的生存和发展。即使企业有盈利能力，但如果现金周转不畅、调度不灵，也将严重影响企业正常的生产经营。因此，现金流量信息在企业管理中十分重要。

企业拥有一定数量的现金，是维持正常偿债能力，避免财务风险，保证生产经营顺利的必要条件。对于报表的使用者，无论是对企业的经营者还是企业投资者、债权人、政府有关部门以及其他报表使用者来说，现金流量表分析都具有十分重要的意义。因为通过现金流量表分析，可以了解企业本期及以前各期现金的流入、流出及结余情况，正确评价企业当前及未来的偿债能力和支付能力，发现企业在财务方面存在的问题，正确评价企业当期及以前各期取得的利润的质量，科学预测企业未来的财务状况，从而为科学决策提供充分的、有效的依据。

进行现金流量分析要关注现金流量的质量，一是现金流量的状况能够满足企业发展战略的要求，能够为扩大再生产提供支持；二是经营活动的现金流量能够体现出与利润有良好的对应关系。

国际上有一项统计数字，大部分破产企业并非不具盈利能力，而是不能够清偿到期债务所致，即“黑字倒闭”。对于多元化经营的企业集团，尤其要注意各个项目、不同时期在资金上的互补性，保持一条稳定的经营现金流是企业的生命线。企业家应“自知曰明”，知晓自身的资金状况，有时要减缓扩张、舍弃“机遇”，不能够集中于短期内大举投资在资金不能有效互补的项目上而导致资金链的断裂，这方面的成败有很多的案例。企业拥有一定数量的现金，注意资产的变现能力，是财务上稳健性的原则要求。

一、现金循环与存量

（一）现金循环

上一章第三节讲到营业周期 = 存货平均周转天数 + 平均收账期，现金循环要讲到现金周转期，如图 4 - 1 所示。

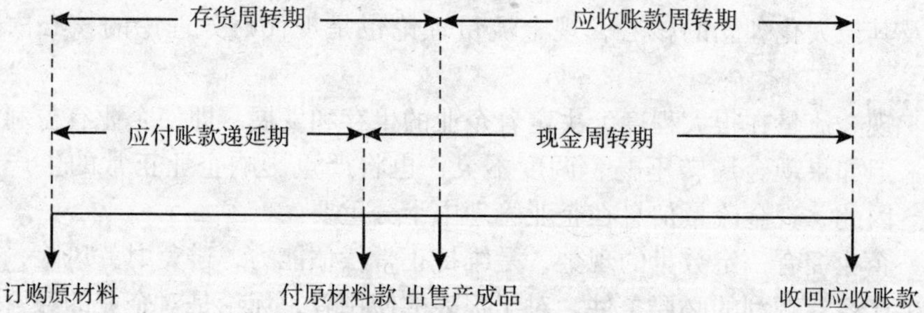

图 4 - 1　现金周转期

可见，现金周转期 = 营业周期 - 应付账款递延期

$$其中，应付账款递延期 = \frac{应付账款}{日赊购额} = \frac{应付账款}{年出售产品成本 \div 360}$$

现金周转期（Cash Conversion Cycle）处于支付原材料货款和应收账款收现之间，缩短营业周期就可以缩短现金周转期。

（二）现金存量

财务学理论上现金存量的确定方法主要有：鲍摩尔模型（The Baumol Model）和米勒—奥尔模型（The Miller-Orr Model），这些方法不实用。

上一章第二节讲到企业现金类资产占总资产比率保持在 10% 以上是较稳健的，处于 10% 以下则易陷入被动，还讲到长期投资科目，企业是否持有应急时可在证券市场上出售的股票和长期债券。

1997 ~ 1998 年亚洲金融危机和于 2007 年开始全面爆发的美国次贷危机，除了华尔街的极少数人，各国官员、学者、企业家并不能够事先预言危机的发生，更不能够预言其范围、烈度，实际上绝大多数人并不能够事先预言危机的发生，长期的繁荣景象表层之下酝酿着风险。有调查显示，中国企业平均寿命约为 7 年，民营企业平均不到 3 年，国有企业平均 5 年左右，而全球 500 强企业平均寿命为 40 多年。企业要有清醒的风险意识，将现金类资产占总资产比重常年保持在 10% 以上，尤其是在经济萧条时期，更多的现金储备是企业生存的保障。现金类资产通常是企业收益率最低的资产，库存现金、银行汇票无利息，银行存款和短期债券利率低，企业持有的较多现金未投入有利的经营、扩张，看起来是在付出机会成本，但财务管理不是斤斤计较，常要抓大放小，坚持稳健性、重要性原则，才能将持续经营“假设”真正落实。

二、现金流量的概念

现金流量分析（Cashflow Analysis），即现金流量表分析。现金流量表，是指反映企业在一定会计期间现金和现金等价物流入和流出的报表，它是反映企业一定会计期间内经营活动、投资活动和筹资活动等对现金及现金等价物产生的动态影响。这里有几个概念需要解释：

（一）现金

现金（Cash）是指企业库存现金以及可以随时用于支付的存款。不能随时用于支付的存款不属于现金。

企业日常所说的现金指的是库存现金，而现金流量表中的“现金”不仅包括“现金”账户核算的库存现金，还包括企业“银行存款”账户核算的存入金融企业、随时可以用于支付的存款，也包括“其他货币资金”账户核算的外埠存款、银行汇票存款、银行本票存款、信用证保证金存款和在途货币资金等其他货币资金。

应注意的是，银行存款和其他货币资金中有些不能随时用于支付的存款，例如，不能随时支取的定期存款等，不应作为现金，而应列作投资；提前通知金融企业便可支取的定期存款，则应包括在现金范围内。

（二）现金等价物

现金等价物（VIK，Value In Kind）是指企业持有的期限短、流动性强、易于转换为已知金额现金、价值变动风险很小的投资。现金等价物虽然不是现金，但其支付能力与现金的差别不大，可视为现金。例如，企业为保证支付能力，手持必要的现金，为了不使现金闲置，可以购买短期债券，在需要现金时，随时可以变现。

一项投资被确认为现金等价物必须同时具备四个条件：期限短、流动性强、易于转换为已知金额现金、价值变动风险很小。其中，期限较短，一般是指从购买日起，3 个月内到期。例如，可在证券市场上流通的 3 个月内到期的短期债券投资等。

企业应根据具体情况，确定现金等价物的范围，并且一贯性地保持其划分标准，如改变划分标准，应视为会计政策的变更。企业确定现金等价物的原则及其变更，应在财务报表附注中披露。

（三）现金流量

现金流量（Cashflows）是指某一段时期内企业现金流入和流出的数量。例如，企业销售商品、提供劳务、出售固定资产、向银行借款等取得现金，形成企业的现金流入；购买原材料、接受劳务、购建固定资产、对外投资、偿还债务等而支付现金，形成企业的现金流出。现金流量信息能够表明企业经营状况是否良好，资金是否紧缺，企业偿付能力大小，从而为投资者、债权人、企业管理者提供非常有用的信息。

应该注意的是，企业现金形式的转换不会产生现金的流入和流出，如企业从银行提取现金，是企业现金存放形式的转换，并未流出企业，不构成现金流量；同样，现金与现金等价物之间的转换也不属于现金流量，如企业用现金购买将于 3 个月内到期的短期债券。

本章中提及现金时，除非同时提及现金等价物，否则，均包括现金和现金等价物。

三、现金流量概念之产生

现金流量表产生的动因主要是权责发生制的局限性，财务会计是以权责发生制为基础的，然而，权责发生制在反映盈利性和流动性方面，存在如下缺陷：

1. 从盈利性方面来看，权责发生制对一些未收到的收入予以确认，不能真实反映企业实际收入，带有一定的风险性。另外，这部分营业收入是在货币没有回笼的情况下确定的，它将不同程度地对税收的分配等许多环节产生不良的连锁反应，从而导致财政虚收，分配超前。例如，有的企业很大一部分收入不是现金收入而是账面收入，账面利润实际并未到位，在缴纳企业所得税时，不得不垫付资金，同时可能因为坏账准备相对偏低，造成高估收入而多交税金，同样，企业在提取法定盈余公积金及其他分配税后利润时面临尴尬的处境。

2. 从流动性方面来看，权责发生制将应收账款、预付款项、其他应收款、存货等均确认为流动资产，显然，这些流动资产流动性较差，有的甚至无法流动，使企业的流动性含有水分。

3. 权责发生制反映出的资金运动是理论上的，与实际资金运动不尽相同。固定资产的财务核算就是典型的一例。在购置固定资产时支付了现金，但这些支出当时并不构成费用或成本，以权责发生制计算的净利润大于真正可用于分配或扩大再生产的现金数。当计提固定资产折旧时，折旧费纳入当期损益，并从销售中回收，但是，计提固定资产折旧并未减少当期的现金，以权责发生制计算的净利润又小于实际可动用的现金数。

4. 权责发生制会计中的主观判断因素例如折旧等费用的分摊使得人们对净利润等指标的准确性产生了怀疑。利润操纵（Earnings manipulation）是企业在编制利润表时极有可能存在的行为，实际上，利润指标较易在做账过程中进行操纵，相比之下，经营活动现金流量指标更为可信。

权责发生制集中表现在收入实现原则和配比原则上，按照权责发生制，一个期间内的收益是指该期间内确认的收入和与这些收入相配比的费用的差额，一个期间内的收入与该期间内从客户手中收到的现金是不相等的，同样，期间内的费用与该期的现金支付也是不相同的。权责发生制无法客观地描述现金的来源与运用的动态过程，人们就用现金收付制（Cash Basis）来弥补权责发生制的不足，于是产生了现金流量表。现金流量表既不适用收入概念，也不适用配比概念，它不受企业本期应计收入、费用和其他应计项目的影响。

四、现金流量表的目的和作用

现金流量表能够为财务报表使用者提供企业一定会计期间内现金和现金等价物流入和流出的信息，以便于财务报表使用者了解和评价企业获取现金和现金等价物的能力，并据以预测企业未来现金流量。

现金流量表主要提供有关企业现金流量方面的信息。在市场经济条件下，企业的现金流转情况在很大程度上影响着企业的生存和发展。企业现金充裕，就可以及时购入必要的材料物资和固定资产、及时支付工资、偿还债务、支付股利和利息；反之，轻则影响企业的正常生产经营，重则危及企业的生存。现金管理已经成为企业财务管理的一个重要方面，受到企业管理人员、投资者、债权人以及政府监管部门的关注。现金流量表的作用，具体有以下三个方面：

1. 现金流量表有助于评价企业支付能力、偿债能力和周转能力。通过现金流量表，并配合资产负债表和利润表，将现金与流动负债进行比较，计算出现金比率；将现金流量净额与发行在外的普通股加权平均股数进行比较，计算出每股现金流量；将经营活动现金流量净额与净利润进行比较，计算出盈利现金比率，可以了解企业的现金能否偿还到期债务、支付股利和进行必要的固定资产投资，了解企业现金流转效率和效果，等等，从而便于投资者做出投资决策、债权人做出信贷决策。

2. 现金流量表有助于预测企业未来现金流量。评价过去是为了预测未来，通过现金流量表所反映的企业过去一定期间的现金流量以及其他生产经营指标，可以了解企业现金的来源和用途是否合理，了解经营活动产生的现金流量有多少，企业在多大程度上依赖外部资金，就可以据以预测企业未来现金流量，从而为企业编制现金流量计划、组织现金调度、合理节约地使用现金创造条件，为投资者和债权人评价企业的未来现金流量、做出投资和信贷决策提供必要信息。

3. 现金流量表有助于分析企业收益质量及影响现金净流量的因素。利润表中列示的净利润指标，反映了一个企业的经营成果，这是体现企业经营业绩的最重要的一个指标。但是，利润表是按照权责发生制原则编制的，它不能反映企业经营活动产生了多少现金，并且没有反映投资活动和筹资活动对企业财务状况的影响。通过现金流量表，可以掌握企业经营活动、投资活动和筹资活动的现金流量，将经营活动产生的现金流量与净利润相比较，就可以从现金流量的角度了解净利润的质量，并进一步判断，是哪些因素影响现金流入，从而为分析和判断企业的财务前景提供信息。

本章将现金流量表分析的内容分为：现金流量结构分析、现金流量趋势分析、现金偿付能力分析、现金流量比率分析。

五、本章的数据来源

本章数据来源如表4－1、表4－2、表4－3、表4－4所示。

表4－1　　**资产负债表**　　会企01表

编制单位：C公司　　2008年12月31日　　单位：元

资　产	期末余额	年初余额	负债和所有者权益	期末余额	年初余额
流动资产：			流动负债：		
货币资金	917 834	1 406 300	短期借款	50 000	300 000
交易性金融资产		15 000	交易性金融负债		
应收票据	46 000	246 000	应付票据	100 000	200 000
应收账款	598 200	299 100	应付账款	953 800	953 800
预付款项	100 000	200 000	预收款项		1 000
应收利息			应付职工薪酬	180 000	110 000
应收股利			应交税费	284 209	36 600
其他应收款	5 000	5 000	应付利息		
存货	2 574 700	2 580 000	应付股利		
一年内到期的非流动资产			其他应付款	50 000	50 000
其他流动资产			一年内到期的非流动负债		1 000 000
			其他流动负债		
流动资产合计	4 241 734	4 751 400	流动负债合计	1 618 009	2 651 400

续表

资　　产	期末余额	年初余额	负债和所有者权益	期末余额	年初余额
非流动资产：			非流动负债：		
可供出售金融资产			长期借款	1 160 000	600 000
持有至到期投资			应付债券		
长期股权投资	250 000	250 000	递延所得税负债		
固定资产	2 201 000	1 100 000	其他非流动负债		
在建工程	578 000	1 500 000	非流动负债合计	1 160 000	600 000
工程物资	150 000		负债合计	2 778 009	3 251 400
固定资产清理			所有者权益：		
无形资产	540 000	600 000	实收资本	5 000 000	5 000 000
长期待摊费用	200 000	200 000	资本公积		
递延所得税资产			盈余公积	123 272.50	100 000
其他非流动资产			未分配利润	259 452.50	50 000
非流动资产合计	3 919 000	3 650 000	所有者权益合计	5 382 725	5 150 000
资产总计	8 160 734	8 401 400	负债和所有者权益总计	8 160 734	8 401 400

表 4－2　　　　　　　　　　**利润表**　　　　　　　　　　会企 02 表

编制单位：C 公司　　　　　　　　2008 年 12 月　　　　　　　　单位：元

项　　目	本年累计数	上年累计数
一、营业收入	1 250 000	（略）
减：营业成本	750 000	
营业税金及附加	2 000	
销售费用	20 000	
管理费用	158 000	
财务费用	41 500	
资产减值损失		
加：公允价值变动收益		
投资收益	31 500	
二、营业利润	310 000	
加：营业外收入	50 000	
减：营业外支出	49 700	
三、利润总额	310 300	
减：所得税费用	77 575	
四、净利润	232 725	

表 4－3　　**现金流量表**　　会企 03 表

编制单位：C 公司　　2008 年度　　单位：元

项　目	行次	金额
一、经营活动产生的现金流量：		
销售商品、提供劳务收到的现金	1	1 342 500
收到的税费返还	3	—
收到其他与经营活动有关的现金	5	—
现金流入小计	6	1 342 500
购买商品、接受劳务支付的现金	7	392 266
支付给职工以及为职工支付的现金	9	300 000
支付的各项税费	10	102 000
支付其他与经营活动有关的现金	13	70 000
现金流出小计	15	864 266
经营活动产生的现金流量净额	16	478 234
二、投资活动产生的现金流量：		
收回投资收到的现金	18	16 500
取得投资收益收到的现金	19	30 000
处置固定资产、无形资产和其他长期资产而收到的现金净额	21	300 300
收到其他与投资活动有关的现金	24	—
现金流入小计	25	346 800
购建固定资产、无形资产和其他长期资产支付的现金	27	451 000
投资所支付的现金	28	—
支付其他与投资活动有关的现金	30	—
现金流出小计	31	451 000
投资活动产生的现金流量净额	32	－104 200
三、筹资活动产生的现金流量：		
吸收投资收到的现金	33	—
取得借款收到的现金	35	400 000
收到其他与筹资活动有关的现金	37	—
现金流入小计	38	400 000
偿还债务支付的现金	40	1 250 000
分配股利、利润或偿付利息支付的现金	42	12 500
支付其他与筹资活动有关的现金	44	—
现金流出小计	45	1 262 500
筹资活动产生的现金流量净额	46	－862 500
四、汇率变动对现金的影响额	47	—
五、现金及现金等价物净增加额	48	－488 466
加：期初现金及现金等价物余额	49	1 406 300
六、期末现金及现金等价物余额	50	917 834

现金流量表补充资料如表 4－4 所示。

表 4－4　　现金流量表补充资料

补充资料	行次	金额
1. 将净利润调节为经营活动现金流量：		
净利润	51	232 725
加：资产减值准备	52	30 900
固定资产折旧	53	100 000
无形资产摊销	55	60 000
长期待摊费用摊销	56	—
处置固定资产、无形资产和其他长期资产的损失	58	－50 000
固定资产报废损失	59	19 700
财务费用	60	21 500
投资损失	61	－31 500
存货的减少	65	5 300
经营性应收项目的减少	67	－100 000
经营性应付项目的增加	68	89 609
其他	69	100 000
经营活动产生的现金流量净额	70	478 234
2. 不涉及现金收支的投资和筹资活动：		
债务转为资本	71	—
一年内到期的可转换公司债券	72	—
融资租入固定资产	73	—
3. 现金及现金等价物净增加情况：		
现金的期末余额	76	917 834
减：现金的期初余额	77	1 406 300
加：现金等价物的期末余额	78	—
减：现金等价物的期初余额	79	—
现金及现金等价物净增加额	80	－488 466

第二节　现金流量结构分析

在第二章第三节介绍过财务报表纵向结构分析。对现金流量表进行结构分析，是指分析现金流量的各项构成，通过各项目同选定的一个基数的百分率的比较，来显示现金流量的比重关系。

进行现金流量结构分析，可以揭示现金收入主要从哪里来，现金支出主要用到哪里去，现金余额是怎样形成的。现金流量的结构可以分为现金收入结构、现金支出结构和现金余额结构。

一、现金收入结构

现金收入结构是计算经营活动（Operating Activities）、投资活动（Investing Activities）、筹资活动（Financial Activities）的现金收入占全部现金收入的百分比，从中可以看出企业的现金主要从何而来。

通常，经营活动现金流入占总现金流入比重大的企业，经营状况较好，现金流入结构较为合理。主营业务突出、收入稳定是企业营运良好的重要标志。

根据C公司2008年的现金流量表，可以计算出它的现金收入结构表，如表4－5所示。

表4－5　　现金收入结构表

项　目	金额（元）	结构百分比（%）
经营活动的现金收入	1 342 500	64.3
其中：销售商品、提供劳务收到的现金	1 342 500	100
投资活动的现金收入	346 800	16.6
其中：收回投资收到的现金	16 500	4.8
分得股利或利润收到的现金	30 000	8.6
处置固定资产、无形资产和其他长期资产而收到的现金净额	300 300	86.6
筹资活动的现金收入	400 000	19.1
其中：借款所收到的现金	400 000	100
现金收入合计	2 089 300	100

表4－5可用图4－2表示如下：

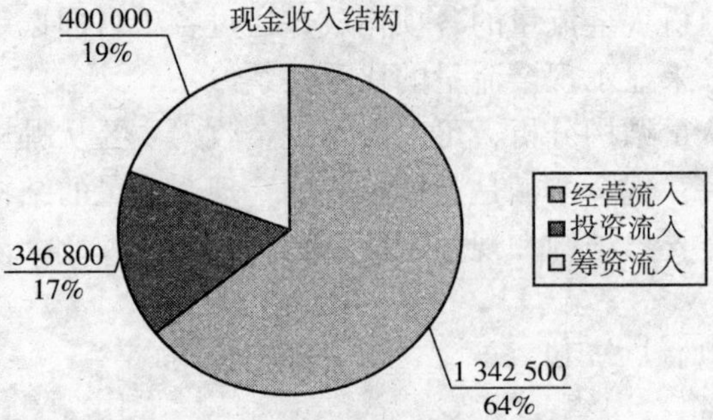

图 4 – 2　现金收入结构示意图

从表 4 – 5、图 4 – 2 中可以看出，在企业当年的现金收入中，经营活动收入占 64.3%，投资活动收入占 16.6%，筹资活动收入占 19.1%，经营活动提供了主要的现金来源。在经营活动的现金收入中，主要来自销售的，占 88%；在投资活动的现金收入中，主要来自处置固定资产、无形资产和其他长期资产的，占 86.6%。当然，企业要增加现金收入，主要还是要依靠经营活动，增加营业收入；在筹资活动的现金收入中，全部都是借款收入。

二、现金支出结构

现金支出结构是计算经营活动、投资活动、筹资活动的现金支出占全部现金支出的比重，从中可以看出企业的现金主要用往何处。

通常，经营活动现金支出占总现金支出比重大的企业，其现金支出主要用于开展主营业务，现金支出结构较为合理。

根据 C 公司 2008 年现金流量表，计算出它的现金支出结构表如表 4 – 6 所示。

表 4 – 6　　现金支出结构表

项　目	金额（元）	结构百分比（%）
经营活动现金支出	864 266	33.5
其中：购买商品、接受劳务支付的现金	392 266	45.4
支付给职工以及为职工支付的现金	300 000	34.7
支付的各项税费	102 000	11.8
支付其他与经营活动有关的现金	70 000	8.1

续表

项　目	金额（元）	结构百分比（%）
投资活动现金支出	451 000	17.5
其中：购建固定资产、无形资产和其他长期资产支付的现金	451 000	100
筹资活动现金支出	1 262 500	49
其中：偿还债务支付的现金	1 250 000	99
偿付利息支付的现金	12 500	1
现金支出合计	2 577 766	100

表4－6可用图4－3表示如下：

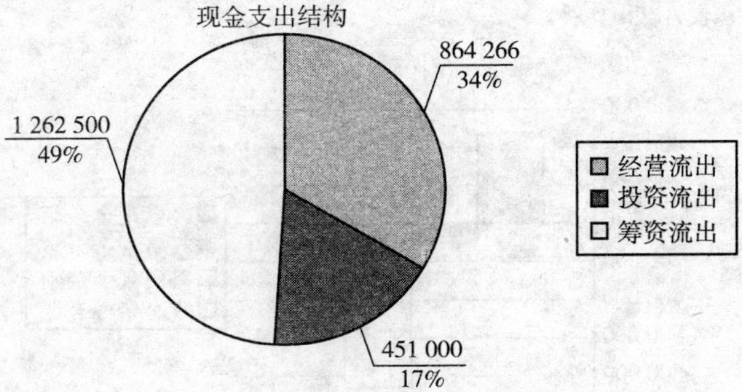

图4－3　现金支出结构示意图

从表4－6、图4－3中可以看出，在企业当年的现金支出中，经营活动支出占33.5%，投资活动支出占17.5%，筹资活动支出占49%，当年现金支出主要用于还债。经营活动现金支出中，购买商品、接受劳务支付的现金占45.4%，支付给职工以及为职工支付的现金占34.7%；投资活动现金支出全部用于购建固定资产、无形资产和其他长期资产，即用于扩大再生产，没有对外投资；筹资活动现金支出主要用于偿还债务本金，占99%。

三、现金余额结构

现金余额结构是计算经营活动、投资活动、筹资活动的现金收支净额占全部现金余额的比重，从中可以看出企业的现金余额是怎么构成的。

根据 C 公司 2008 年现金流量表，其现金余额结构如表 4－7 所示。

表 4－7 现金余额结构表

项　目	金额（元）	结构百分比（%）
经营活动产生的现金流量净额	478 234	－97.9%
投资活动产生的现金流量净额	－104 200	21.3%
筹资活动产生的现金流量净额	－862 500	176.6%
现金流量净额合计	－488 466	100%

表 4－7 中金额有正有负，无法用图 4－2、图 4－3 那样的图形表示，可用图 4－4 表示如下：

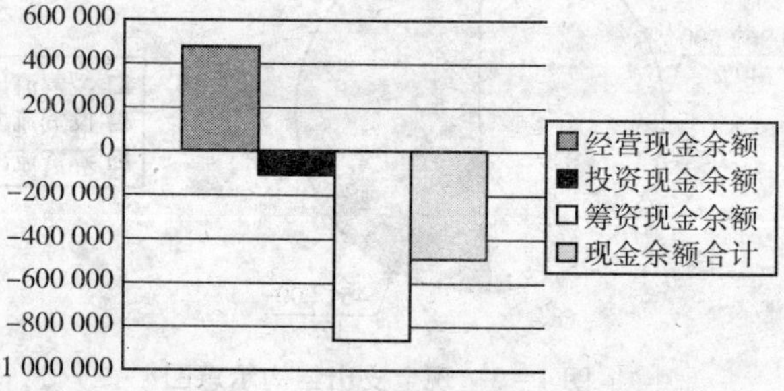

图 4－4 现金余额结构示意图

从表 4－7、图 4－4 中可以看出，企业当年现金流量为净支出 488 466 元，主要因为经营活动产生的现金流量净额只有 478 234 元，而筹资活动产生的现金流量为净支出 862 500 元，企业当年还债负担重，造成现金入不敷出，需动用上年度的现金结余来支付。

一般来说，营业收入突出、稳定是企业经营良好的重要标志，经营活动产生的现金流量净额越大，表明企业自身创造现金的能力越强，偿债能力和对外筹资能力也越强，企业经营也就越成功、稳健。经营活动产生的现金流量净额越小，或为负数，可能是企业销售不畅、库存积压，或货款回笼迟缓等，企业经营处于较高风险之中。

投资活动产生的现金流量净额越大，反映出企业的投资获得良好的回报，但如果主要是由处置非流动资产引起的，一个可能是企业处境不佳，以此来筹措资金；另一个可能是企业调整资产结构，具体情况可从资产负债表和利润表上看出。

筹资活动引起的现金流量净额增大，一个是借款引起的，企业将面临还本付息；另一个是增发股票引起的，企业将面临增付股利，这都意味着企业未来的现金偿付能力必须更强。

本例中投资活动产生的现金流量净减少是购建固定资产、无形资产或其他长期资产引起的，表明企业在更新或扩张，可以预期企业未来会有更大的现金流入。筹资活动引起的现金流量净减少主要是由于偿还债务引起的，表明企业未来用于满足偿付的现金需要量将减少，财务风险变小。

通常，经营活动的现金流量较为稳定，而投资活动的现金流量和筹资活动的现金流量波动性较大。对现金流量表要综合起来看，三者是互动的关系。对于一家主营业务正在成长的公司来说，经营活动现金流量净额应是正数，投资活动现金流量净额是负数，筹资活动现金流量净额可正可负。我国一些上市公司为避免期末现金流量净额为负数或太小而粉饰报表，常在期末之前向银行借入贷款，使之为正数，同时资产负债表货币资金增加。

四、连续多期结构

如果我们将连续几期的现金流量放在一起进行比较，就可以了解企业现金流量结构的变化及未来的发展趋势。

C 公司 2006 ~ 2008 年 3 年的现金流量结构表，如表 4 – 8、表 4 – 9 所示。

表 4 – 8　　2006 ~ 2008 年现金收入结构表　　单位：%

项目＼年度	2006	2007	2008
经营活动的现金收入	63.6	66.9	64.3
投资活动的现金收入	10.1	10.4	16.6
筹资活动的现金收入	26.3	22.7	19.1
现金收入合计	100	100	100

表 4 – 8 可用图 4 – 5 表示如下：

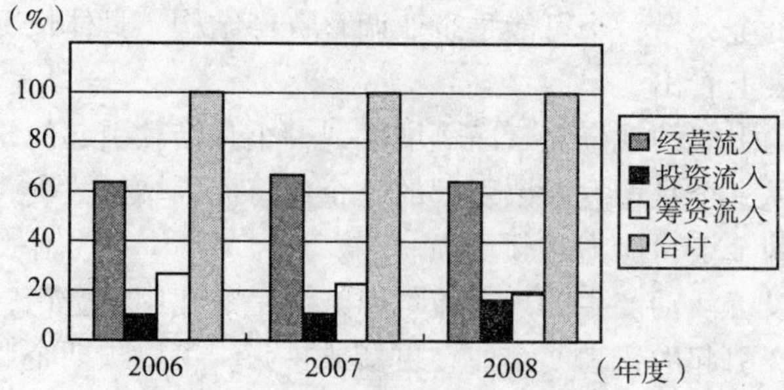

图 4-5　现金收入结构示意图

从表 4-8、图 4-5 中可以看出，在企业的现金收入中，经营活动取得的现金收入占主要比重，为 60% 多，且较稳定，变动不大。投资活动的现金收入占的比重小，2004 年比前两年上升了 6% 以上，说明企业的投资回报在增加。筹资活动的现金收入的比重在不断下降，这说明企业对于筹资的依赖性逐步减小。

表 4-9　　2006～2008 年现金支出结构表　　单位；%

项目＼年度	2006	2007	2008
经营活动的现金支出	57.3	56	33.5
投资活动的现金支出	27.3	26.5	17.5
筹资活动的现金支出	15.4	17.5	49
现金支出合计	100	100	100

表 4-9 可用图 4-6 表示如下：

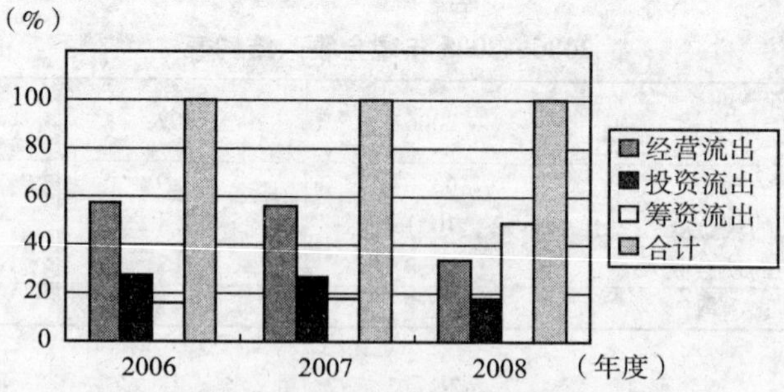

图 4-6　现金支出结构示意图

从表4-9、图4-6中可以看出，在企业的全部现金支出中，经营活动和投资活动的现金支出的比重呈下降趋势，而筹资活动的现金支出的比重呈上升趋势。经营活动和投资活动在2006~2007年度只略微下降一点，在2007~2008年度下降幅度较大。筹资活动在2006~2007年度只略微上升一点，在2007~2008年度上升幅度很大，增加了将近2倍。我们再看第四节表6-8，这3年里经营活动和投资活动的支出在逐年递增，为什么反而是下降趋势呢？造成这一结果的原因在于偿还债务和偿付利息的支出增加，特别是2008年猛增，达1 262 500元。可以预期，2008年还债后，企业债务负担减轻，2008年后企业经营活动的现金支出比重将呈上升趋势，筹资活动的现金支出将呈下降趋势。

第三节　现金偿付能力分析

偿付能力（Solvency）是企业经营要关注的日常工作，如及时偿付供应商货款、职工工资、银行贷款等，长期积累而成的信誉是企业的一项账外无形财产，可以构成为一项优势竞争力。

一、现金偿债能力分析

企业真正能用于偿还债务的是现金，企业的债权人最终收回债务的是现金，分析企业的偿债能力必须分析现金偿债能力。

运用现金流量表分析企业的偿债能力主要有两个指标，一是现金比率；二是现金流量指标。现金比率在上一章第二节已经介绍过了，这里只介绍现金流量指标。

现金流量指标真实地反映出企业一定会计期间收入多少现金、支出多少现金、结存多少现金，直观地反映出企业有多少现金可用于偿还债务。

企业应偿还的到期债务既有以前借入的，也有本期借入的，债权人有权要求企业即行偿付。对于企业来说，本期内所取得的收入，应先用于支付生产经营活动的基本支出，以满足正常的生产经营活动。企业本期可用来偿还债务的现金，应等于本期取得的全部现金收入减去本期借入的现金和经营活动基本现金支出后的余额。之所以减去本期借入的现金，是要衡量在没有借入资金的状况下，企业本期的现金收入用以偿还到期债务本息的能力。如果企业本期没有增资扩股，借入的现金即筹资活动的现金收入。

$$\begin{aligned}\begin{matrix}\text{可用来偿还}\\\text{债务的现金}\end{matrix} &= \text{全部现金收入} - \text{借入的现金} - \text{经营活动现金支出}\\ &= \begin{matrix}\text{全部现金}\\\text{收入}\end{matrix} - \begin{matrix}\text{筹资活动}\\\text{现金收入}\end{matrix} - \begin{matrix}\text{经营活动}\\\text{现金支出}\end{matrix}\\ &= \begin{matrix}\text{经营活动}\\\text{现金收入}\end{matrix} - \begin{matrix}\text{经营活动}\\\text{现金支出}\end{matrix} + \begin{matrix}\text{投资活动}\\\text{现金收入}\end{matrix}\end{aligned}$$

$$\begin{matrix}\text{应偿还的}\\\text{债务}\end{matrix} = \begin{matrix}\text{到期借款、应付}\\\text{债券的本金}\end{matrix} + \begin{matrix}\text{应支付的}\\\text{利息}\end{matrix} + \begin{matrix}\text{应支付的}\\\text{融资租赁费}\end{matrix}$$

如果企业可用来偿还债务的现金大于应偿还的债务，则企业能偿还到期债务。如果小于应偿还的债务，则企业不能在支付经营活动基本现金支出后偿还债务，这时要考虑企业结存的现金余额，如果加上结存的现金余额仍小于应偿还的债务，则其偿债能力将成问题，需要依赖筹资活动的现金收入偿还。企业本期可用于偿债的现金减去应偿还的债务后的余额，是企业可用来投资、分派股利的现金。

C公司2008年共取得现金收入2 089 300元，其中包括借入资金400 000元，减去借入现金后为1 689 300元，再减去经营活动现金支出864 266元，即为可用于偿还债务的现金。

可用于偿还债务的现金＝1 689 300－864 266＝825 034（元）

本期企业偿还到期债务所支付的现金为1 250 000元，偿付利息所支付的现金为12 500元。

应偿还的债务＝1 250 000＋12 500＝1 262 500（元）

可用于投资、分派利润的现金＝825 034－1 262 500＝－437 466（元）

可见，C公司2008年依靠当年的现金不足以偿还到期债务的本息，必须依靠以前年度结存的现金余额和筹资活动现金收入。

如果将C公司2005～2008年的现金流入量放在一起进行比较，就能了解到企业现金偿债能力的发展变化情况，如表4－10所示。

表4-10　现金偿债能力　单位：千元

项目＼年度	2005	2006	2007	2008
现金收入总额	1 456	1 673	1 847	2 089
可用于偿还债务的现金	411	468	555	825
应偿还的债务	312	206	272	1 262
可用于投资、发放股利的现金	99	262	283	-437
上年结存现金余额	542	780	1 117	1 406

表4-10可用图4-7表示如下：

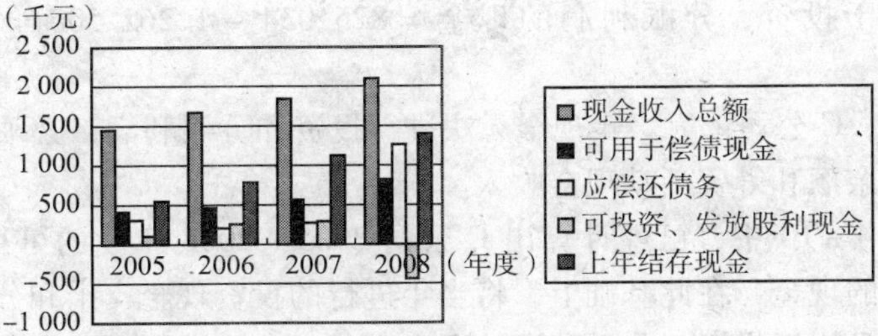

图4-7　现金偿债能力示意图

从表4-10、图4-7中可以看出，C公司2005~2007年度的现金足以偿付其债务，2008年度的现金不足以偿付其债务，需要依赖上年度结存现金余额和筹资活动现金收入。

二、现金支付能力分析

企业在生产经营过程中，除了用现金偿还贷款外，还需要用现金购买货物、支付工资、支付税金、支付各种经营费用，进行对内、对外投资，向投资者支付股利、利润等。企业如果没有足够的现金来支付这些款项，那么企业的生产经营活动就不能正常进行。企业的支付能力对于企业的经营者、投资者和债权人具有十分重要的意义。如果企业现金支付能力不足，那么就要通过借款等方式来筹集资金，如果企业现金充裕，那么就可以考虑对内对外投资。现金支付能力也影响着企业的利润分配，例如，一个企业账面上盈利，但现金不足，则它分派利润时就可能暂时挂账，若是股份公司则会少派发现金股利，而多以股票股利形式发放，否则就要先举债来分派利润；如果企业现金充裕，就会以现金分派利润。

现金支付能力的分析，主要是将企业本期经营活动所取得的现金收入和企业本期所偿还的债务、企业经营活动发生的各项支出进行对比，确定可用于投资和发放股利的现金。

$$\text{可用于投资、分派股利（利润）的现金} = \text{可用于偿还债务的现金} - \text{应偿还的债务}$$

C 公司 2008 年经营活动现金收入为 1 342 500 元，经营活动现金支出为 864 266 元，投资活动现金收入为 346 800 元，偿还债务与偿付利息现金支出为 1 262 500 元，则

可用于投资、分派利润的现金 = 825 034 − 1 262 500 = −437 466（元）

可见，C 公司依靠当年现金无法进行投资和分派利润，必须动用以前年度现金余额和筹资活动现金收入。

在表 4 − 10 中，已经计算出 C 公司 2005 ~ 2008 年度的可用于投资、分派利润的现金，在此基础上，将当年进行的投资现金支出和分派利润现金支出及可用于投资、分派利润的现金进行对比，就可以了解企业总的现金支付能力。公式如下：

$$\text{企业当年自有现金支付能力} = \text{可用于投资、分派利润的现金} - \text{投资活动现金支出} - \text{分派股利（利润）现金支出}$$

C 公司 2005 ~ 2008 年度可用于投资、分派利润的现金、投资活动现金支出、分派股利（利润）现金支出的数据如表 4 − 11 所示，并根据上项公式计算出企业当年自有现金支付能力栏目的数据。

表 4 − 11　　现金支付能力　　单位：千元

项目＼年度	2005	2006	2007	2008
可用于投资、分派利润的现金	99	262	283	−437
投资活动现金支出	221	365	413	451
分派利润现金支出	100	125	150	—
企业当年自有现金支付能力	−222	−228	−280	−888

表 4 − 11 可用图 4 − 8 表示如下：

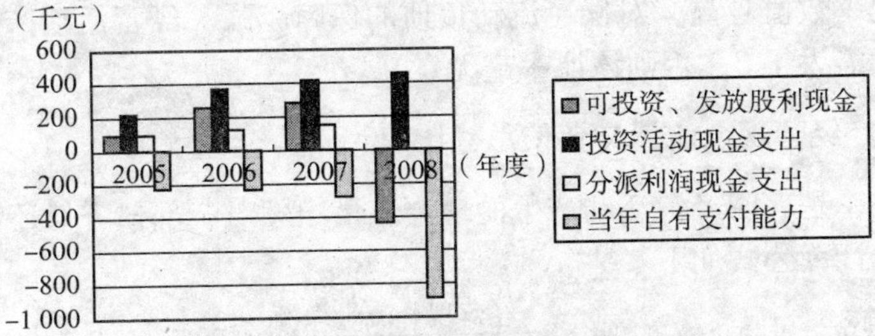

图 4－8　现金支付能力示意图

从表 4－11、图 4－8 中可以看出，C 公司 2005～2008 年度企业当年自有现金（指经营活动取得的现金收入加上投资活动取得的现金收入）不能满足支付需要，需要通过动用以前年度的现金结余和筹资活动现金收入来满足现金支付之需。

第四节　现金流量比率分析

一、现金流量比率分析

现金流量的分析要使用若干比率指标，用以反映企业的现金偿债能力、现金支付能力、现金营运能力、现金收益能力和现金成长状况。这些比率指标主要有：

（一）经营现金流量与流动负债比率

该比率是表明经营活动产生的现金流量净额对流动负债偿还满足程度的指标，计算公式如下：

$$经营现金流量与流动负债比率=\frac{经营现金流量净额}{流动负债}\times 100\%$$

根据表 4－1、表 4－2、表 4－3，C 公司的数据，

$$经营现金流量与流动负债比率=\frac{478\ 234}{4\ 241\ 734}\times 100\%\approx 11.3\%$$

该比率数值越高，对偿还流动负债的保障越强。经营活动产生的现金流量净额需大于0，否则该比率毫无意义。

（二）经营现金流量与负债总额比率

该比率是表明经营活动产生的现金流量净额对全部债务偿还满足程度的指标，计算公式如下：

$$经营现金流量与负债总额比率=\frac{经营现金流量净额}{负债总额}\times100\%$$

$$经营现金流量与负债总额比率=\frac{478\ 234}{2\ 778\ 009}\times100\%\approx17.2\%$$

同上一指标，该比率数值越高，对偿还债务的保障越强。

以上两个比率，第一个更为短期债权人所关注，第二个更为长期债权人所关注。应该注意，这两个比率分子反映的是一年的经营活动产生的现金流量净额，是一个时期，分母反映的是年末的负债数额，是一个时点，分子是过去一个会计年度的经营结果，而分母则是未来一个会计年度需要偿还的债务，这两个比率是建立在以过去一年的现金流量来估计未来一年现金流量的假设基础之上的。

（三）营业现金比率

营业现金比率，是以经营活动产生的现金流量净额与营业收入相比较，反映企业营业收入的收现能力，大致说明企业销售质量及货款回笼情况。计算公式如下：

$$营业现金比率=\frac{经营现金流量净额}{营业收入}\times100\%$$

$$营业现金比率=\frac{478\ 234}{1\ 250\ 000}\times100\%\approx38.3\%$$

营业现金比率越大，表明货款回收速度越快，发生坏账损失的风险越小，对应收账款的管理越好。

（四）经营现金流量与总资产比率

该比率表明企业全部资产产生经营活动现金流量的能力，可评价企业获取现金能力的强弱和企业资产的利用效率，该比值越大越好，计算公式如下：

$$经营现金流量与总资产比率=\frac{经营现金流量净额}{资产平均总额}\times100\%$$

$$资产平均总额 = \frac{8\ 401\ 400 + 8\ 160\ 734}{2} = 8\ 281\ 067$$

$$经营现金流量与总资产比率 = \frac{478\ 234}{8\ 281\ 067} \times 100\% \approx 5.8\%$$

企业购置资产是为了带来现金流，赚取的利润最终也要以收取现金来体现。

（五）盈利现金比率

以现金获得的盈利，才是企业真正获得的可以支配的收益。该比率是以经营活动产生的现金流量净额与净利润相比较，反映企业净利润的收现水平。计算公式如下：

$$盈利现金比率 = \frac{经营现金流量净额}{净利润} \times 100\%$$

$$盈利现金比率 = \frac{478\ 234}{232\ 725} \times 100\% \approx 205.5\%$$

盈利现金比率越大，表明净利润的现金含量越高，可供企业支配的货币量越大，企业的支付能力越强，企业盈利质量也就越高。该指标应大于1，若比率小于1，则说明会计利润可能受到人为操纵或存在大量应收账款，利润质量差；或者利润中含有大量投资收益，主营业务盈利能力差。

在会计核算上，权责发生制下的净利润并不等于收付实现制下的经营活动现金流量净额，通常净利润越多，经营活动产生的现金流量净额也就越多。

（六）经营现金流量成长率

该比率是以本期经营活动产生的现金流量净额与上期数额相比较，计算公式如下：

$$经营现金流量成长率 = \frac{本期经营现金流量净额}{上期经营现金流量净额} \times 100\%$$

（七）现金流量净额成长率

该比率是以本期现金及现金等价物净增加额与上期数额相比较，计算公式如下：

$$现金流量净额成长率 = \frac{本期现金及现金等价物净增加额}{上期现金及现金等价物净增加额} \times 100\%$$

以上两项现金成长率使用第三章第五节成长能力分析所列公式，在下一节现金流量趋势分析中详尽列示。

二、现金流量杜邦模型

第三章第四节盈利能力分析介绍的杜邦模型数据来源于资产负债表和利润表，没有反映现金流量，不能反映收入和收益的质量。为构筑完善的杜邦模型，将之引入现金流量的数据，方法是将其中的营业净利率指标加以分解，过程如下：

$$营业净利率 = \frac{净利润}{营业收入} = \frac{经营现金净流量}{营业收入} \div \frac{经营现金净流量}{净利润}$$

$$= 营业现金比率 \div 盈利现金比率$$

营业净利率 $= 38.3\% \div 205.5\% \approx 18.6\%$

C公司2008年现金流量杜邦模型如图4－9所示。

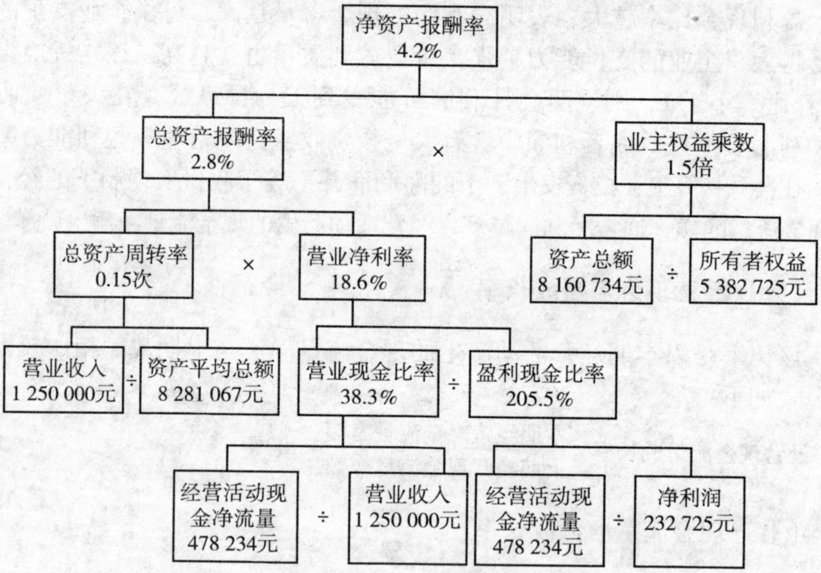

图4－9　C公司2008年现金流量杜邦模型

从图4－9可以看出，C公司2008年度营业现金比率较高，为38.3%，尤其是盈利现金比率很高，为205.5%，形成了一个较高的营业净利率 18.6%。但该公司相对于其资产规模而言，产销量很小，造成很低的净资产报酬率 4.2%，显示该公司经营不善。该公司面临的主要工作是加强销售部门的力量，开拓市场。

第五节　现金流量趋势分析

一、现金流量趋势分析

企业的现金收入、现金支出及其余额发生了怎样的变动，其变动趋势如何，这种趋势对企业是有利的还是不利的，这就是现金流量的趋势分析。现金流量的趋势分析可以帮助报表使用者了解企业现金流量的变动趋势，了解企业现金流量变动的原因，在此基础上预测企业未来的现金流量，从而为决策提供依据。

根据 C 公司 2005 ~ 2008 年现金流量表，可以编制出汇总现金流量表，如表 4 – 12 所示。

表 4 – 12　汇总现金流量表　单位：千元

年度 项目	2005	2006	2007	2008
现金收入	1 456	1 673	1 847	2 089
其中：经营活动的现金收入	959	1 064	1 235	1 342
投资活动的现金收入	137	169	192	347
筹资活动的现金收入	360	440	420	400
现金支出	1 218	1 336	1 557	2 577
其中：经营活动的现金支出	685	765	872	864
投资活动的现金支出	221	365	413	451
筹资活动的现金支出	312	206	272	1 262
现金流量净增加额	238	337	290	–488

表 4 – 12 可用图 4 – 10 表示如下：

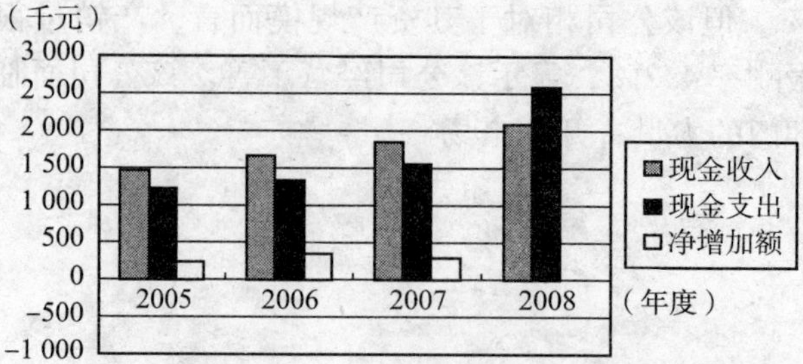

图 4－10　汇总现金流量示意图

根据表 4－12 的数据可以计算出以 2005 年为基期的定比（如表 4－13 所示），和各以上一年为基期的环比（如表 4－14 所示）。

表 4－13　　2005～2008 年现金流量定比分析表　　单位：%

项目 \ 年度	2005	2006	2007	2008
现金收入	100	114.9	126.9	143.5
其中：经营活动的现金收入	100	110.9	128.9	139.9
投资活动的现金收入	100	123.4	140.1	253.3
筹资活动的现金收入	100	122.2	116.7	111.1
现金支出	100	109.7	127.8	211.6
其中：经营活动的现金支出	100	111.7	127.3	126.1
投资活动的现金支出	100	165.2	186.9	204.1
筹资活动的现金支出	100	66	87.2	404.5
现金流量净增加额	100	141.6	121.8	－205

表 4－14　　2005～2008 年现金流量环比分析表　　单位：%

项目 \ 年度	2005	2006	2007	2008
现金收入	100	114.9	110.4	113.1
其中：经营活动的现金收入	100	110.9	116.1	108.7
投资活动的现金收入	100	123.4	113.6	180.7
筹资活动的现金收入	100	122.2	95.5	95.2
现金支出	100	109.7	116.5	165.5
其中：经营活动的现金支出	100	111.7	114	99.1
投资活动的现金支出	100	165.2	113.2	109.2
筹资活动的现金支出	100	66	132	464
现金流量净增加额	100	141.6	86.1	－168.3

表4-13可用图4-11表示如下：

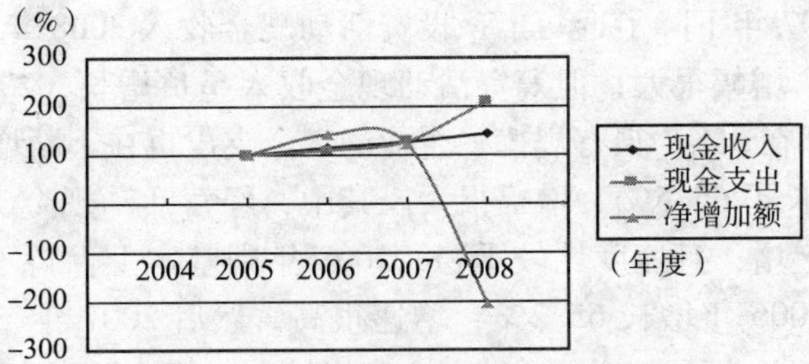

图4-11　现金流量定比分析示意图

从表4-13、图4-11中可以看出，企业的现金收入在不断增加，2008年与2005年相比增长了43.5%，其中，经营活动现金收入增长慢于总的现金收入增长，增加39.9%；投资活动现金收入成倍增长，达153.3%，说明以前的投资逐渐得到回报或收回投资；筹资活动现金收入增幅较小，且比重逐年下降，说明企业对筹资的依赖性逐渐减小。现金支出也在不断增加，2008年比2005年增长了111.6%，其中，经营活动现金支出增长了26.1%，投资活动现金支出翻了一番，企业逐年加大了投资的力度；筹资活动现金支出增加了3倍，说明企业的借款主要集中在2008年到期，用于还款的现金支出大量增加，或者企业以更多的现金用于分配利润以回报投资者。2006年现金流量净增加41.6%，2007年减少，到2008年转为大额净流出。

表4-14可用图4-12表示如下：

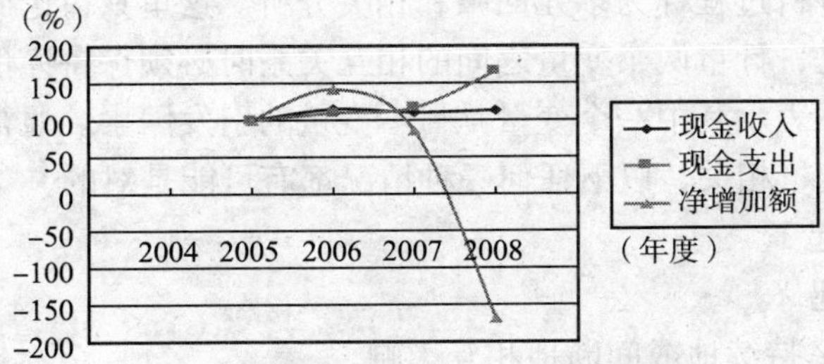

图4-12　现金流量环比分析示意图

从表4－14、图4－12中可以看出，企业的现金收入在逐年递增，且增幅稳定在百分之十几，起伏不大。其中，经营活动现金收入的增幅2008年比2007年下降了近一半；投资活动现金收入2008年比2007年增长了80.7%，增幅很大；但筹资活动现金收入呈负增长，2007年和2008年降幅大约都在5%，很有规律。企业的现金支出也在不断增长，2008年比2007年增长了65.5%，增幅很大。其中，经营活动现金支出2006年、2007年逐年递增，且速度比较平稳，2008年则基本上保持不动；投资活动现金支出2006年增长65.2%，增速很高，然后2007年、2008年增长速度下降至10%上下；筹资活动现金支出波动起伏，2006年比2005年下降了34%，2007年比2006年上升了32%，然后2008年猛然上涨，比2007年上升了3.6倍，企业的筹资活动现金支出是不稳定的。现金流量净增加额2006年比2005年增加了四成，2007年比2006年降低了一成多，到2008年大幅度下降。

二、现金流量趋势预测分析

趋势分析还包括趋势预测分析。所谓趋势预测分析是指运用回归分析法、指数平滑法等方法来对财务报表数据进行分析预测，分析其发展趋势，并在此基础上预测出可能的发展结果。

对于趋势预测分析而言，如果能够预测两个或更多变量之间相互关系的紧密程度和当一个变量数值上升1个单位时，能够计量另一个变量变化的平均值，是很有用的。如果这一分析仅仅涉及两个变量，我们把所使用的分析方法称之为简单回归和相关分析。如果分析涉及两个以上的变量，我们把这一分析过程称为多元回归和相关分析。这里只讨论简单回归和相关分析。但是，计量两个变量之间的相互关系时必须保持谨慎，因为两个变量相关并不表示其中一个变量是另一变量的引发因素。通常来讲，如果X和Y两个变量相关，以下任何一种情况都有可能是对的。

1. X引起Y。
2. Y引起X。
3. X和Y持续地或间断地相互影响。
4. X和Y同时受到同一变量Z的影响。
5. X和Y两个变量之间的相关是由偶然性引起的。

最常用的趋势预测分析方法是运用趋势线性方程。所谓趋势线性方程是在做趋势分析时，预测某项目的未来值所普遍采用的一种方法。反映两个变量之间相互关系的最简单方法是一条直线，这条直线的方程表示为：

$y = a + bx$

式中，y——因变量，这里是所预测项目的未来值；

a——数，当 $x = 0$ 时，$a = y$；

b——斜率，当 x 变动 1 个单位时，y 发生变化的平均值。如果回归方程是线性的，b 称为回归系数；

x——自变量，表示时期系数的值。

x 是由分配决定的，并要使 $\sum x = 0$，当时期数为偶数或奇数时，值的分配稍有不同。

当时期数为奇数时，x 可确定如表 4－15 所示。

表 4－15　　　　时期数为奇数时 x 的值

年度 自变量	2004	2005	2006	2007	2008
x	－2	－1	0	1	2

当时期数为偶数时，x 可确定如表 4－16 所示。

表 4－16　　　　时期数为偶数时 x 的值

年度 自变量	2003	2004	2005	2006	2007	2008
x	－3	－2	－1	1	2	3

由于 y 的预测值大致等于所研究数据的平均值，我们可以使用最小二乘法。对于具体数据，最小二乘法可以给出可能的最佳拟合，也就是说，它最佳地反映了数据中所蕴含的关系。称其为最小二乘法的原因在于，相对于任何其他直线，这条直线使得平方离差之和最小（回归线下面的离差等于回归线上面的离差，这也意味着数值总和等于零）。这些离差是沿着 y 轴的垂直计量并且这条直线通过这些数据总和的平均值。

使用以下公式，可以计算方程 $y = a + bx$ 中变量的数值：

$y = a + bx$

即有：$y_1 = a + bx_1$；　$y_2 = a + bx_2$；…；　$y_n = a + bx_n$

将 n 个方程相加，即有：

$$\sum y = na + b\sum x \qquad (1)$$

将①式两边同乘以 x，则有：

$$\sum xy = na\sum x + b\sum x^2 \qquad (2)$$

将①式、②式联立方程式：

$$\begin{cases} \sum y = na + b\sum x \\ \sum xy = a\sum x + b\sum x^2 \end{cases}$$

可从上列联立方程式推导出：

$$a = \frac{\sum x^2 \sum y - \sum x \sum xy}{n\sum x^2 - (\sum x)^2}$$

$$b = \frac{n\sum xy - \sum x \sum y}{n\sum x^2 - (\sum x)^2}$$

掌握以下两种情形：

情形一　已知 b，求 a：

根据①式得：$a = \dfrac{\sum y - b\sum x}{n}$

情形二　已知 a，求 b：

根据②式得：$b = \dfrac{\sum y - na}{\sum x}$

进行趋势分析时，我们可以简化这一分析方法，采取的途径是选择奇数项的期间，并以期间中点作为 x 的起点。通过这种方法，正的 x 数值正好抵消负的 x 数值，因而所有 x 的数值之和等于0。因此，时间变量就可以计量为与平均值的离差数。这样，常数 a 就是数据系列的简单平均数，b 成了一项简单比率，如下所示：

$$a = \frac{\sum y}{n}$$

$$b=\frac{\sum xy}{\sum x^2}$$

C 公司 2005～2008 年经营活动的现金收入如表 4－17 所示。

表 4－17　C 公司 2005～2008 年经营活动的现金收入　单位：千元

项目＼年度	2005	2006	2007	2008
经营活动的现金收入	959	1 064	1 235	1 342

$$a=\frac{\sum y}{n}=\frac{959+1\ 064+1\ 235+1\ 342}{4}=1\ 150\text{（千元）}$$

$$b=\frac{\sum xy}{\sum x^2}=\frac{-2\times959-1\times1\ 064+1\times1\ 235+2\times1\ 342}{(-2)^2+(-1)^2+1^2+2^2}\approx93.7$$

则预测的趋势方程式为：

$y=1\ 150+93.7x$

2009 年 C 公司预测的经营活动现金收入为：

$y=1\ 150+93.7\times3=1\ 431.1$（千元）

同样，我们可以计算现金支出、现金余额的预测值。

使用任意两个期间，计算各自的 y 值，可以划一条通过排列在图表上数据的直线，并且这条直线对于给定数据的拟合程度最高。这样，对于任何数值 x，回归直线都给出了 y 的一项估计值。

本章小结

1. 企业拥有一定数量的现金，注意资产的变现能力，是财务上稳健性的原则要求。

2. 进行现金流量结构分析，可以揭示现金收入主要从哪里来，现金支出主要用到哪里去，现金余额是怎样形成的。

3. 现金流量指标真实地反映出企业一定会计期间收入多少现金、支出多少现金、结存多少现金，直观地反映出企业有多少现金可用于偿还债务。

现金支付能力的分析，主要是将企业本期经营活动所取得的现金收入和企业本期所偿还的债务、企业经营活动发生的各项支出进行对比，确定可用于投资和发放股利的现金。

4. 现金流量的分析使用若干比率指标，用以反映企业的现金偿债能力、现金支付能力、现金营运能力、现金收益能力和现金成长状况。

5. 现金流量的趋势分析可以帮助报表使用者了解企业现金流量的变动趋势，了解企业现金流量变动的原因，在此基础上预测企业未来的现金流量，从而为决策提供依据。

复　习　题

1. 简述现金、现金等价物、现金流量的概念。
2. 现金流量的结构分析可以分为哪几项？
3. 复述现金偿债、支付能力分析所使用的公式。
4. 复述现金流量杜邦模型中营业净利率指标的分解。
5. 复述现金流量趋势预测分析所使用的公式。

第五章　本量利分析

在生产实践中，人们观察到一个如下的现象。通常，产品的产量越大，流动资产投资需要量越大。但是，大量的统计数据表明，产量与流动资金并不是性线关系，流动资金随着产量的上升而上升，但上升的速度却要低于产量的上升速度，即产量越大，单位产品占用的流动资金越少。固定资产也是如此，在机器最大产能之内，产量越大，单位产品占用的固定资金越少。这是怎么回事呢？其实这里涉及到一个成本性态以及业务量与成本的关系。

企业管理人员需要知道成本、业务量和利润之间的关系，以进行决策、计划和控制。当他们在决定产销量时，需要知道利润会怎样。利润等于收入减去成本，收入可以简单地用数量乘以单价来计算，而成本不能如此。很多人会误认为营业利润与销售数量成正比，实际上并非如此。由于成本按其性态分为固定成本和变动成本两部分，在固定成本总额不变的情况下，销售数量增加，单位产品负担的固定成本总额就成反比例下降，从而使单位产品成本下降；在售价不变的情况下，营业利润增减变动幅度大于销售数量变动的幅度，产生规模效应。新古典经济学认为成本曲线是呈“U”形分布的，因此，规模效应并不是无限的，而是存在一个最优点，即单位平均成本达到最小时的产量水平（技术边界）。这就需要一个数学模型，在业务量与利润之间建立起直接的函数关系。

本量利分析（Cost-volume-profit Analysis，CVP）是成本—业务量—利润分析的简称，通过一个数学模型来分析企业产品成本、产销数量和经营利润之间的互动关系。这里的经营利润因为成本分类不同而与财务会计利润表上的营业利润的概念不同。本量利分析的主要内容是确定盈亏平衡点和目标利润规划，它强调成本、销售量和价格之间的相互关系，综合了企业大量的财务信息。人们常说的“规模效益（Large-scale Benefits）”的产生有实力、形象等多方面的原因，财务方面的内在原因可以用 CVP 来阐明，CVP 是财务学上最重要的内容之一。

第一节 成本性态分析

一、成本性态的概念

成本是指企业在生产经营过程中对象化的、以货币表现的、为取得可带来当期或未来利益的某种产品和服务，而应当（或可能）付出的各种经济资源的代价。成本必须低于价格，成本和价格是相关的，降低价格因能减少顾客支出而相对增加顾客的价值，而降价能力又与降低成本的能力密切相连。成本指标是企业经营管理决策的重要依据，会计计量上成本分配越准确，做出的定价决策也就越完善，对企业经济效益的影响越有利。

各种成本费用必须分配到各种产品、劳务和其他管理对象上去，要准确地分配首先必须对成本进行必要的分类。

财务会计学上将成本按可辨认性不同，分为直接成本和间接成本；又按经济用途不同，分为生产成本和非生产成本。生产成本是指与生产产品或提供服务有着直接联系的各项耗费，分为直接材料、直接人工和制造费用。非生产成本是指企业在行政管理、资金筹集和在产品推销过程中发生的各项耗费。研发（研究阶段）、全面管理和筹资的费用归集为行政管理成本（在我国列入管理费用和财务费用），营销、销售和售后服务的费用归集为推销成本（在我国列入销售费用）。对有形产品而言，生产成本和非生产成本通常也称制造成本和非制造成本。成本按经济用途分类是全部成本计算法（或称吸收成本计算法）进行损益计算的基础。

成本按经济用途分类可以很好地反映其构成，但不能反映业务量变动对它的影响。财务分析学上是将成本按性态分类的。这里所说的成本性态，是指成本与业务量之间的依存关系。简言之，成本性态是指成本在业务量变化时所表现出的某种特性。这里，业务量通常指的是产量或销量。

进行成本性态分析，考察成本对于业务量的依存性，可以从数量上具体掌握成本与业务量之间的规律性联系。

二、成本性态的分类

成本按其性态可分为固定成本、变动成本和混合成本三大类。

（一）固定成本

固定成本（Fixed Costs）是指在一定时期和一定业务量范围内，其总额不受业务量变动影响而保持不变的成本。如按直线法计提的固定资产折旧费、管理人员工资、租赁费、差旅费、广告费、财产保险费等。换句话说，是那些在一个相关活动范围内不变的成本。固定成本具有以下两个特征。

1. 在一定业务量范围内，固定成本总额作为一个常数保持不变（见图5－1）。

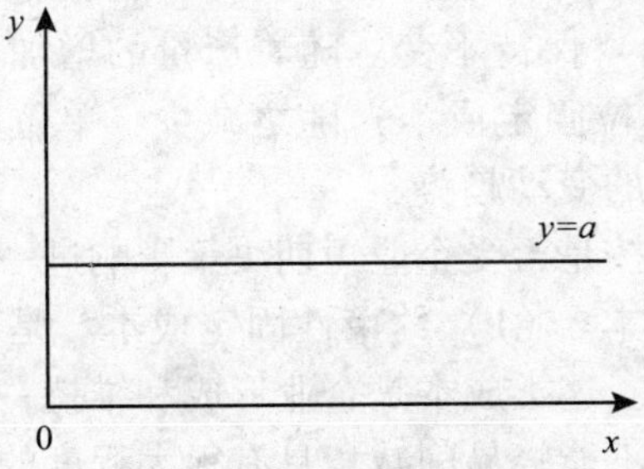

图5－1　固定成本总额

2. 在一定业务量范围内，单位固定成本与业务量的变动成反比例关系。由于固定成本总额的不变性，当业务量递增时，单位产品所负担的固定成本必然呈现出递减的变动趋势；反之，则呈现出递增的变动趋势（见图5－2）。

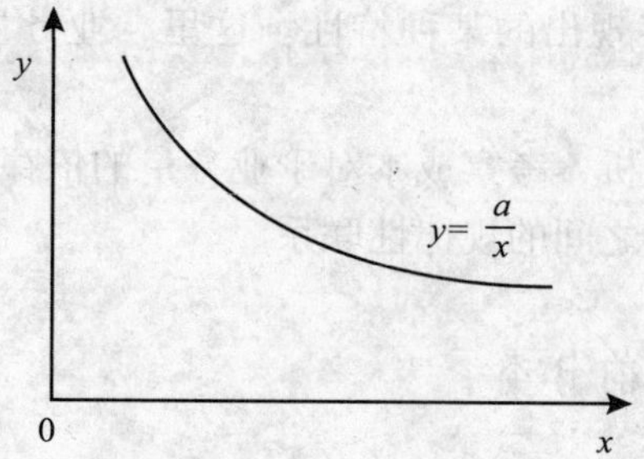

图 5－2　单位固定成本

【**例 5－1**】某公司租用机器一台，年租金为 10 万元，该机器可年产产品 8 万件，在不同的生产量之下每件产品分摊的租金如表 5－1 所示。

表 5－1　　不同生产量下每件产品分摊的租金

生产量（件）	机器年租金（固定成本总额，元）	单位产品分摊额（单位固定成本，元/件）
0	100 000	—
20 000	100 000	5.00
40 000	100 000	2.50
60 000	100 000	1.67
80 000	100 000	1.25

从表 5－1 可以看出，产量在 0～80 000 件的范围内变动时，租金总额（即固定成本总额）保持不变。随着产量的增加，每件产品所分摊的固定成本数额（即单位固定成本）随之减少，单位固定成本随着产量的变动而呈现出反比例的变动趋势。

固定成本还可以按是否受企业短期决策影响进一步划分为约束性固定成本和酌量性固定成本。（1）约束性固定成本。是指不受企业短期决策行为影响的固定成本。这类成本是企业形成和维持一定生产经营能力所必须负担的，在短期内不能轻易削减，具有很大程度的约束性。如固定资产折旧费、汽车保险费、不动产税、管理人员工资等。（2）酌量性固定成本。是指受企业短期决策行为影响的、能够改变其发生数额大小的固定成本，如职工培训费、广告费、新产品研发经费等。所谓降低固定成本总额，指的是降低这一类固定成本。

（二）变动成本

变动成本（Variable Costs）是指在一定业务量范围内其总额随着业务

量的变动而直接相应地成正比例变动的成本，如直接材料费、直接人工费、制造费用中的产品包装费、按工作量法计提的固定资产折旧费、按销量多少支付的佣金等。简言之，是那些在一个相关范围内随着活动水平变化的成本。变动成本具有如下两个特性。

1. 变动成本总额与业务量的变动成正比例关系。业务量增长，成本总额随之正比例增长；反之则正比例降低（见图5－3）。

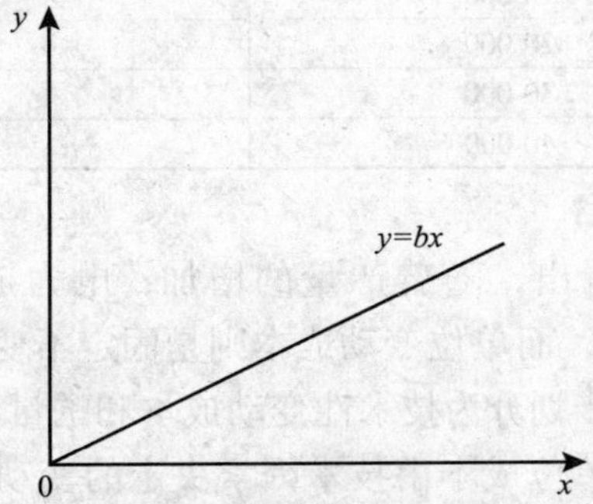

图5－3　变动成本总额

2. 单位变动成本作为一个常数保持不变。由于变动成本总额是按照一个固定的比率随着业务量的递增（或递减）而成正比例变动，这个固定的比率就是单位变动成本；因此单位变动成本不受业务量增减变动的影响，它是固定不变的（见图5－4）。

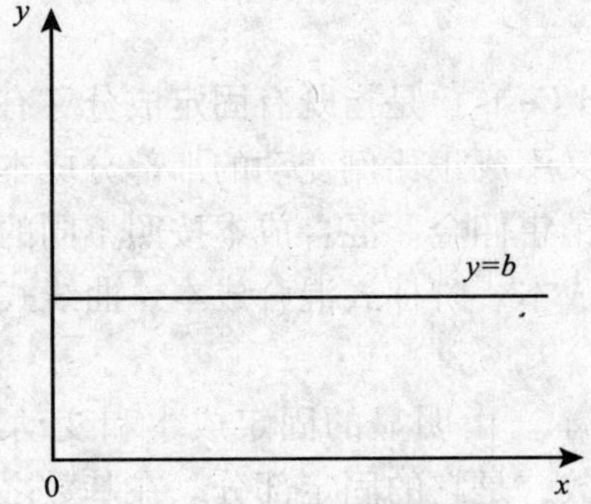

图5－4　单位变动成本

【例 5-2】承例 5-1，某公司租用机器一台，该机器可年产产品 8 万件。生产 1 件产品需要耗电 1 千瓦小时，每千瓦小时 0.5 元，在不同的生产量之下的电力成本如表 5-2 所示。

表 5-2　　不同生产量下的电力成本

生产量（件）	电力成本（变动成本总额，元）	单位产品耗电费（单位变动成本，元/件）
0	—	0.5
20 000	10 000	0.5
40 000	20 000	0.5
60 000	30 000	0.5
80 000	40 000	0.5

从表 5-2 可以看出，随着产量的增加，电力成本（即变动成本总额）随之正比例增加，而单位变动成本则是固定不变的。

变动成本可进一步划分为技术性变动成本和酌量性变动成本。（1）技术性变动成本。是指单位成本由技术因素决定的变动成本。例如，军舰制造厂必须使用某种特种钢材，这种原材料成本就是技术性变动成本。要降低这类成本，应该改进工艺技术，提高材料利用率、劳动生产率和产品合格率等。（2）酌量性变动成本。是指消耗量一定而单位成本受到短期决策行为影响的变动成本。例如，企业可从不同地区、不同渠道采购到价格水平不同的某种原材料，这种采购成本就是酌量性变动成本。要降低这类成本，应该降低原材料采购成本、降低制造费用等。

（三）混合成本

混合成本（Mixed Costs）是指既有固定成分又有变动成分，既随着业务量变动而变动，但又不成正比例变动的那部分成本。如对销售代理人的付款通常包括薪金及销售佣金。混合成本按照不同的变动趋势，可以进一步划分为标准式混合成本、阶梯式混合成本、曲线式混合成本和延期变动成本四类。

1. 标准式混合成本。由明显的固定成本和变动成本两部分组成。这类成本通常有一个基数，是它的固定部分。在基数之上，成本随着业务量的增加而成正比例增长，这是它的变动部分。如水电费、设备维修费、汽车保养费等（见图 5-5）。

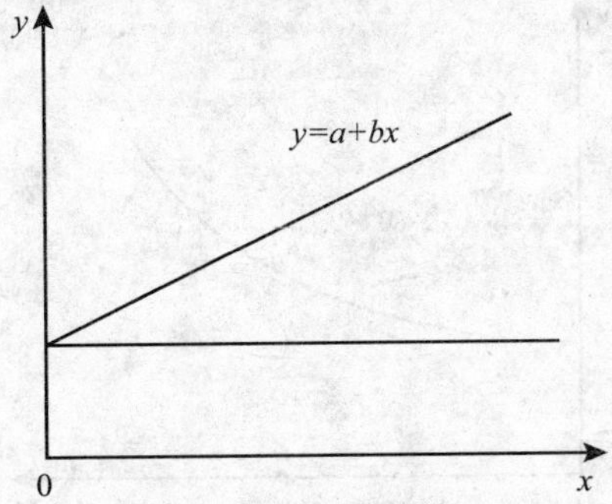

图 5－5　标准式混合成本

2. 阶梯式混合成本。当业务量在一定范围内时，其成本总额固定不变；当业务量增长突破一定范围时，成本总额会突然跃升，并且在新的范围内保持固定不变，在坐标图上其分布呈阶梯状。如检验员、化验员和货运员的工资等（见图 5－6）。

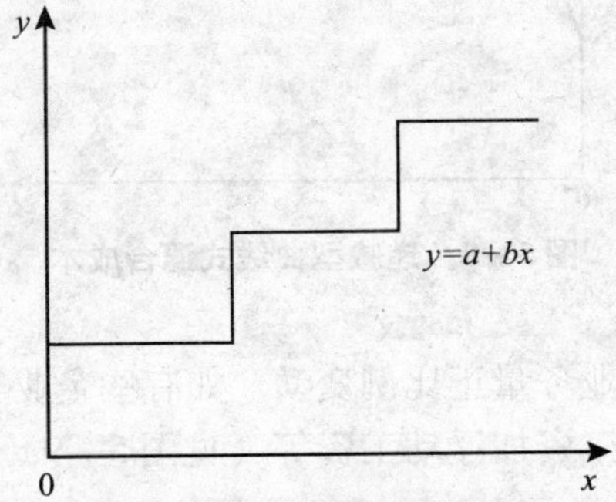

图 5－6　阶梯式混合成本

3. 曲线式混合成本。这类成本通常也有一个基数，是它的固定部分。在基数之上，成本随着业务量的增加而呈非线形增长，这是它的变动部分，在坐标图上呈现为一条抛物线。该抛物线又可分为递增型曲线和递减型曲线，递增型曲线的成本增长幅度随着业务量的增长呈现出更大幅度的增长，递减型曲线的成本增长幅度小于业务量的增长幅度（见图 5－7、图 5－8）。

4. 延期变动成本。在一定业务量范围内，这类成本的总额保持不变，

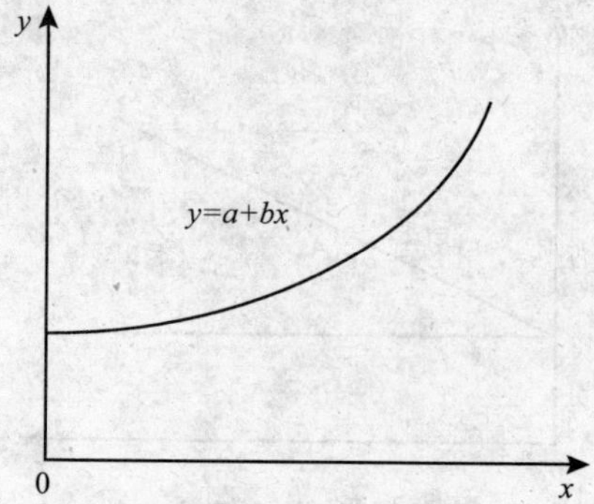

图 5－7 递增型曲线式混合成本

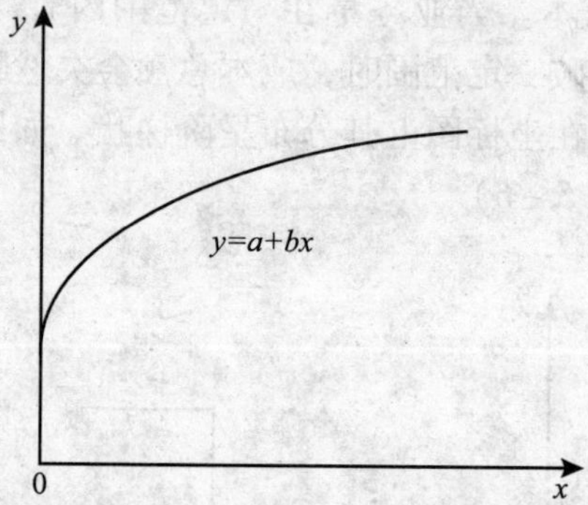

图 5－8 递减型曲线式混合成本

超出这一范围，则随业务量正比例变动。如有些企业实行固定工资加超额计件奖励工资、基本工资加浮动工资等（见图 5－9）。

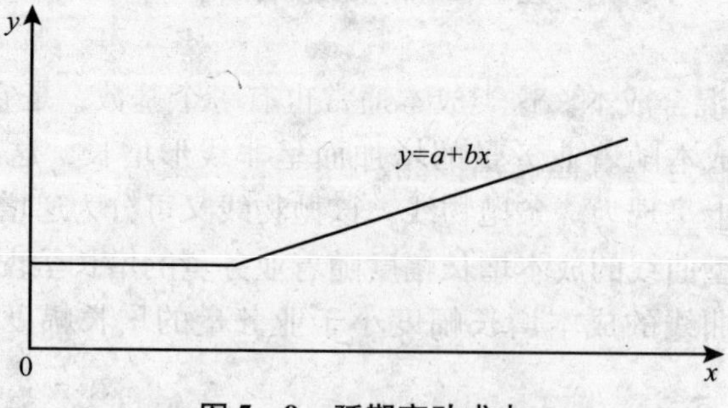

图 5－9 延期变动成本

（四）成本性态的相关范围

在成本按照性态进行分类时，我们提到过“一定时期”、“一定业务量范围”，这就是相关范围。在相关范围内，各种成本的性态都将存在。但如果超出相关范围，成本的性态就有可能发生变化，固定成本将不再固定，变动成本也不是正比例变动的。如固定成本会因技术进步、生产能力或物价的变动而发生变动，变动成本总额会因物价、工艺设计、工人劳动熟练程度、合格品率的变化而不再表现为一条正比例直线方程式。各类成本的特性都是在相关范围内存在的，它们具有相对性、暂时性和可转化性的特点。

三、混合成本的分解

因为混合成本与业务量之间的关系无法直接表现出来，必须将其中的固定部分与变动部分分解开来，分别归入固定成本和变动成本，才能建立成本—业务量函数方程式。

混合成本与业务量的变动是非比例关系，可以直接或者间接地用一条直线方程 $y = a + bx$（标准式混合成本方程式）近似地将之描述为线性关系，从而将之分解为固定成本和变动成本。

混合成本方程式：$y = a + bx$

式中，y——混合成本；

a——混合成本中的固定成本；

b——混合成本中的单位变动成本；

x——业务量。

对混合成本的分解方法有高低点法、散布图法、回归直线法、工业工程法、契约检查法、账户分析法等，应采用回归直线法较为精确。所谓回归直线法指的是根据过去一定时期实际发生的业务量与其相关的成本资料，采用最小平方法的原理建立反映混合成本与业务量之间关系的回归直线方程，从而求出混合成本中的固定成本和单位变动成本的一种定量分析方法。计算公式如下：

$$a = \frac{\sum x^2 \sum y - \sum x \sum xy}{n \sum x^2 - (\sum x)^2}$$

$$b = \frac{n\sum xy - \sum x \sum y}{n\sum x^2 - (\sum x)^2}$$

已知 b，则 $a = \dfrac{\sum y - b\sum x}{n}$

已知 a，则 $b = \dfrac{\sum y - na}{\sum x}$

在第四章第五节已经进行过公式推导。

【例 5－3】 某公司 2008 年 1～12 月的机器工作小时、维修费用资料如表 5－3 所示。

表 5－3　　某公司 2008 年 1～12 月的资料　　单位：千小时，千元

月份	1	2	3	4	5	6	7	8	9	10	11	12	合计
工作小时	173	155	181	192	203	224	210	191	233	246	262	258	2 528
维修费用	75	73	77	79	81	85	82	78	86	87	90	88	981

设机器工作小时为自变量 x，维修费用为因变量 y，将表 5－3 的资料加工如表 5－4 所示。

表 5－4　　经过加工过后的某公司资料

月份	x（千小时）	y（千元）	xy	x^2
1	173	75	12 975	29 929
2	155	73	11 315	24 025
3	181	77	13 937	32 761
4	192	79	15 168	36 864
5	203	81	16 443	41 209
6	224	85	19 040	50 176
7	210	82	17 220	44 100
8	191	78	14 898	36 481
9	233	86	20 038	54 289
10	246	87	21 402	60 516
11	262	90	23 580	68 644
12	258	88	22 704	66 564
合　计	2 528	981	208 720	545 558

根据表 5 - 4 数据计算，

$$b=\frac{n\sum xy-\sum x\sum y}{n\sum x^{2}-(\sum x)^{2}}=\frac{12\times 208\ 720-2\ 528\times 981}{12\times 545\ 558-2\ 528^{2}}$$

≈ 0.1582

$$a=\frac{\sum y-b\sum x}{n}=\frac{981-0.1582\times 2\ 528}{12}\approx 48.42$$

根据以上计算结果建立混合成本方程式，得：

$y=48.42+0.16x$

求解结果表明，该公司机器维修成本大致可用上列方程式来模拟。

对于熟悉 Excel 的人来说，使用回归直线法并不复杂，但对于不熟悉 Excel 的人来说其计算比较繁杂，这时我们可使用账户分析法。

账户分析法是财务人员在深刻了解企业运营及其成本模式的情况下，凭借对企业成本的个人经验和理解来确定固定成本和变动成本的方法，这是可以在实务中广泛运用的方法。可以根据某项混合成本的主要成本性态，直接将之归入固定成本或变动成本；也可以直接将某项混合成本的一部分确认为固定成本，另一部分归入变动成本。这种方法的优点是比较简便，缺点是比较粗糙，如果财务人员缺乏正确判断，准确性就低。

以上成本的划分是根据它们与业务量的变动关系来进行的，固定成本在业务量变动时相对不变，而变动成本与业务量成正比例变动。在一定的价格条件下，就有一个盈利起点问题。超过这个起点，除补偿变动成本外，还能收回固定成本，并有息税前盈利；达不到这个起点，就会因为不能收回成本而发生亏损。尽可能多地完成这个起点以上的业务量是企业追求的目标。

第二节　盈亏平衡分析

要分析企业产品成本、产销数量和经营利润之间的互动关系，很自然地，我们先要确定盈亏平衡点，或称保本点。保本点指的是总收入与总成本相等、利润为零的状态。业务量在这一点之上，企业将盈利；在这一点之下，企业将出现亏损。

一、基本指标与方程

进行本量利分析涉及如下基本指标与方程，它们是开展分析的基础概念。

（一）边际贡献

边际贡献（Contribution Margin），又称边际利润、贡献毛益、创利额等。它是销售额与变动成本之间的差额，包含固定成本的回收以及利润两个部分。边际贡献通常可分为单位边际贡献 cm 和边际贡献总额 Tcm。计算公式如下：

$$cm = p - b$$

$$Tcm = px - bx = cm \cdot x$$

式中，p——产品售价；

b——单位变动成本；

x——产品销量。

（二）边际贡献率

边际贡献的相对表现形式是边际贡献率 cmR，它是指单位边际贡献占产品售价的百分比，或边际贡献总额占产品销售额的百分比。计算公式如下：

$$cmR = \frac{cm}{p} \times 100\% = \frac{Tcm}{px} \times 100\%$$

边际贡献率体现每 1 元营业收入所能提供的边际利润。

（三）变动成本率

变动成本率 bR 是指单位变动成本占产品售价的百分比，或变动成本总额占产品销售总额的百分比。计算公式如下：

$$bR = \frac{b}{p} \times 100\% = \frac{bx}{px} \times 100\%$$

变动成本率体现每 1 元营业收入所消耗的变动成本。显然：

$bR = 1 - cmR$

(四) 本量利方程

本量利分析的基本方程式如下：

$E = px - (a + bx) = Tcm - a$

式中，E——目标税前利润；

a——固定成本总额。

若是目标净利润，则将等式两边同乘以 $(1 - t)$ 即可，t 为企业所得税税率。所得税是按照利润总额及其适用税率计算缴纳，不属于成本概念，不是企业的成本。

通常假定售价、固定成本总额和单位变动成本为常量，若已知某一特定期间的产销量可达到某一水平时，即可依据上述关系式计算出可实现的目标利润。

下面加以举例说明上述各指标的计算。

由于固定成本和变动成本的数据在财务会计的利润表中并不做反映，因此必须对利润表中的成本费用重新分为两大类，按固定成本和变动成本来排列。当然，之前要先将混合成本分解为固定成本和变动成本。

【例 5－4】 D 公司已将成本费用按其性态重新划分，并已分解了混合成本。表 5－5 是对 D 公司按固定成本和变动成本重新排列的利润表，该表不但分解了产品生产成本，而且分解了销售费用、行政管理费用等期间成本，将全部成本分为固定成本和变动成本两部分（该表简略，只是举例说明问题）。

表 5－5　　　　**利　润　表**

编制单位：D 公司　　　　2008 年 12 月　　　　单位：万元

项　　目	金额	固定成本	变动成本
直接材料	29 200		29 200
直接人工	5 800		5 800
租金	800	800	
公用事业费	720		720
维修费	140	40	100
折旧费	4 800	4 800	

续表

项　目	金额	固定成本	变动成本
间接人工	930	670	260
车间用品	330		330
保险费	220	220	
职工福利费			
属直接人工	780		780
属间接人工	120	80	40
办公费	340	340	
办公人员工资	290	290	
管理人员工资	3 430	3 430	
销售提成	1 730		1 730
销售费用	2 710	2 710	
其他管理费用	860	520	340
成本总额	53 200	13 900	39 300
营业收入	58 800		
减：变动成本	39 300		
边际贡献	19 500		
减：固定成本	13 900		
息税前利润	5 600		

假设 D 公司只生产一种产品，单位产品售价 $p=6\ 000$ 元，则产销量 $x=588\ 000\ 000\div 6\ 000=98\ 000$（件），固定成本总额 $a=13\ 900$ 万元，单位变动成本 $b=393\ 000\ 000\div 98\ 000\approx 4\ 010$（元），则：

单位边际贡献 $cm=p-b=6\ 000-4\ 010=1\ 990$（元）

边际贡献总额 $Tcm=cm\cdot x=1\ 990\times 98\ 000=195\ 020\ 000$（元）

$$边际贡献率\ cmR=\frac{cm}{p}\times 100\%=\frac{1\ 990}{6\ 000}\times 100\%\approx 33\%$$

$$变动成本率\ bR=\frac{b}{p}\times 100\%=1-cmR=1-33\%=67\%$$

二、盈亏平衡分析

盈亏平衡点（BEP，Breakeven Point），也称保本点，是指企业处于保本状态下的业务量点，此时边际贡献总额等于固定成本总额。则：

$E=px-(a+bx)=Tcm-a=0$

$$x(\mathrm{BEP})=\frac{a}{p-b}=\frac{a}{cm}$$

$$px(\mathrm{BEP})=\frac{a}{p-b}\cdot p=\frac{a}{cm}\cdot p=\frac{a}{cmR}=\frac{a}{1-bR}$$

保本点有两种表现形式：一种是实物量，即保本销售量；另一种是货币量，即保本销售额。在单一品种生产条件下，既可以表现为保本销售量，也可以表现为保本销售额；在多品种生产条件下，虽然可以计算出各种产品的保本销售量，但品种不同不能相加，因此总的保本点只能表现为保本销售额。

（一）单一品种保本点的计算

【例 5-5】 承前例 5-4，计算 D 公司保本销售量及保本销售额如下：

$$x(\mathrm{BEP})=\frac{a}{cm}=\frac{139\ 000\ 000}{1\ 990}\approx 69\ 849\text{（件）}$$

$$px(\mathrm{BEP})=6\ 000\times 69\ 849=419\ 094\ 000\text{（元）}$$

将成本、销量、利润的关系反映在直角坐标系中，即成为本量利图，因它能直观地显示出企业不盈利也不亏损时应达到的产销量，也称盈亏平衡图。至此，我们可以绘制 D 公司盈亏平衡图如图 5-10 所示。

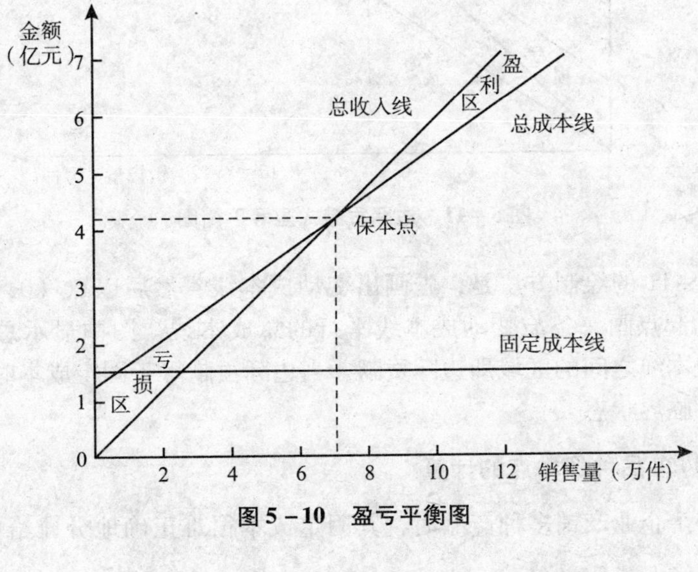

图 5-10　盈亏平衡图

图 5－10 的绘制方法如下：

1. 在销售量轴上任选一数字（如 98 000 件），其相应的销售额为 58 800 万元，将该点标于坐标系中，以直线将该点与圆点连接，即形成总收入线。

2. 以固定成本总额为截距，任选一点销售量（如仍为 98 000 件），其相应的成本总额为 53 200 万元，将该点标于坐标系中，以直线连接该点与截距，即形成总成本线。

3. 总收入线与总成本线的交点即为保本点。保本点在横轴上的投影即为保本销售量，在纵轴上的投影即为保本销售额。本例保本销售量为 69 849 件，保本销售额为 419 094 000 元。

图 5－10 称为基本盈亏平衡图，也可绘制边际贡献式的本量利图，如图 5－11 所示。

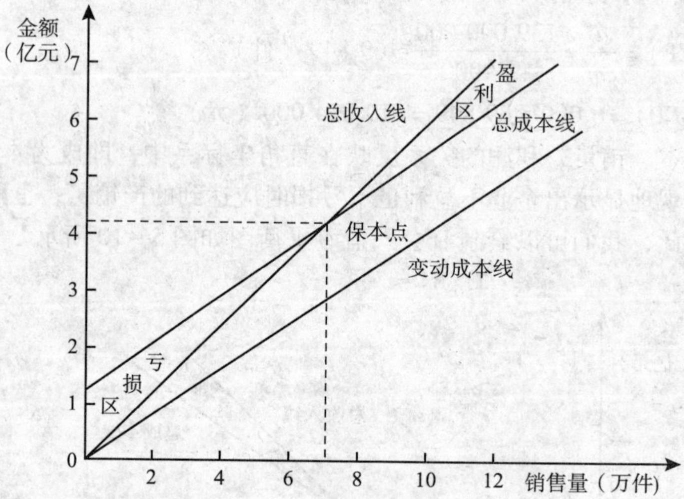

图 5－11　边际贡献式盈亏平衡图

图 5－11 的绘制方法是，先画出变动成本线，然后以点（0，固定成本值）为起点画一条与变动成本线平行的总成本线。图中显示总收入线与变动成本线之间的区域即边际贡献，当边际贡献等于固定成本时，企业处于盈亏临界状态。

（二）多品种保本点的计算

当一个企业产销多种产品时，其固定成本很难正确地分摊给各产品，在这种情况下，一般应用加权平均边际贡献率法来确定全年的综合盈亏平衡点。各种产品的销售结构比例是可以计算或预计的，以此为出发点再确定各种产品的盈亏平衡点。计算公式如下：

$$加权平均边际贡献率=\frac{\sum 各种产品边际贡献}{\sum 各种产品销售额}\times 100\%$$

$$=\frac{\sum (cm\cdot x)}{\sum (p\cdot x)}\times 100\%$$

$$或=\sum（各种产品边际贡献率\times 各种产品销售比重）=\sum_{i=1}^{n}(cmR\cdot W_i)$$

$$某种产品销售比重\ W_i=\frac{该种产品销售额}{\sum 各种产品销售额}$$

$$综合保本销售额=\frac{固定成本总额}{加权平均边际贡献率}$$

【例5－6】某公司生产A、B、C三种产品，2009年预计销量、单价及成本资料如表5－6所示。

表5－6　　销量、单价与成本　　单位：元

项目＼产品	A	B	C
预计销量（件）	200 000	400 000	800 000
单位售价（元）	50	40	25
单位变动成本（元）	30	25	15
固定成本总额（元）	5 400 000		

将表5－6资料整理如表5－7所示。

表5－7　　收入、成本与边际贡献　　单位：%

项目＼产品	A	B	C	合　计
营业收入（元）	10 000 000	16 000 000	20 000 000	46 000 000
变动成本总额（元）	6 000 000	10 000 000	12 000 000	28 000 000
边际贡献（元）	4 000 000	6 000 000	8 000 000	18 000 000
边际贡献率（%）	40	37.5	40	
固定成本（元）				5 400 000
销售比重（%）	40	35	25	

根据表 5－7 计算加权平均边际贡献率和综合保本销售额。

$$\text{加权平均边际贡献率}=\frac{18\ 000\ 000}{46\ 000\ 000}\times 100\%=39.13\%$$

或 $=40\%\times 40\%+37.5\%\times 35\%+40\%\times 25\%$

$=39.13\%$

综合保本销售额 $=5\ 400\ 000\div 39.13\%=13\ 800\ 000$（元）

综合保本销售额确定以后，可以按产品的销售比重和单位售价计算各种产品的盈亏平衡点。

某种产品保本销售额＝综合保本销售额×该种产品销售比重

$$\text{某种产品保本销售量}=\frac{\text{该种产品保本销售额}}{\text{该种产品单位售价}}$$

该公司 A、B、C 三种产品的盈亏平衡点分别为：

A 产品保本销售额 $=13\ 800\ 000\times 40\%=5\ 520\ 000$（元）

保本销售量 $=5\ 520\ 000\div 50=110\ 400$（件）

B 产品保本销售额 $=13\ 800\ 000\times 35\%=4\ 830\ 000$（元）

保本销售量 $=4\ 830\ 000\div 40=120\ 750$（件）

C 产品保本销售额 $=13\ 800\ 000\times 25\%=3\ 450\ 000$（元）

保本销售量 $=3\ 450\ 000\div 25=138\ 000$（件）

多品种企业的本量利图，其横轴不能使用销售量表示，只能使用销售额表示，这种图也可用于单一产品企业。根据例 5－6 的有关资料绘制的基本盈亏平衡图如图 5－12 所示。

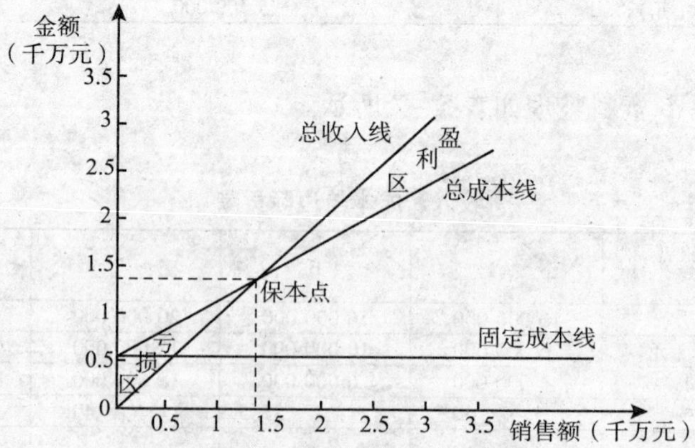

图 5－12　多品种盈亏平衡图

图5－12的绘制方法如下：

1. 从原点按45°角画出总收入线。

2. 任选一点销售额（如表5－7中合计营业收入46 000 000），其相应的成本总额为33 400 000元（28 000 000＋5 400 000），将该点标示于坐标系中，连接该点与点0（固定成本值），即形成总成本线。

3. 总收入线与总成本线的交点即为保本点，本例保本销售额为13 800 000元。

多品种盈亏平衡图反映的是企业综合的本量利关系。

盈亏平衡分析基于成本的运行、产品的组合及对不同顾客的售价等均不变的假设，但在现实中可能并非总是如此，因此这种分析方法是有其局限性的。

三、盈亏平衡点的关联指标

（一）安全边际与安全边际率

1. 安全边际（Margin of Safety）。是指实际或预计销售量（额）超过保本销售量（额）后的差额。计算公式如下：

安全边际量＝销售量－保本销售量

安全边际额＝销售额－保本销售额

显然，安全边际额＝安全边际量×单位产品售价。

2. 安全边际率。是指安全边际量（额）与实际或预计销售量（额）之比。计算公式如下：

$$安全边际率=\frac{安全边际量（额）}{销售量（额）}\times 100\%$$

显然，企业的安全边际与安全边际率越大，发生亏损的可能性越小。

【例5－7】某公司只生产一种产品，预计计划期间该产品产销量$x=$ 10万件，单位产品售价$p=50$元/件，单位变动成本$b=20$元/件，固定成本总额$a=180$万元。则：

$$保本销售量=\frac{a}{p-b}=\frac{1\ 800\ 000}{50-20}=60\ 000（件）$$

保本销售额＝60 000×50＝3 000 000（元）

安全边际量 = 100 000 - 60 000 = 40 000（件）

安全边际额 = 40 000 × 50 = 2 000 000（元）

$$安全边际率 = \frac{40\ 000}{100\ 000} \times 100\% = 40\%$$

（二）安全边际与税前利润

当企业的业务量在保本点以上时，其边际贡献即为利润。即：

税前利润 = 安全边际量 × 单位边际贡献 = 安全边际额 × 边际贡献率

税前利润率 = 安全边际率 × 边际贡献率

【例5-8】 承前例5-7，则：

税前利润 = 40 000 ×（50 - 20）= 1 200 000（元）

$$税前利润率 = 40\% \times \frac{50-20}{50} \times 100\% = 24\%$$

（三）保本作业率

保本作业率是指保本销售量（额）与正常生产经营情况下的销售量（额）之比率。计算公式如下：

$$保本作业率 = \frac{保本销售量（额）}{正常生产经营销售量（额）} \times 100\%$$

多数企业的生产经营能在正常经营条件下完成其计划的业务量，保本作业率是表明企业保本业务量占正常生产经营业务量多大的比重。

【例5-9】 承前例5-7，假定该公司正常生产经营销售量为10万件，则：

$$保本作业率 = \frac{60\ 000}{100\ 000} \times 100\% = 60\%$$

第三节　利润规划分析

利润规划分析（Analysis of Profit Planning），是分析企业要实现目标利润应实现的产销量、应控制的成本水平和应制定的价格水平等。它是本量利发生变动时相互影响的一种定量分析，是本量利分析中最常用的一项内容。

理论上为便于分析，先设定目标利润，之后逐个分析产销量、成本、价格等因素和目标利润的关系，当分析其中一个因素和目标利润之间的关系时，假定其他因素是已知或不变的。当然，在企业生产经营实践中诸因素与利润之间的关系更为复杂。

一、保利分析

（一）保利产销量

保利产销量即为实现目标利润应实现的产销量，根据本量利分析的基本方程式，推导其计算公式如下：

$$E = px - (a + bx)$$

则：

$$x = \frac{a+E}{p-b} = \frac{a+E}{cm}$$

$$px = \frac{a+E}{p-b} \cdot p = \frac{a+E}{cmR}$$

【例5－10】 承前例5－4，D公司只生产一种产品，单位产品售价 p 为6 000元，单位变动成本 b 为4 010元，固定成本总额 a 为13 900万元，单位边际贡献 cm 为1 990元，边际贡献率 cmR 为33%。当产销量 x 为98 000件时，营业收入为58 800万元，息税前利润为5 600万元。若计划年度目标利润确定为6 500万元，预计产品售价、劳动生产率和变动成本均不会变动，则实现目标利润需要达到的销售量与销售额计算如下：

$$x = \frac{a+E}{cm} = \frac{139\ 000\ 000 + 65\ 000\ 000}{1\ 990} \approx 102\ 513 \text{（件）}$$

$$px = 6\ 000 \times 102\ 513 = 615\ 078\ 000 \text{（元）}$$

以上介绍的是单一品种产品的保利分析，下面介绍多品种产品的保利分析。

当企业生产经营多种产品时，实现目标利润的销售额通过加权平均边际贡献率计算。计算公式如下：

$$实现目标利润的销售额=\frac{固定成本总额+目标利润总额}{加权平均边际贡献率}$$

某种产品销售额＝实现目标利润的销售额×该种产品销售比重

$$某种产品销售量=\frac{该种产品销售额}{该种产品单位售价}$$

【例5－11】 某公司生产A、B两种产品，A产品单价为40元，单位变动成本为24元，B产品单价为64元，单位变动成本为40元。计划期固定成本总额为19 200 000元，A、B两种产品的预计销售额占总销售额的比重分别为70%和30%，目标利润为12 000 000元，实现目标利润的营业收入和每种产品的销售量（省略至万位数）计算如下：

$$A产品边际贡献率=1-\frac{v}{p}=1-\frac{24}{40}=40\%$$

$$B产品边际贡献率=1-\frac{40}{60}=37.5\%$$

加权平均边际贡献率＝40%×70%＋37.5%×30%＝39.25%

$$实现目标利润的销售额=\frac{19\ 200\ 000+12\ 000\ 000}{39.25\%}$$

$$=79\ 490\ 000（元）$$

保证目标利润实现的A、B两种产品的销售额和销售量计算如下：

A产品销售额＝79 490 000×70%＝55 640 000（元）

销售量＝55 640 000÷40＝1 390 000（件）

B产品销售额＝79 490 000×30%＝23 850 000（元）

销售量＝23 850 000÷64＝370 000（件）

上述目标利润是指税前利润，若所指的目标利润为净利润，则可根据税前利润与净利润之间的关系推导而得，之后直接代入上述公式，两者的关系如下：

$$税前利润=\frac{净利润}{1-所得税税率}$$

净利润＝税前利润×(1－所得税税率)

（二）保利成本

当产品的售价和销售量受到市场条件的制约，而按照目前的成本水平又无法实现目标利润时，需要将成本降低并控制在一定的水平来实现目标利润，此时的变动成本或固定成本应是多少，这是保利成本分析的内容。计算公式如下：

$$\text{应控制的单位变动成本水平}=\frac{\text{营业收入}-\text{固定成本}-\text{目标利润}}{\text{产销量}}$$

$$=\text{单位产品售价}-\frac{\text{固定成本}+\text{目标利润}}{\text{产销量}}$$

$$\text{应控制的固定成本水平}=\text{营业收入}-\text{变动成本}-\text{目标利润}$$

$$=\text{边际贡献}-\text{目标利润}$$

$$=\text{单位边际贡献}\times\text{销售量}-\text{目标利润}$$

【例 5－12】 承前例 5－10，假设 D 公司计划年度只能产销产品 100 000 件，单位产品售价、固定成本和目标利润不变。则实现目标利润应控制的单位变动成本水平为：

$$\text{应控制的单位变动成本水平}=6\ 000-\frac{139\ 000\ 000+65\ 000\ 000}{100\ 000}$$

$$=3\ 960\text{（元）}$$

若变动成本已无从降低，则实现目标利润应控制的固定成本水平为：

$$\text{应控制的固定成本水平}=195\ 020\ 000-65\ 000\ 000$$

$$=130\ 020\ 000\text{（元）}$$

（三）保利价格

当产品的销售量与成本受到市场与生产经营条件的制约时，应通过销售价格来实现目标利润。实现目标利润的销售价格的计算公式如下：

$$\text{实现目标利润的销售价格}=\frac{\text{总成本}+\text{目标利润}}{\text{产销量}}$$

$$=\text{单位变动成本}+\frac{\text{固定成本}+\text{目标利润}}{\text{产销量}}$$

【例 5－13】 承前例 5－10，假设 D 公司最大产销量为 98 000 件，成本与目标利润不变。则实现目标利润的价格水平计算如下：

$$\text{实现目标利润的销售价格}=4\ 010+\frac{139\ 000\ 000+65\ 000\ 000}{98\ 000}$$

$$\approx 6\ 092\text{（元）}$$

（四）扩大销量，降低产品售价、固定成本和变动成本来实现目标利润

【例 5－14】 承前例 5－10，根据市场部门预测，要扩大销量需降价 2%。如此，要实现目标利润必须降低成本。据详细测算，固定成本可降低 400 万元，单位变动成本可降为 4 000 元，则实现 6 500 万元的目标利润需达到的销售量与销售额为：

$$x=\frac{139\ 000\ 000-4\ 000\ 000+65\ 000\ 000}{6\ 000\times(1-2\%)-4\ 000}\approx 106\ 383\text{（件）}$$

$$px=6\ 000\times(1-2\%)\times 106\ 383=625\ 532\ 040\text{（元）}$$

二、相关因素变动对保本、保利点的影响

在企业的生产经营实践中，单位产品售价、单位变动成本、固定成本总额、产销量和产品组合等因素时常变动。当其中一项或几项因素同时发生变动时，将导致保本、保利点的变动。

（一）单位产品售价变动对保本、保利点的影响

当其他条件不变时，单位产品售价提高将导致保本、保利点下降；反之，则导致保本、保利点的提高。因此，单位产品售价与保本、保利点呈反向变动关系。

从一方面看，单位产品售价提高使保本、保利点降低，对企业有利；但提高价格也会使得产销量下降。反之，单位产品售价降低使保本、保利点上升，对企业不利；但降低价格也会使得产销量上升。

（二）单位变动成本与固定成本变动对保本、保利点的影响

当其他条件不变时，成本降低将导致保本、保利点下降；反之，则导致保本、保利点的提高。因此，单位变动成本与固定成本与保本、保利点呈同向变动关系。

（三）产品组合变动对保本、保利点的影响

多品种生产的企业，综合保本销售额与实现目标利润的销售额的大小取决于加权平均边际贡献率，当加权平均边际贡献率提高时，综合保本销

售额与实现目标利润的销售额均会降低；反之，则综合保本销售额与实现目标利润的销售额均会提高。

若各产品边际贡献率不变，加大边际贡献率较高的产品在产品销售收入中的比重，就可以提高综合边际贡献率，综合保本销售额和实现目标利润的销售额均会降低；反之，则综合保本销售额与实现目标利润的销售额均会提高。

一个企业生产经营多种产品，在其有限的市场销售中，更多地销售厚利产品自然最为有利。但各种产品各有其市场空间，并非可以一味地厚利产品多销、薄利产品少销，这样一来，企业产品销售结构也就有其一定的产品组合。有时企业并不停止生产经营微利或无利的产品，是因其能使企业保持齐全的产品规模，同时吸引着厚利产品的销售。

（四）目标利润变动对保本、保利点的影响

从保本点与保利点的计算公式可以看出，在其他条件不变的情况下，目标利润的变动不影响保本点，只影响保利点，目标利润与保利点呈同向变动关系。

本量利分析是一种短期分析方法，不应被孤立使用，而应与其他数据或信息结合运用。从长期来看，固定成本只是相对而言是固定的，也会发生变动，如固定资产的增减会引起折旧费用的增减，管理人员的变动会引起管理费用的增减。

第四节　利润敏感性分析

敏感性分析（Sensitivity Analysis）的应用很广泛，主要是分析一个系统中某个或几个参数发生变化，引起其状态或结果产生相应变化的敏感程度。利润敏感性分析，主要针对影响利润的各参数发生变化时，就其对利润的影响程度。换言之，即利润对其敏感程度所进行的一种分析。

在本章第二节盈亏平衡图中提到了盈亏平衡分析的局限性和所基于的

假设。本量利分析假设的是除待求变量外的其他参数都是确定的，但现实中原材料、产品的价格与原材料、工时的消耗水平等这些外部市场的与企业内部的变化，使得这些参数和以此计算得出的数据都是不确定的。于是需要知道利润对哪一个参数较为敏感，对哪一个参数较不敏感，以便于企业的计划和控制。

一、分析的对象与前提

本量利分析的基本方程式为：

$$E=(p-b)x-a$$

从中可以看出，影响利润的参数主要有四个，即售价、单位变动成本、产销量和固定成本。其中任何一个参数发生变化，都会引起利润发生变化，但所引起的变化程度是不相同的。有的参数略有变动，就会导致利润发生较大幅度的变动，则该参数为高敏感度因素。同样地，有的参数发生变动，但其变动后利润的变化较小，则该参数为低敏感度因素。

为了便于进行敏感性分析，通常设立两个前提：

1. 各参数独立变动。即假定其中任何一个参数发生变化均不会引起其他参数发生变化，这样可以单独地反映出各个参数变化的影响程度。

2. 各参数同等变动幅度。通常设为1%，这样，使得各参数变动与目标值变动之间的指数关系具有同一的可比性。

二、敏感度指标的计算及其相互关系

衡量利润敏感性是通过计算各参数变动的敏感度指标，即敏感系数(Sensitivity Coefficient)。其计算的基本公式如下：

$$敏感系数=\frac{目标值变动指数}{参数值变动指数}$$

下面我们简要举个例子来加以说明，假设各参数均趋向有利于企业经营的方向变动。

【例5－15】E公司只生产一种产品，计划明年产品单价为10元，单位变动成本为3元，固定成本为4 000万元，产销量达到1 000万件。预计明年利润为：

$$E=1\,000\times(10-3)-4\,000=3\,000\text{（万元）}$$

1. 单价的敏感系数（S_1）。设单价增长1%，则：

$$E=1\ 000\times[10\times(1+1\%)-3]-4\ 000=3\ 100\text{（万元）}$$

$$\text{目标值变动指数}=\frac{3\ 100-3\ 000}{3\ 000}\times100\%\approx3.33\%$$

因参数值变动指数设为1%，计算结果表明，$S_1=3.33\%$，价格每上涨1%，利润就提高3.33%，即单价提高0.1元，利润增加100万元。

2. 单位变动成本的敏感系数（S_2）。设单位变动成本降低1%，则：

$$E=1\ 000\times[10-3\times(1-1\%)]-4\ 000=3\ 030\text{（万元）}$$

$$\text{目标值变动指数}=\frac{3\ 030-3\ 000}{3\ 000}\times100\%=1\%$$

计算结果表明，$S_2=1\%$，即单位变动成本降低0.03元，利润增加30万元。

3. 产销量的敏感系数（S_3）。设产销量增长1%，则：

$$E=1\ 000\times(1+1\%)\times(10-3)-4\ 000=3\ 070\text{（万元）}$$

$$\text{目标值变动指数}=\frac{3\ 070-3\ 000}{3\ 000}\times100\%\approx2.33\%$$

计算结果表明，$S_3=2.33\%$，即产销量提高10万件，利润增加70万元。

4. 固定成本的敏感系数（S_4）。设固定成本降低1%，则：

$$E=1\ 000\times(10-3)-4\ 000\times(1-1\%)=3\ 040\text{（万元）}$$

$$\text{目标值变动指数}=\frac{3\ 040-3\ 000}{3\ 000}\times100\%\approx1.33\%$$

计算结果表明，$S_4=1.33\%$，即固定成本降低40万元，利润增加40万元。

根据以上计算得出的敏感系数，我们可以编制利润敏感性分析表，直接列示各参数单独变动后相应的利润值，如表5－8所示。

表5－8　　各参数独立变动敏感分析表　　单位：千元

变动百分比 / 利润 / 项目	－10%	－5%	0	5%	10%
单价	2 000	2 500	3 000	3 500	4 000
单位变动成本	3 300	3 150	3 000	2 850	2 700
产销量	2 300	2 650	3 000	3 350	3 700
固定成本	3 400	3 200	3 000	2 800	2 600

根据表 5－8 中的数值，我们可以描绘出利润敏感性分析图，将表中的变量关系连续性地表现出来，如图 5－13 所示。

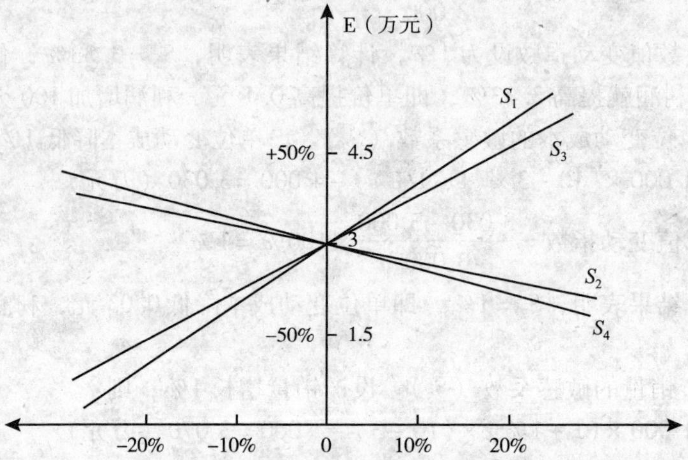

图 5－13　各参数独立变动敏感分析图

在图 5－13 中，横轴表示各参数变动百分比，纵轴表示利润额。图中直线与纵轴的夹角越小，利润敏感性越大。

以上计算结果和图表清楚地显示，利润对价格变动的敏感性最大，产品涨价最能提高企业盈利，同样地，降价也最能减少企业的盈利。本例中，$S_1 > S_3 > S_4 > S_2$。由于各企业的本量利基本方程式中的各参数值不同，所以这种排序不是不变的。通过分析这些敏感系数，在盈利条件下，可以归纳出它们内在的联系，结论如下：

1. 单价的敏感系数总是最大；

2. 单价的敏感系数等于单位变动成本的敏感系数与产销量的敏感系数之和；

3. 产销量的敏感系数不是最小；

4. 产销量的敏感系数与固定成本的敏感系数之差等于 1%。

以上结论 1 可从结论 2、4 中导出，结论 3 可从结论 4 中导出。结论 2、4 可从本量利分析基本方程式推导出：

$$E = (p - b)x - a \qquad (1)$$

设单价提高 1%，利润增加额为 ΔE，则：

$$E+\Delta E=[p\cdot(1+1\%)-b]\cdot x-a \quad (2)$$

式（2）-式（1），得

$$\Delta E=px\cdot 1\% \quad (3)$$

单价的敏感系数

$$S_1=\frac{\Delta E}{E}=\frac{px}{E}\cdot 1\% \quad (4)$$

同样的计算得出，$S_2=\frac{bx}{E}\cdot 1\%$，　$S_3=\frac{Tcm}{E}\cdot 1\%$，　$S_4=\frac{a}{E}\cdot 1\%$

由于 $px=bx+Tcm$，两边同乘以 1%、同除以 E，得：

$$\frac{px}{E}\cdot 1\%=\frac{bx}{E}\cdot 1\%+\frac{Tcm}{E}\cdot 1\% \quad \text{结论 2}$$

又由于 $E+a=Tcm$，两边同乘以 1%、同除以 E，得：

$$1\%+\frac{a}{E}\cdot 1\%=\frac{Tcm}{E}\cdot 1\% \quad \text{结论 4}$$

本小节各参数敏感系数的计算也可直接套用上述公式进行。

三、利润敏感性分析在利润规划中的应用

掌握利润对各参数变动的敏感系数可以应用于利润规划，一是根据各参数在计划期内可能发生的变动率，应用敏感系数计算出目标利润的变动率；二是为实现计划期目标利润的变动率，应用敏感系数计算出某参数应变动的水平。

（一）多个参数同时变动对利润的影响程度

前面讲述了各参数单独变动引起的利润的变化，例如，固定成本在计划期间可能上升 5%，依前例，则利润额将降低 6.7% $\left(\approx\frac{5\%}{1\%}\times 1.33\%\right)$。但我们需要计算多个参数同时变动对利润的影响，计算公式如下：

$$R_0=100\cdot[(R_1+R_3+R_1\cdot R_3)S_1-(R_2+R_3+R_2\cdot R_3)S_2-R_4\cdot S_4]\cdot 100\%$$

式中，R_0——目标利润的变动率；

　　　R_1——单价的变动率；

R_2——单位变动成本的变动率；

R_3——产销量的变动率；

R_4——固定成本的变动率。

以上变动率上升为正数，下降为负数。

【例 5－16】 承前例 5－15，假设 E 公司计划期间产品售价降低 5%，单位变动成本降低 3%，产销量提高 10%，固定成本提高 2%，四个参数同时变动后利润的变动率计算如下：

$$R_0 = 100 \times [(-5\% + 10\% - 5\% \times 10\%) \times 3.33\% - (-3\% + 10\% - 3\% \times 10\%) \times 1\% - 2\% \times 1.33\%] \times 100\%$$

$$\approx 5.63\%$$

计算结果表明，利润将增长 5.63%。也可通过本量利基本方程式求解。

$$E = 1\,000 \times (1 + 10\%) \times [10 \times (1 - 5\%) - 3 \times (1 - 3\%)] - 4\,000 \times (1 + 2\%)$$

$$= 3\,169 \text{（万元）}$$

$$\frac{\Delta E}{E} \times 100\% = \frac{3\,169 - 3\,000}{3\,000} \times 100\% \approx 5.63\%$$

两个结果是相同的，两个结果在小数点两位后的差异是由于在计算敏感系数时四舍五入引起的。

从上述公式可以看出，如果产销量没有变动，即 $R_3 = 0$，则：

$$R_0 = 100 \cdot (R_1 \cdot S_1 - R_2 \cdot S_2 - R_4 \cdot S_4) \cdot 100\%$$

即分别求出单价、单位变动成本、固定成本单独变动引起的利润率的变动值，相加就可得出目标利润的变动率。

但如果产销量发生变动，就不能这样简单相加求其代数和。因为在本章第一节我们分析了成本的性态，在一定的业务量范围内，固定成本总额作为一个常数保持不变，单位固定成本与业务量的变动成反比例关系，变动成本总额与业务量的变动成正比例关系，单位变动成本作为一个常数保持不变。从前面敏感系数的公式可以看出，当产销量发生变动，即 x 变动，E 也相应变动，引起各敏感系数发生变动，也就是说，在不同的产销量水平上，各敏感系数自身是不同的。这样就会产生差异，这时简单相加求其代数和是错误的，只能通过公式计算。

（二）为实现目标利润变动率可采取的各单项措施

从前面对敏感系数的计算不难看出，设定一个目标利润变动率，可以应用敏感系数求出各参数应完成的变动率。计算公式如下：

$$某参数变动率=\frac{目标利润变动率}{该参数敏感系数}\times 1\%$$

式中，提高利润的变动因素为正数，降低利润的变动因素为负数。

【例5-17】 承前例5-15，假如将计划期目标利润修定为3 500万元，则各参数独立应完成的变动率计算如下：

$$R_0=\frac{3\ 500-3\ 000}{3\ 000}\approx 16.67\%$$

$$R_1=\frac{16.67\%}{3.33\%}\times 1\%\approx 5.01\%$$

变动后的价格 $=10\times(1+5.01\%)\approx 10.5$（元）

或　$R_2=\dfrac{16.67\%}{1\%}\times 1\%=16.67\%$

变动后的单位变动成本 $=3\times(1-16.67\%)\approx 2.5$（元）

或　$R_3=\dfrac{16.67\%}{2.33\%}\times 1\%\approx 7.15\%$

变动后的产销量 $=1\ 000\times(1+7.15\%)=1\ 071.5$（万件）

或　$R_4=\dfrac{16.67\%}{1.33\%}\times 1\%\approx 12.53\%$

变动后的固定成本 $=4\ 000\times(1-12.53\%)=3\ 498.8$（万元）

计算结果表明，假如要实现3 500万元的目标利润，可分别采取的措施是：售价提高5.01%，或单位变动成本降低16.67%，或产销量提高7.15%，或固定成本降低12.53%。

四、经营杠杆系数

当产销量单独发生变动时，其变动率一定会小于利润的变动率。原因如前所述，在一定业务量范围内，单位固定成本与业务量的变动成反比例关系。这种现象称为经营杠杆效应。

经营杠杆系数 DOL，就是在一定的产销量水平上，目标利润的变动率是产销量变动率的倍数，计算公式如下：

$$DOL = \frac{R_0}{S_3}$$

很简单地，若已知其中两个值，便可以计算出另一个数值。显然，经营杠杆系数也等于利润对产销量变动的敏感系数 S_3 乘以 100，

$$DOL = S_3 \times 100 = \frac{Tcm}{E}$$

式中，Tcm、E 的值当然是指变动前的数值。

经营杠杆系数不只是利润敏感性分析内容的一部分，在下一章杠杆分析中还要进一步详细阐述。

五、参数变动临界值的计算

以上我们做了为实现目标利润而进行的各参数变动的规划分析，还可以进行盈亏临界状态下各参数变动的临界值的计算。如果各参数均趋向不利于企业经营的方向变动，达到盈亏临界状态，则企业利润为零。敏感性分析的主要内容之一，是提供各参数单独变动的临界值。

1. 单价下降的临界值。设单价下降的临界值为 x，则：

$$E = 1\,000 \times (x-3) - 4\,000 = 0$$

求得，

$$x = 7 \text{（元）}$$

当单价降至 7 元，即降低 30% $\left(=\frac{10-7}{10}\times 100\%\right)$ 时企业利润为零。

2. 单位变动成本上升的临界值。设单位变动成本上升的临界值为 x，则：

$$E = 1\,000 \times (10-x) - 4\,000 = 0$$

求得，

$$x = 6 \text{（元）}$$

当单位变动成本增至 6 元，即增长 100% $\left(=\frac{5-3}{3}\times 100\%\right)$ 时企业利润为零。

3. 产销量下降的临界值。设产销量下降的临界值为 x，则：

$E = x \cdot (10 - 3) - 4\ 000 = 0$

求得，

$x \approx 571$（件）

当产销量降至 571 件，即销售计划只完成约 57% $\left(=\frac{571}{1\ 000}\times 100\%\right)$ 时企业利润为零，也就是盈亏临界点销售量，在本章第二节已经讲述过。

4. 固定成本上升的临界值。设固定成本上升的临界值为 x，则：

$E = 1\ 000 \times (10 - 3) - x = 0$

求得，

$x = 7\ 000$（万元）

当固定成本增至 7 000 万元，即增长 75% $\left(=\frac{7\ 000 - 4\ 000}{4\ 000}\times 100\%\right)$ 时企业利润为零。

以上各参数变动的临界值也可按照为实现目标利润变动率可采取的各单项措施的公式计算，设目标利润变动率为 -100%。

本章小结

1. 本量利（CVP）分析是通过一个数学模型来分析企业产品成本、产销数量和经营利润之间的互动关系。

2. 成本按其性态可分为固定成本、变动成本和混合成本三大类。因为混合成本与业务量之间的关系无法直接表现出来，所以必须将之分解为固定成本和变动成本，才能建立成本—业务量函数方程式。对混合成本的分解，财务分析学上采用一种较为精确的方法——简单回归分析法，当然也可使用会计分析法。

3. 盈亏平衡点分析的主要内容，是确定保本点，即总收入与总成本相等、利润为零的状态。

4. 利润规划分析，是分析企业要实现目标利润应实现的产销量、应控制的成本水平和应制定的价格水平等。

5. 利润敏感性分析，是针对影响利润的各参数发生变化时利润对其敏感程度所进行的一种分析。它以敏感系数来衡量，在利润规划中的应用是它的重要内容。

复 习 题

1. 简述固定成本、变动成本和混合成本的分类。
2. 复述本量利分析的基本方程式。
3. 复述多品种保本点的计算公式。
4. 复述多品种产品的保利产销量的计算公式。
5. 复述多个参数同时变动对利润的影响的计算公式。

第六章 杠杆分析

杠杆（Lever）是一个力学名词，指的是一根在力的作用下绕着某一固定点转动的硬棒。所谓杠杆作用，是指在杠杆的一端施加压力，杠杆的另一端产生一个大得多的举力。杠杆是一种省力机械，在财务学中则表示弹性，用以度量销售、成本、息税前后利润等因素之间的相互关系，运用杠杆分析可评价企业经营风险与财务风险的大小。

所谓风险（Risk），即是不确定性与正负方向的现实可能性。风险是出现财务损失的可能性，或特定资产实现收益的不确定性。通常将风险与不确定性作为同义语，不做严格区分。以证券投资为例，短期国债收益稳定，被认为是零风险，而公司股票风险高，在牛市和熊市间大幅波动。

风险是不利事件将会发生的概率，随着期权理论及期权定价理论的发展，人们认识到风险并非只是简单地意味着损失，管理得当，潜在的风险不仅不会给企业带来损失，相反还会创造出新的价值。在具体的财务管理活动中，将企业风险分为以下两类：经营风险和财务风险。二者都是常规的企业风险，属于管理型风险，即风险的大小取决于管理水平的高低。

经营风险（Operating Risk），又称营业风险（Business Risk），是企业固有的风险，指的是假设在不考虑债务因素的情况下企业经营上的诸多因素导致利润变动的风险，例如产品需求、售价、成本的稳定性，企业调整价格的能力（Pricing Power，定价能力），开发新产品的能力，固定成本的比重等等。经营风险源于资产结构与经营决策的风险，也即源于投资决策，投资决策决定着资产结构、经营现金流和经营风险。

财务风险（Financial Risk），是指由于使用负债融资（包括优先股）而使企业可能到期无法清偿的风险。财务风险源于资本结构的风险，也即源于融资决策，融资决策决定着资本结构、公司治理结构和财务风险。

杠杆利益与风险是企业经营决策与资本结构决策的一个重要因素，经营决策与资本结构决策需要在杠杆利益与其相关的风险之间进行合理地权衡。杠杆分为经营杠杆和财务杠杆，以及两者的复合使用——综合杠杆。

企业使用经营杠杆和财务杠杆的目的，是要赚取比资产和负债的固定成本更高的利润。但是如果企业使用经营杠杆和财务杠杆赚取的利润低于资产和负债的固定成本，那么反而降低了在不使用杠杆作用的情况下业主本该获得的收益水平。可见，杠杆的使用及其作用的发挥，使企业及其所有者的潜在损益更具多变性，企业的经营风险和财务风险因此而增大了。

第一节　经营杠杆分析

一、经营杠杆的概念

经营杠杆（Operating Leverage），是指在企业经营成本中某一固定成本比重的作用下，产销量变动对利润产生的作用。这里的经营成本包括营业成本、价内销售税金、销售费用、管理费用等。

在企业全部成本中，固定成本所占比重越大，单位固定成本就越高，当产销量变动时，单位固定成本随之反比例变动，导致利润更大幅度的变动。在影响企业经营风险的诸因素中，固定成本比重的影响很重要，常用来衡量经营风险的大小。

企业对生产程序可进行某种程度的控制，也就是说，它既可采用自动化程度较高的生产程序，又可采用自动化程度较低的生产程序。前者的固定成本较高而变动成本较低，后者的固定成本较低而变动成本较高。如果企业采用自动化程度较高的生产程序，其采用的经营杠杆就多，其固定成本的使用程度就高，其在盈亏分析中所表示出的产品销售量就多，并进而影响到企业的息税前利润。

经营杠杆理论主要研究企业经营中固定成本对息税前利润的影响及其动因。企业使用固定成本的资产，使得产销量的某个变化能引起息税前利润的更大程度的变化，就是在使用经营杠杆。

经营杠杆是由于固定成本引起的。显然，当产品售价和单位变动成本不变时，边际贡献变动率等于产销变动率，如果固定成本等于0，则边际贡献等于息税前利润，此时息税前利润变动率与产销变动率之间的比值等于1。但实际上固定成本不可能等于0，并且单位产品所负担的固定成本会随着产销量的变动呈现反比例的变动趋势，即产销量越大，单位产品所负担的固定成本越小，单位产品获利越高；反之，单位产品获利就越低。这就导致息税前利润变动率大于产销变动率，像一个杠杆，当产销量发生变动时，息税前利润就会按一定比例发生更大的变动。这一现象称为经营杠杆，息税前利润变动率与产销变动率的比值称为经营杠杆系数。

二、经营杠杆系数

当产销量 Q 发生变动时，息税前利润（EBIT，Earnings Before Interest and Tax）也随之发生变动。经营杠杆就是由 Q 变动引起的 $EBIT$ 变动百分比与 Q 变动百分比之比值。代数式表示如下：

$$\frac{L(EBIT)}{L(Q)}=\frac{\Delta EBIT}{EBIT}\div\frac{\Delta Q}{Q}$$

式中，$\Delta EBIT$——息税前利润变动额；

ΔQ——产销量变动额。

显然，计算经营杠杆先要计算出变动前后的 $EBIT$，再计算出 $EBIT$ 变动百分比与 Q 变动百分比，最后求其比值。这要分几个步骤，是一个烦琐的过程。

具体的计算不使用上述定义性公式，而是用经营杠杆系数 DOL 来衡量经营杠杆作用的大小。

经营杠杆系数是指息税前利润变动率与产销变动率的比值，或者说息税前利润变动率相当于产销变动率的倍数。它反映了固定成本运用于经营活动的程度，随产销量变化而影响息税前利润的程度。计算公式如下：

$$DOL=\frac{Q(P-v)}{Q(P-v)-F}=\frac{PQ-V}{PQ-V-F}=\frac{EBIT+F}{EBIT}=\frac{C}{EBIT}$$

式中，Q——产品销售量；

P——产品销售单价；

v——单位产品变动成本；

F——固定成本总额；

V——变动成本总额；

PQ——销售额；

C——边际贡献；

$EBIT$——息税前利润。

上列公式显示，只要企业存在固定成本，其经营杠杆系数肯定大于1，即只要企业存在固定成本，企业就存在经营风险，而且，固定成本越高，DOL 也就越大，经营风险也就越高。

上列公式还显示，生产多种产品的企业，在计算经营杠杆系数时，不需将产品分别开来，可通过计算各产品总的边际贡献与企业息税前利润的比值来得出“综合”的经营杠杆。为便于分析，本节中所举例子均假设只生产一种产品。

【例 6-1】 F 公司产品销售量 Q 为 600 万件，产品销售单价 P 为 100 元，单位产品变动成本 v 为 40 元，固定成本总额 F 为 18 000 万元。则经营杠杆系数为：

$$DOL=\frac{600\times(100-40)}{600\times(100-40)-18\,000}=2$$

这显示，在产品销售量 Q 为 600 万件时，Q 每变动 1%，息税前利润 $EBIT$ 就变动 2%，即 Q 每增加 1%，$EBIT$ 就增加 2%；反之则减少 2%。

必须指出的是，企业的经营杠杆系数在不同的产销水平上是不同的，因此某个特定的经营杠杆系数应指明它是在哪个产销水平上来衡量的。

在一定的产销水平上，由于固定成本总额不变，随着产销量的增长，单位产品所负担的固定成本会相对减少。反之，由于经营杠杆的作用，当产销量下降时，息税前利润下降得更快，从而给企业带来经营风险。经营杠杆系数越大，对经营收益和风险的影响越大。

经营杠杆系数表明，DOL 绝对值越大，Q 变动对 $EBIT$ 的影响越大。那么，在企业产销量稳步增长时期，应采用自动化程度较高的生产程序以使用较高的经营杠杆来增强企业的获利能力。反之，在产销量减退或供求市场不稳定的情况下，应采用自动化程度较低的生产程序以实现尽可能多的息税前利润及减少经营风险。但生产程序有其刚性，一般难以进行较大的调整，技术密集型、设备投资大（折旧费等较大）的企业经营风险大，劳动密集型、设备投资小的企业经营风险小。在面对经营决策时，计算经营杠杆系数，对于分析企业的盈利能力与经营风险是十分必要的。

三、经营平衡点

经营杠杆反映的是产销量与息税前利润的关系，它是用以度量产销量与息税前利润之间关系的一种杠杆形式。因此，了解经营平衡点是分析企业风险的重要途径。

所谓经营平衡点，即是使息税前利润等于0的那一点产销量，即

$$Q(P-v)-F=0$$

或：

$$Q=\frac{F}{P-v}$$

【例6－2】承前例6－1，F公司产品销售单价P为100元/件，单位产品变动成本v为40元，固定成本总额F为18 000万元。则经营平衡点为：

$$Q=\frac{18\ 000}{100-40}=300\text{（万件）}$$

在经营平衡点上，经营杠杆无意义，即：

$$DOL=\frac{Q(P-v)}{Q(P-v)-F}=\frac{Q(P-v)}{0}$$

下面分别计算$Q=100$、200、500、1 000万件时，各点的DOL，以了解经营杠杆的特性。

$$DOL(100)=\frac{100\times(100-40)}{100\times(100-40)-18\ 000}=-0.5$$

$$DOL(200)=\frac{200\times(100-40)}{200\times(100-40)-18\ 000}=-2$$

$$DOL(500)=\frac{500\times(100-40)}{500\times(100-40)-18\ 000}=2.5$$

$$DOL(1\ 000)=\frac{1\ 000\times(100-40)}{1\ 000\times(100-40)-18\ 000}\approx 1.43$$

以上计算结果用图形表示如图6－1所示。

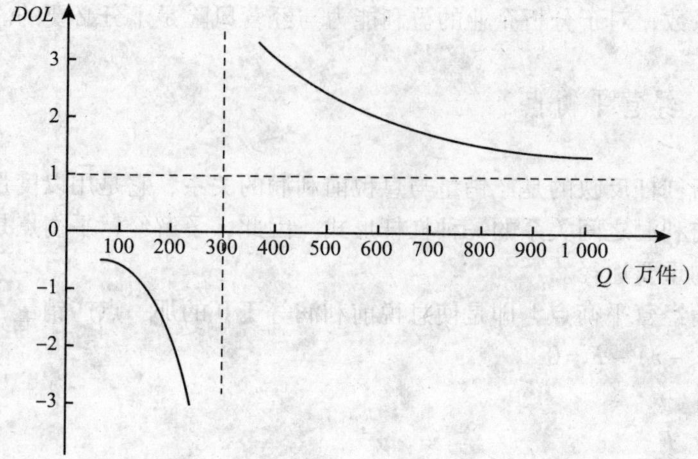

图 6 − 1　经营杠杆

图 6 − 1 显示：

1. 虚线纵轴经过经营平衡点，虚线横轴经过 $DOL=1$，此时，固定成本总额 $F=0$，即 $C=EBIT$。

2. Q 大于经营平衡点时，DOL 为正值；Q 趋于越大时，DOL 趋于 1；Q 与 $EBIT$ 同方向变动。

3. Q 小于经营平衡点时，DOL 为负值；Q 趋于 0 时，DOL 也趋于零；Q 与 $EBIT$ 反方向变动。

4. Q 趋于经营平衡点时，DOL 绝对值趋于越大。

四、经营杠杆分析

经营杠杆主要是显示：当产销量 Q 变动 1% 时，息税前利润 $EBIT$ 的变动幅度。

【例 6 − 3】 承前例 6 − 1，F 公司产品销售量 Q 为 600 万件，产品销售单价 P 为 100 元，单位产品变动成本 v 为 40 元，固定成本总额 F 为 18 000 万元，已计算得经营杠杆系数 DOL 为 2，息税前利润为：

$EBIT=600\times(100-40)-18\,000=18\,000$（万元）

当产品销售量 Q 增加 1%，即由 600 万件增加至 606 万件，则息税前利润 $EBIT$ 将增加 2%。

$EBIT=606\times(100-40)-18\ 000=18\ 360$（万元）

$EBIT$ 增加百分比为：

$$\frac{18\ 360-18\ 000}{18\ 000}\times100\%=2\%$$

不言而喻，$EBIT$ 变动百分比等于 Q 变动百分比与 DOL 的乘积。

【例 6－4】 承前例 6－3，如果 Q 降低 5%，即由 600 万件降低至 570 万件，则 $EBIT$ 降低 10%（$=2\times5\%$）。计算如下：

$EBIT=570\times(100-40)-18\ 000=16\ 200$（万元）

$$\frac{\Delta EBIT}{EBIT}=\frac{16\ 200-18\ 000}{18\ 000}\times100\%\approx-10\%$$

DOL 用以衡量 $EBIT$ 的变动幅度，当 Q 发生变动时，DOL 的绝对值越大，$EBIT$ 的变动幅度越大。凡是企业都有固定成本，所以 DOL 的绝对值均在 1 之上，因此，每当 Q 发生变动时，$EBIT$ 总是以更大的幅度发生变动。

DOL 可应用于财务预测分析，确定企业财务预算报告中 $EBIT$ 预测的偏差的范围。若已知 Q 等因素，即可计算 $EBIT$，DOL 越大，$EBIT$ 预测偏差的范围越大。

【例 6－5】 某公司财务预算报告中预计来年产品销售量 Q 为 8 万件，产品销售单价 P 为 1 万元，单位产品变动成本 v 为 3 500 元，固定成本总额 F 为 30 000 万元。计算经营杠杆系数与息税前利润如下：

$$DOL=\frac{80\ 000\times(10\ 000-3\ 500)}{80\ 000\times(10\ 000-3\ 500)-300\ 000\ 000}\approx2.36$$

$EBIT=80\ 000\times(10\ 000-3\ 500)-300\ 000\ 000=22\ 000$（万元）

计算结果表明，预计 Q 每增加 1%，$EBIT$ 便增加 2.36%；反之则减少 2.36%。

若实际 Q 高于预计数 10%，则实际 $EBIT$ 将高于预计数 23.6%，即当 $Q=8.8$ 万件（$=8+8\times10\%$）时，实际 $EBIT\approx27\ 192$ 万元（$=22\ 000+22\ 000\times23.6\%$）。

若实际 Q 低于预计数 10%，则实际 $EBIT$ 将低于预计数 23.6%，即当 $Q=7.2$ 万件（$=8-8\times10\%$）时，实际 $EBIT\approx16\ 808$ 万元（$=22\ 000-22\ 000\times23.6\%$）。

五、经营杠杆与利润规划

若企业计划期目标利润已定，在其他因素不变的情况下，可依据下列公式计算出为实现目标利润应完成的产销变动率。计算公式如下：

$$\frac{\Delta Q}{Q}=\frac{\Delta EBIT}{EBIT}\div DOL$$

【例6-6】承前例6-3，*F*公司产品销售量*Q*为600万件，经营杠杆系数*DOL*为2，息税前利润*EBIT*为18 000万元。若该公司下一年度目标*EBIT*为20 000万元，则产销量应增长多少？

$$\frac{\Delta EBIT}{EBIT}\div DOL=\frac{20\,000-18\,000}{18\,000}\div 2\approx 5.56\%$$

要实现20 000万元的目标*EBIT*，下一年度产销量应增长5.56%。

第二节　财务杠杆分析

一、财务杠杆的概念

财务杠杆（Financial Leverage），又称融资杠杆、资本杠杆，是指企业在制定资本结构决策时对债务筹资的利用。在负债经营的条件下，企业支付固定不变的费用（如利息）进行筹资的手段就称为财务杠杆。它主要研究总负债和总资产之间的比例及其影响，或总负债和股东资产净值之间的比例及其影响。简言之，当企业使用成本是固定的资金来对企业的资产进行融通，使得息税前利润的某个变化引起息税后利润的更大程度的变化时，就是在使用财务杠杆。企业发挥财务杠杆的作用也被称作“做权益交易”，意即公司以其业主权益为基础来获取成本是固定的资本。

在企业资本结构一定的条件下，企业从息税前利润中支付的债务利息是相对固定的。如果全部资本的利润率高于借贷资本的利息率，借贷资本所创造利润中高于利息部分便会转移至自有资本上，这样，自有资本占资本总额的比例越小，即负债率越高，自有资本的利润率就越大。也就是说，当息税前利润增多时，每1元息税前利润所负担的债务利息就会相应地降低，扣除所得税费用后可分配给企业所有者的利润就会增加，从而给企业所有者带来额外的收益。反之，由于财务杠杆的作用，当息税前利润下降时，净利润下降得更快，从而给企业带来财务风险。

财务风险是指企业的资本结构中债务资本所占比率的变化产生的风险，它由企业的资本结构决定。当企业的负债比率较高时，将承担较大的财务杠杆所带来的收益变动的风险；反之，当企业的负债比率较低时，财务风险就小，然而低风险的资本结构又有可能使企业失去较多的杠杆利益。财务杠杆分析的目的就是在二者之间寻找一个均衡点，帮助实现企业价值的最大化。

进行财务杠杆分析有两个前提：

1. 这里的总负债没有将短期负债和长期负债分开；

2. 这里的财务杠杆的变化是在一定量的投资总额保持不变的情况下发生的。

财务杠杆使用得越多，负债成本则越高，因为企业借债越多，所支付的利息就越多，而增加的利息支付会使企业的税前利润受到影响，从而增加企业的收益风险。而收益风险扩大到一定程度，筹资难度增大，会要求企业付更多的利息并由此导致负债成本的提高。财务杠杆采用得多，负债比例就高，在盈亏分析中所表示出的产品销售量也就多，对企业的息税后利润影响也越大。

简单地说，如果企业运用借入资金所获得的收入高于获取该笔资金所支付的费用，财务杠杆就是成功的；反之则是失败的。

财务杠杆是一柄双刃剑，结合资本成本和企业价值来讲，债务资本成本低于股权资本成本，如果销售额、经营活动现金流量趋于上升，较高的负债率会降低企业的资本成本而增加企业价值与股东财富；相反，如果销售额、经营活动现金流量趋于下降，低资本成本的效益将下降，而无力支付到期债务的风险加大，从而减少企业价值与股东财富。事实上，企业最大的风险，在于销售及收款的下降。

二、财务杠杆效应

所谓财务杠杆效应就是企业资本结构对盈利的影响，企业的资本结构通过财务杠杆起作用，对企业的盈利状况形成重大的影响。财务杠杆的运用产生一笔固定的筹资费用，会导致对企业的业主收益很大的影响。

【例6-7】 G、H、I三家股份公司发行普通股，每股1元，资本总额、息税前利润相同，但负债不同，如表6-1、表6-2、表6-3、表6-4所示。

表6-1 利润率 > 利息率 单位：万元

项　目	G公司	H公司	I公司
普通股本	50 000	70 000	90 000
债务额（利率10%）	50 000	30 000	10 000
资本总额	100 000	100 000	100 000
息税前利润（15%）	15 000	15 000	15 000
债务利息	5 000	3 000	1 000
税前利润	10 000	12 000	14 000
所得税费用（25%）	2 500	3 000	3 500
净利润	7 500	9 000	10 500
普通股每股收益（元）	0. 15	0. 1286	0. 1167

表6-2 利润率 = 利息率 单位：万元

项　目	G公司	H公司	I公司
普通股本	50 000	70 000	90 000
债务额（利率10%）	50 000	30 000	10 000
资本总额	100 000	100 000	100 000
息税前利润（10%）	10 000	10 000	10 000
债务利息	5 000	3 000	1 000
税前利润	5 000	7 000	9 000
所得税费用（25%）	1 250	1 750	2 250
净利润	3 750	5 250	6 750
普通股每股收益（元）	0. 075	0. 075	0. 075

表6－3 0<利润率<利息率 单位：万元

项 目	G公司	H公司	I公司
普通股本	50 000	70 000	90 000
债务额（利率10%）	50 000	30 000	10 000
资本总额	100 000	100 000	100 000
息税前利润（5%）	5 000	5 000	5 000
债务利息	5 000	3 000	1 000
税前利润	0	2 000	4 000
所得税费用（25%）	0	500	1 000
净利润	0	1 500	3 000
普通股每股收益（元）	0	0.0214	0.0333

表6－4 利润率<0 单位：万元

项 目	G公司	H公司	I公司
普通股本	50 000	70 000	90 000
债务额（利率10%）	50 000	30 000	10 000
资本总额	100 000	100 000	100 000
息税前利润（－5%）	－5 000	－5 000	－5 000
债务利息	5 000	3 000	1 000
税前利润	－10 000	－8 000	－6 000
所得税费用（25%）	0	0	0
净利润	－10 000	－8 000	－6 000
普通股每股收益（元）	－0.20	－0.1143	－0.0667

从表6－1、表6－2、表6－3、表6－4中可以看出：

1. 当全部资本利润率高于借贷资本利息率时，自有资本利润率随负债率降低而降低。

2. 当全部资本利润率等于借贷资本利息率时，自有资本利润率不因负债率变化而变化。

3. 当全部资本利润率低于借贷资本利息率、高于零时，自有资本利润率随着负债率的降低而增加。表6－3中G公司全部资本利润率高于5%时自有资本利润率为正值，低于5%时则变为负值。

4. 当全部资本利润率低于零时，负债越少，自有资本亏损越小。

可见，财务杠杆直接影响着业主收益，这种影响不是经营利润变动导致的，而是资本结构不同产生的财务杠杆效应引起的，属于一种理财收益或理财成本。它反映出负债越高的资本结构，财务杠杆效应越大，其业主收益更具波动性，即财务风险更大。

三、财务杠杆系数

财务杠杆所度量的是息税前利润 EBIT 与息税后利润 EAT、普通股每股收益 EPS 之间的数量依存关系。在经营杠杆中，EBIT 为因变量（因产销量的变动而变动）；在财务杠杆中，EBIT 为自变量，以考察其变化导致的 EAT 与 EPS 的变动幅度。

当息税前利润 EBIT 发生变动时，普通股每股收益 EPS 也随之发生变动。财务杠杆就是由 EBIT 变动引起的 EPS 变动百分比与 EBIT 变动百分比之比值。代数式表示如下：

$$\frac{L(EPS)}{L(EBIT)}=\frac{\Delta EPS}{EPS}\div\frac{\Delta EBIT}{EBIT}$$

式中，ΔEPS——普通股每股收益变动额。

具体的计算不使用上述定义性公式，而是用财务杠杆系数（DFL）来衡量财务杠杆的使用程度。

财务杠杆系数是指普通股每股收益变动率与息税前利润变动率的比值，或者说普通股每股收益变动率相当于息税前利润变动率的倍数。它反映了负债成本运用于财务活动的程度，随息税前利润变化而影响普通股每股收益的程度。计算公式如下：

$$DFL=\frac{EBIT}{EBIT-rD}=\frac{EBIT}{EBIT-I}$$

式中，EBIT——息税前利润；

r——加权平均负债利率；

D——总负债；

I——利息。

其中，r 是加权平均数，企业负债有些要付利息（如银行贷款，发行债券等），其余则不需支付利息（如信贷期限内的应付账款、应付票据等），那么总负债 B 的利率 r 就要采用加权平均的方法计算。计算公式如下：

$$r=\sum(\text{某项负债的利率}\times\text{该项负债占总负债的比重})$$

【例 6－8】 某公司息税前利润 EBIT 为 2 000 万元，加权平均负债利率 r 为 10%，总负债 D 为 4 000 万元，则：

$$DFL = \frac{2\ 000}{2\ 000 - 0.1 \times 4\ 000} = 1.25$$

计算结果表明，息税前利润 *EBIT* 每增加 1%，息税后利润 *EAT* 与普通股每股收益 *EPS* 便增加 1.25%；反之则减少 1.25%。

有的公司发行优先股，而优先股红利发放额是相对固定的，与公司债相似。这时，财务杠杆系数用以下公式计算：

$$DFL = \frac{EBIT}{EBIT - I - \frac{PD}{1-t}}$$

式中，*PD*——优先股股利；

t——所得税税率。

由于优先股股利与利息费用不同，它不属于公司所得税的扣除项目，这样，支付 1 元优先股股利要比支付 1 元利息花费更多的 *EBIT*，在方程式中两者必须处于相同的税前基础上，于是将 *PD* 除以（$1-t$）以调整到税前的基础上。

【例 6-9】 *J* 公司息税前盈利 *EBIT* 为 2 000 万元，加权平均负债利率 *r* 为 10%，总负债 *D* 为 4 000 万元，优先股股利 *PD* 为 500 万元，所得税税率 *t* 为 25%，则：

$$DFL = \frac{2\ 000}{2\ 000 - 10\% \times 4\ 000 - \frac{500}{1-25\%}} \approx 2.14$$

上列公式显示，利息与优先股股利，都是固定的筹资费用，可以相加。当企业发行多种融资证券时，可计算综合的财务杠杆。

【例 6-10】 某公司从银行贷款 10 000 万元，利率为 9%。并向外发行多种融资证券，分别为：A 债券 8 000 万元，利率为 10%；B 债券 5 000 万，利率为 11%；A 优先股 3 000 万股，每股股利为 0.12 元；B 优先股 2 000 万股，每股股利为 0.13 元。息税前利润 9 000 万元，所得税税率为 25%，则：

$$I = 10\ 000 \times 9\% + 8\ 000 \times 10\% + 5\ 000 \times 11\% = 2\ 250 \text{（万元）}$$

$$PD = 3\ 000 \times 0.12 + 2\ 000 \times 0.13 = 620 \text{（万元）}$$

$$DFL = \frac{9\ 000}{9\ 000 - 2\ 250 - \frac{620}{1-25\%}} \approx 1.52$$

四、财务平衡点

企业举债融资的目的是为了获取财务杠杆利益，但与此同时也增加了企业的财务风险，为在二者之间寻求均衡，首先需要找到资本成本的保本收益率。如表 6－3 所示，当全部资本利润率等于借贷资本利息率时，自有资本利润率不因负债率变化而变化，这一点称为财务杠杆支点。确定财务平衡点的用处在于，企业可根据其全部资本利润率水平高于或低于财务杠杆支点，做出增加或减少债务来调整资本结构的决策，以利于业主权益。

所谓财务平衡点，是使普通股每股收益等于 0 的息税前利润，如表 6－3 中 G 公司息税前利润为 5 000 万元时，普通股每股收益为 0，这时，EBIT 为 5 000 万元即为 G 公司的财务平衡点。显而易见，当企业没有发行优先股时，财务平衡点 EBIT 等于 I。当企业发行优先股时，财务平衡点为：

$$EBIT = I + \frac{PD}{1-t}$$

【例 6－11】 当利息 I 为 400 万元，优先股股利 PD 为 500 万元，所得税税率 t 为 25% 时，财务平衡点为：

$$EBIT = 400 + \frac{500}{1-25\%} \approx 1\ 066.67\ (\text{万元})$$

在财务平衡点上，财务杠杆没有意义，即：

$$DFL = \frac{EBIT}{EBIT - I - \frac{PD}{1-t}} = \frac{EBIT}{0}$$

下面分别计算 $EBIT = 500$ 万元、800 万元、1 500 万元、1 800 万元时，各点的 DFL，以了解财务杠杆的特性。

$$DFL(500) = \frac{500}{500 - 400 - \frac{500}{1-25\%}} \approx -0.88$$

$$DFL(800) = \frac{800}{800 - 400 - \frac{500}{1-25\%}} \approx -3$$

$$DFL(1\ 500) = \frac{1\ 500}{1\ 500 - 400 - \frac{500}{1-25\%}} \approx 3.46$$

$$DFL(1\ 800)=\frac{1\ 800}{1\ 800-400-\frac{500}{1-25\%}}\approx 2.45$$

以上计算结果用图形表示如图 6－2 所示。

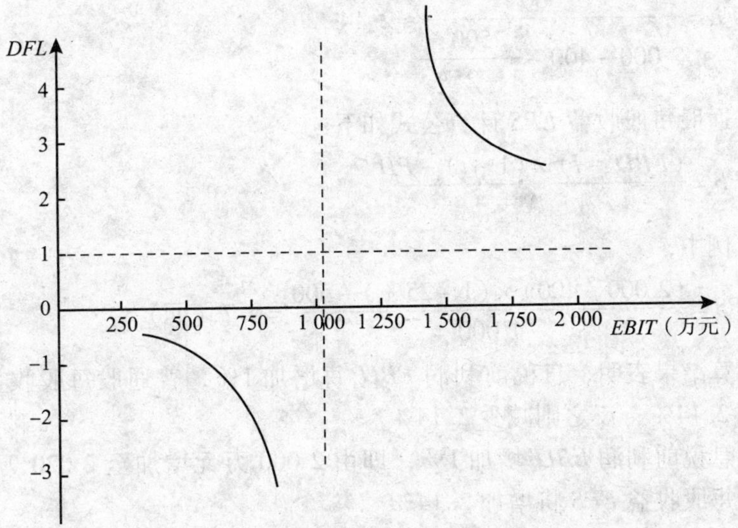

图 6－2　财务杠杆

图 6－2 显示：

1. 虚线纵轴经过财务平衡点。虚线横轴经过 $DFL=1$，此时，$I+\frac{PD}{1-t}=0$，即 $DFL=\frac{EBIT}{EBIT}=1$。

2. *EBIT* 大于财务平衡点时，*DFL* 为正值；*EBIT* 趋于越大时，*DFL* 趋于 1；*EBIT* 与 *EAT*、*EPS* 同方向变动。

3. *EBIT* 小于财务平衡点时，*DFL* 为负值；*EBIT* 趋于 0 时，*DFL* 也趋于零；*EBIT* 与 *EAT*、*EPS* 反方向变动。

4. *EBIT* 趋于财务平衡点时，*DFL* 绝对值趋于越大。

五、财务杠杆分析

财务杠杆主要是显示：当息税前利润 *EBIT* 变动 1% 时，息税后利润

EAT 与普通股每股收益 EPS 的变动幅度。

【例 6－12】 承前例 6－9，J 公司息税前利润 EBIT 为 2 000 万元，利息 I 为 400 万元，优先股股利 PD 为 500 万元，所得税税率 t 为 25%，发行普通股数 N 为 1 000 万股。计算财务杠杆系数与普通股每股收益如下：

$$DFL=\frac{2\ 000}{2\ 000-400-\dfrac{500}{1-25\%}}\approx 2.14$$

普通股每股收益 EPS 计算公式如下：

$$EPS=\frac{(EBIT-I)\times(1-t)-PD}{N}$$

本例中，

$$EPS=\frac{(2\ 000-400)\times(1-25\%)-500}{1\ 000}=0.7\text{（元）}$$

计算结果表明，息税前利润 EBIT 每增加 1%，普通股每股收益 EPS 便增加 2.14%；反之则减少 2.14%。

当息税前利润 EBIT 增加 1%，即由 2 000 万元增加至 2 020 万元时，普通股每股收益 EPS 将增加 2.14%。

$$EPS=\frac{(2\ 020-400)\times(1-25\%)-500}{1\ 000}\approx 0.715\text{（元）}$$

EPS 增加百分比为：

$$\frac{0.715-0.7}{0.7}\times 100\%\approx 2.14\%$$

不言而喻，EPS 变动百分比等于 EBIT 变动百分比与 DFL 的乘积。

【例 6－13】 承前例 6－12，如果 EBIT 降低 5%，即由 2 000 万元降低至 1 900 万元，则 EPS 降低 10.7%（＝2.14×5%）。计算如下：

$$EPS=\frac{(1\ 900-400)\times(1-25\%)-500}{1\ 000}\approx 0.625\text{（元）}$$

$$\frac{\Delta EPS}{EPS}=\frac{0.7-0.625}{0.7}\times 100\%\approx 10.7\%$$

DFL 用以衡量 EPS 的变动幅度，当 EBIT 发生变动时，DFL 的绝对值越大，EPS 的变动幅度越大。一般企业都有向外借款，通常 DFL 的绝对值均在 1 之上，因此，每当 EBIT 发生变动时，EPS 总是以更大的幅度发生变动。

DFL 可应用于财务预测分析，确定企业财务预算报告中 *EAT*、*EPS* 预测偏差的范围。若已知 *EBIT* 等因素，即可计算 *EAT*、*EPS*，*DFL* 越大，*EAT*、*EPS* 预测偏差的范围越大。

【例 6－14】 某公司财务预算报告中预计来年 *EBIT* 为 5 000 万元，利息 I 为 700 万元，优先股股利 *PD* 为 500 万元，所得税税率 t 为 25%，发行普通股股数 N 为 20 000 万股。计算财务杠杆系数与普通股每股收益如下：

$$DFL=\frac{5\ 000}{5\ 000-700-\dfrac{500}{1-25\%}}\approx 1.38$$

$$EPS=\frac{(5\ 000-700)\times(1-25\%)-500}{20\ 000}\approx 0.136\ (\text{元})$$

计算结果表明，预计 *EBIT* 每增加 1%，*EPS* 便增加 1.38%；反之则减少 1.38%。

若实际 *EBIT* 高于预计数 10%，则实际 *EPS* 将高于预计数 13.8%，即当 $EBIT=5\ 500$ 万元（$=5\ 000+5\ 000\times 10\%$）时，实际 $EPS\approx 0.155$ 元（$=0.136+0.136\times 13.8\%$）。

若实际 *EBIT* 低于预计数 10%，则实际 *EPS* 将低于预计数 13.8%，即当 $EBIT=4\ 500$ 万元（$=5\ 000-5\ 000\times 10\%$）时，实际 $EPS\approx 0.117$ 元（$=0.136-0.136\times 13.8\%$）。

第三节 综合杠杆分析

一、综合杠杆的概念

使用经营杠杆时，产品销售量发生变动会影响企业的息税前利润产生更大幅度的变动。如果使用经营杠杆后再使用财务杠杆，息税前利润的变化可因财务杠杆的使用而影响企业的息税后利润。也就是说，当产品处于某一销售量时，先发生经营杠杆对息税前利润的影响，然后再发生财务杠杆对息税后利润的影响。这就是经营杠杆和财务杠杆之间的关系。如果企业同时大量使用经营杠杆和财务杠杆，产品销售量的较小变化会使得息税后利润产生大幅度的变化。

同时使用经营杠杆和财务杠杆，我们称之为综合杠杆。三者之间的关系如图 6－3 所示。

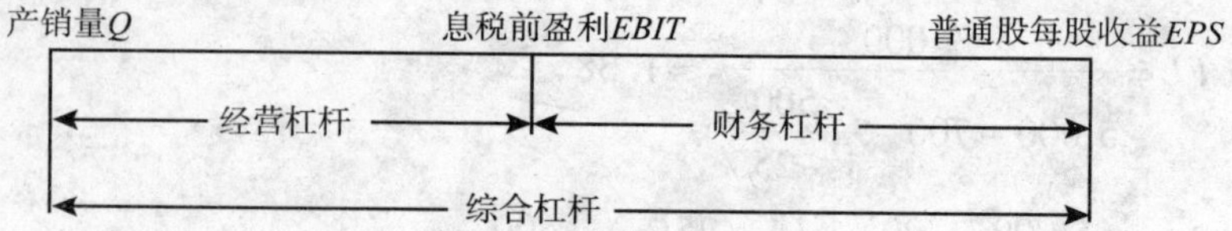

图 6－3　综合杠杆

从图 6－3 中可以看出，

1. 息税前盈利 *EBIT* 是产销量 *Q* 的函数，两者之间的关系使用经营杠杆来度量。

2. 普通股每股收益 *EPS* 是息税前盈利 *EBIT* 的函数，两者之间的关系使用财务杠杆来度量。

3. 普通股每股收益 *EPS* 是产销量 *Q* 的函数（中间隐含着息税前盈利 *EBIT* 变量），两者之间的关系使用综合杠杆来度量。

综合杠杆可用于度量综合风险的大小。所谓综合风险，既包括经营风险，又包括财务风险，它的基本自变量是产销量，最终因变量是普通股每股收益。如果将综合杠杆视为综合风险，那么风险程度最终取决于企业的产销状况。

企业对综合风险可以进行某种程度的控制，即综合杠杆的运用可以有各种不同的组合。经营杠杆使用程度较高的企业可以在较低的程度上使用财务杠杆，经营杠杆使用程度较低的企业可以在较高的程度上使用财务杠杆。这就需要企业综合考虑有关因素，做出具体的选择。

二、综合杠杆系数

上一节列出普通股每股收益 EPS 的计算公式：

$$EPS=\frac{(EBIT-I)\times(1-t)-PD}{N}$$

也可写成：

$$EPS=\frac{[Q(P-v)-F-rD]\times(1-t)-PD}{N}$$

当产销量 Q 发生变动时，普通股每股收益 EPS 也随之发生变动。综合杠杆就是由产销量 Q 变动引起的普通股每股收益 EPS 变动百分比与产销量 Q 变动百分比之比值。代数式表示如下：

$$\frac{L(EPS)}{L(Q)}=\frac{\Delta EPS}{EPS}\div\frac{\Delta Q}{Q}$$

具体的计算不使用上述定义性公式，而是用综合杠杆系数 DCL 来衡量综合杠杆对企业息税后利润 EAT 与普通股每股收益 EPS 的影响。

综合杠杆系数是指普通股每股收益变动率与产销量变动率的比值，或者说普通股每股收益变动率相当于产销量变动率的倍数。它综合反映了固定成本运用于经营活动及负债成本运用于财务活动的程度，随产销量变化而影响普通股每股收益的程度。它是经营杠杆系数与财务杠杆系数的乘积，计算公式如下：

$$DCL=DOL\times DFL=\frac{C}{EBIT}\times\frac{EBIT}{EBIT-I}=\frac{C}{EBIT-I}$$

$$=\frac{Q(P-v)}{Q(P-v)-F-rD}$$

有的公司发行优先股，这时，综合杠杆系数用以下公式计算：

$$DCL=\frac{C}{EBIT-I-\frac{PD}{1-t}}=\frac{Q(P-v)}{Q(P-v)-F-rD-\frac{PD}{1-t}}$$

【例 6-15】 K 公司产品销售量 Q 为 100 万件，产品销售单价 P 为 1 000 元，单位产品变动成本 v 为 350 元，固定成本总额 F 为 50 000 万元，加权平均负债利率 r 为 10%，总负债 D 为 10 000 万元，优先股股利

PD 为 500 万元，所得税税率 *t* 为 25%，发行普通股数 *N* 为 50 000 万股。

$$DCL = \frac{1\ 000\ 000 \times (1\ 000 - 350)}{1\ 000\ 000 \times (1\ 000 - 350) - 500\ 000\ 000 - 10\% \times 100\ 000\ 000 - \frac{5\ 000\ 000}{1 - 25\%}}$$

≈ 4.88

计算结果表明，如果企业的销售量增加 1%，企业普通股每股收益 *EPS* 则增加 4.88%；反之则减少 4.88%。

显然，由于综合杠杆的使用，普通股每股收益会因销售量的增减而发生较大幅度的增减变化。

三、综合平衡点

所谓综合平衡点，是使普通股每股收益等于 0 的产销量，即：

$$EPS = \frac{[Q(P - v) - F - rD] \times (1 - t) - PD}{N} = 0 \text{ 时,}$$

$$Q = \frac{F + rD + \frac{PD}{1 - t}}{P - v}$$

【例 6 - 16】 承前例 6 - 15，计算综合平衡点如下：

$$Q = \frac{500\ 000\ 000 + 10\% \times 100\ 000\ 000 + \frac{5\ 000\ 000}{1 - 25\%}}{1\ 000 - 350} \approx 79.49 \text{（万件）}$$

在综合平衡点上，综合杠杆无意义，即：

$$DCL = \frac{Q(P - v)}{0}$$

下面分别计算 $Q = 40$ 万件、60 万件、120 万件、160 万件时，各点的 *DCL*，以了解综合杠杆的特性。

$$DCL(40) = \frac{400\ 000 \times (1\ 000 - 350)}{400\ 000 \times (1\ 000 - 350) - 500\ 000\ 000 - 10\% \times 100\ 000\ 000 - \frac{5\ 000\ 000}{1 - 25\%}}$$

≈ -1.01

$DCL(60)=$

$$\frac{600\ 000\times(1\ 000-350)}{600\ 000\times(1\ 000-350)-500\ 000\ 000-10\%\times100\ 000\ 000-\dfrac{5\ 000\ 000}{1-25\%}}$$

≈-3.08

$DCL(120)=$

$$\frac{1\ 200\ 000\times(1\ 000-350)}{1\ 200\ 000\times(1\ 000-350)-500\ 000\ 000-10\%\times100\ 000\ 000-\dfrac{5\ 000\ 000}{1-25\%}}$$

≈2.96

$DCL(160)=$

$$\frac{1\ 600\ 000\times(1\ 000-350)}{1\ 600\ 000\times(1\ 000-350)-500\ 000\ 000-10\%\times100\ 000\ 000-\dfrac{5\ 000\ 000}{1-25\%}}$$

≈1.99

以上计算结果用图形表示如图 6－4 所示。

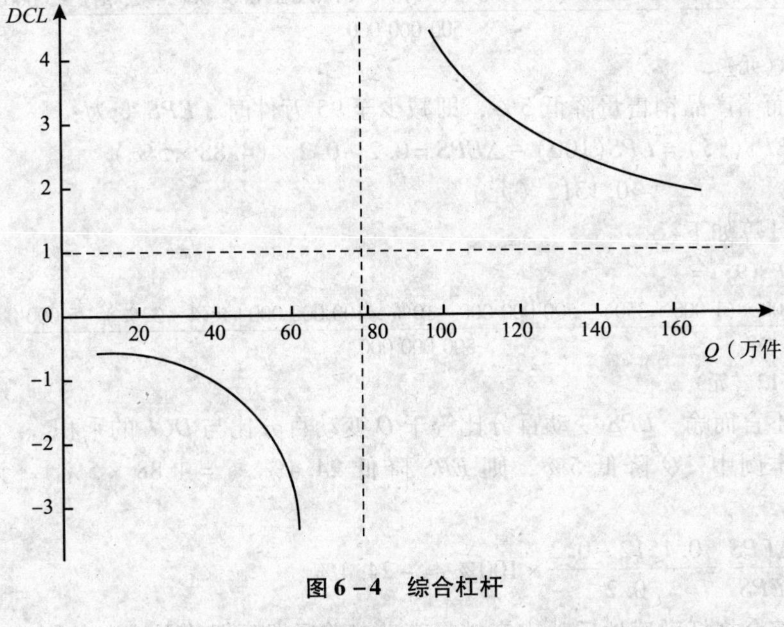

图 6－4　综合杠杆

图 6 – 4 显示：

1. 虚线纵轴经过综合平衡点。虚线横轴经过 $DCL=1$，此时，$I+\frac{PD}{1-t}=0$、$F=0$，即 $C=EBIT$。

2. Q 大于综合平衡点时，DCL 为正值；Q 趋于越大时，DCL 趋于 1；Q 与 EAT、EPS 呈同方向变动。

3. Q 小于综合平衡点时，DCL 为负值；Q 趋于 0 时，DCL 也趋于零；Q 与 EAT、EPS 呈反方向变动。

4. Q 趋于综合平衡点时，DCL 绝对值趋于越大。

四、综合杠杆分析

综合杠杆主要是显示：当产销量 Q 变动 1% 时，息税后利润 EAT 与普通股每股收益 EPS 的变动幅度。

【例 6 – 17】 承前例 6 – 15，产品销售量 Q 为 100 万件时，

$$EPS=\frac{[1\ 000\ 000\times(1\ 000-350)-500\ 000\ 000-10\%\times100\ 000\ 000]\times(1-25\%)-5\ 000\ 000}{500\ 000\ 000}$$
$$=0.2\text{（元）}$$

而当产品销售量降低 5%，即减少至 95 万件时，EPS 变为：

$$EPS(95)=EPS(100)-\Delta EPS=0.2-0.2\times(4.88\times5\%)$$
$$\approx0.1512\text{（元）}$$

计算如下：

$$EPS(95)=\frac{[950\ 000\times(1\ 000-350)-500\ 000\ 000-10\%\times100\ 000\ 000]\times(1-33\%)-5\ 000\ 000}{500\ 000\ 000}$$
$$\approx0.1512\text{（元）}$$

不言而喻，EPS 变动百分比等于 Q 变动百分比与 DCL 的乘积。

本例中，Q 降低 5%，则 EPS 降低 24.4%（$=4.88\times5\%$）。计算如下：

$$\frac{\Delta EPS}{EPS}=\frac{0.1512-0.2}{0.2}\times100\%\approx-24.4\%$$

综合杠杆敏感地反映出产销量变动对普通股每股收益产生的影响。当

有关因素如固定成本、利息等同时发生变化时，综合杠杆对此相当敏感，常常反应强烈。

【例 6－18】 L 公司产品销售量 Q 为 1 万件，产品销售单价 P 为 1 万元，单位产品变动成本 v 为 4 000 元，固定成本总额 F 为 4 000 万元，加权平均负债利率 r 为 10%，总负债 D 为 1 000 万元，则：

$C = 6\ 000$ 万元、$EBIT = 2\ 000$ 万元、$I = 100$ 万元

$$DOL = \frac{C}{EBIT} = 3$$

$$DFL = \frac{EBIT}{EBIT - I} \approx 1.05$$

$$DCL = DOL \times DFL = 3 \times 1.05 = 3.15$$

该公司从银行借款 3 000 万元购入 10 台新的机器设备以更新换代。新机器投产后，固定成本总额升至 6 000 万元，单位变动成本变为 2 000 元，利息费用升为 400 万元，当产销量仍为 1 万件时：

$C = 8\ 000$ 万元、$EBIT = 2\ 000$ 万元

$DOL = 4$

$DFL = 1.25$

$DCL = 4 \times 1.25 = 5$

综合杠杆对投资与融资决策的反应敏感，因此，对经营杠杆与财务杠杆的使用与组合应审慎权衡。一般来讲，经营杠杆与财务杠杆不适宜采用高、高搭配，即总资产中固定资产投资的比重很大的企业不适宜负担高负债率，否则风险太大。

DCL 可应用于财务预测分析，确定企业财务预算报告中 EAT、EPS 预测偏差的范围。若已知 Q 等因素，即可计算 EAT、EPS，DCL 越大，EAT、EPS 预测偏差的范围越大。

【例 6－19】 承前例 6－18，L 公司财务预算报告中预计来年产销量 Q 为 1.2 万件，产品销售单价 P 为 1 万元，单位产品变动成本 v 为 2 000 元，固定成本总额 F 为 6 000 万元，利息 I 为 500 万元，所得税税率 t 为 25%，计算综合杠杆系数与息税后利润如下：

$$DCL = \frac{Q(P - v)}{Q(P - v) - F - I}$$

$$=\frac{12\ 000\times(10\ 000-2\ 000)}{12\ 000\times(10\ 000-2\ 000)-60\ 000\ 000-5\ 000\ 000}$$

$$\approx 3.1$$

$$EAT=[Q(P-v)-F-I]\times(1-t)$$

$$=[12\ 000\times(10\ 000-2\ 000)-60\ 000\ 000-5\ 000\ 000]\times(1-25\%)$$

$$=2\ 325\text{（万元）}$$

计算结果表明，预计 Q 每增加 1%，EAT 便增加 3.1%；反之则减少 3.1%。

若实际 Q 高于预计数 10%，则实际 EAT 将高于预计数 31%，即当 Q = 1.32 万件（=1.2 + 1.2 × 10%）时，实际 EAT = 3 045.75 万元（=2 325 + 2 325 × 31%）。

若实际 Q 低于预计数 10%，则实际 EAT 将低于预计数 31%，即当 Q = 1.08 万件（=1.2 − 1.2 × 10%）时，实际 EPS = 1 604.25 万元（=2 325 − 2 325 × 31%）。

本章小结

1. 杠杆是一种省力机械，在财务学中则表示弹性，用以度量销售、成本、息税前后利润等因素之间的相互关系，运用杠杆分析可评价企业经营风险与财务风险的大小。

2. 经营杠杆理论主要研究企业经营中固定成本对息税前利润的影响及其动因。企业使用固定成本的资产，使得产销量的某个变化能引起息税前利润的更大程度的变化时，就是在使用经营杠杆。

3. 当企业使用成本是固定的资金来对企业的资产进行融通，使得息税前利润的某个变化引起息税后利润的更大程度的变化时，就是在使用财务杠杆。使用财务杠杆会带来收益变动的风险，即企业的资本结构中债务资本所占比率的变化产生的风险。财务杠杆分析的目的就是在杠杆利益与财务风险之间寻找一个均衡点，帮助企业实现价值的最大化。

4. 同时使用经营杠杆和财务杠杆，我们称之为综合杠杆。综合杠杆的使用会使得产品销售量的较小变化引起息税后利润产生大幅度的变化。

综合杠杆可用于度量综合风险的大小，如果将综合杠杆视为综合风险，那么风险程度最终取决于企业的产销状况。

复　习　题

1. 什么是经营杠杆？复述经营杠杆系数的计算公式。
2. 什么是财务杠杆？复述财务杠杆系数的计算公式。
3. 什么是综合杠杆？复述综合杠杆系数的计算公式。

第七章　资 本 分 析

资本，广义地讲，指的是企业的投资总额，包括负债和所有者权益。但狭义的资本仅指企业的长期资本，即长期负债和所有者权益。财务分析学上所作的资本分析指的是狭义的资本概念，即长期资本分析。短期的借贷款项通常不涉及企业重大的投资、融资决策，而预收账款、应付账款、应付票据等由于结算等原因滞留在企业的资金，更多的是一种债务关系的处理，与资本决策没有关联。

资本分析，是对企业资本成本、资本结构和长期资本投资的分析，以寻求企业财务资源的最优配置。

第一节　资本成本分析

一、资本成本的概念

资本成本（Capital Cost），是财务学中内涵最为丰富的一个概念，它与资本结构、所有者权益、投资项目的绩效评估、股东财富最大化的财务目标等概念紧密联系。在我国常见的定义是指为取得和使用长期资本而付出的代价，分为资金筹集费和资金占用费。筹集费是筹集过程中发生的各项手续性的费用，是一次性的；占用费是指股息和利息。在西方通常定义为：资本成本是企业为了维持其市场价值和吸引所需资金而在进行项目投资时所必须达到的报酬率，或者，资本成本是企业为了使其股票价格保持不变而必须获得的投资报酬率，显然，这样的定义主要是针对普通股权资本成本。

企业融资分为产权性融资和负债性融资，负债性融资成本是利息、手续费等，可在企业所得税前扣除。产权性融资成本是税后利润分配的项目，从企业角度看是为取得产权性资本所付出的代价，优先股股利是固定的，美国 20 世纪 80 年代中期以后优先股变更为以可调股利为主；普通股股利通常逐年增长，有较固定的增长率；留用利润的资本成本是企业所有者放弃其他投资机会而应得的报酬，其资本成本可比照普通股。

资本成本作为筹资所付出的代价，最终要从利润中得到补偿，它是衡量企业经济效益的最低尺度，也是判断一个新投资项目能否被接受的最低报酬率。

影响资本成本的因素是多方面的，诸如经济环境、证券市场、企业经营与融资状况、项目融资规模等。

资本成本的高低，取决于该项资金的来源。产权性融资成本一般高于负债性融资成本，因为产权性资本风险大，其要求的回报也较高。在产权性融资中，优先股比普通股的风险小、融资成本低，比负债性融资风险大、融资成本高。在负债性融资中，长期负债的成本要高于短期负债，因为长期负债风险较大、受通货膨胀的影响也较大。负债性融资是成本最低的长期资金来源，不仅名义利息率低于优先股，而且利息是所得税前扣除的项目。

在选择筹资方式时，不只要考虑资本成本，如有时股东不希望对企业的控制权受到影响而采用债务资本。企业要决定何种资金运用于何种资产，还要考虑取得资金的难易、偿还条件等。

负债性融资是有一定风险的，许多企业因为不能偿付到期债务而被迫清算。产权性融资对企业而言风险就小得多，因为分派多少股利由企业决定。对企业来说，所有者权益在总资本中所占比例越高，偿债风险越小，但资本成本越高；负债资本在企业资本结构中所占比例越高，偿债风险越大，但资本成本越低。也就是说，财务风险低的资本结构资本成本高，资本成本低的资本结构财务风险高。因此，企业在选择筹资方式时，必须根据企业自身的实际状况在成本与风险之间进行综合的权衡。

二、资本成本的计算

计算资本成本是财务管理活动中一项重要的工作，通常是分别按照债务资本成本、股权资本成本来确定单一资本成本，然后按照资本结构，计算企业总的资本成本。下面分别说明各种不同资金来源的资本成本率及总资本成本率的计算方法。

（一）长期借款资本成本率

长期借款的资本成本率不是其名义利率，利息及手续费属于企业所得税前扣除的项目，因此，其资本成本就是利息及手续费扣除相应的所得税额。计算公式如下：

$$K=\frac{I(1-T)}{L(1-F)}$$

式中，K——贷款资本成本率；

I——贷款年利息；

T——所得税税率；

L——贷款本金；

F——贷款筹资费用率。

如果筹资费用（贷款手续费等）很小，可以忽略不计。

因为 $I=L\cdot R$，R 为贷款年利率，所以公式可简写为：

$$K=\frac{R(1-T)}{1-F}$$

【例 7-1】某公司从银行取得一笔 5 年期贷款 5 000 万元，年利率为 10%，每年付息一次，到期一次还本，筹资费用率为 0.5%，企业所得税税率为 25%。该笔贷款的资本成本率计算如下：

$$K=\frac{10\%\times(1-25\%)}{1-0.5\%}\approx 7.54\%$$

以上计算方法简单，没有考虑货币的时间价值，如果要求精确，可用计算现金流量的方法先得出所得税前资本成本率，再计算税后资本成本率。计算公式如下：

$$L(1-F)=\sum_{t=1}^{n}\frac{I}{(1+K_1)^t}+\frac{P}{(1+K_1)^n} \quad (1)$$

$$K_2=K_1(1-T) \quad (2)$$

式中，T——1，2，3，…，n；

K_1——所得税前贷款资本成本率；

P——第 n 年末应偿还的贷款本金；

K_2——所得税后贷款资本成本率。

公式（1）等号左边是贷款的实际现金流入；右边是各年利息支出的年金现值之和加上到期本金的复利现值，即贷款引起的未来现金流出的现值总额。该公式是将 K 值视为贷款的现金流入等于其现金流出现值的折现率。

承例 7－1，计算如下：

$$5\,000\times(1-0.5\%)=\sum_{t=1}^{5}\frac{5\,000\times10\%}{(1+K_1)^t}+\frac{5\,000}{(1+K_1)^5}$$

查附表二，年金现值系数为 3.7908；查附表一，复利现值系数为 0.6209，则：

$5\,000\times10\%\times3.7908+5\,000\times0.6209-5\,000\times(1-0.5\%)=24.9$（万元）

结果大于零，提高折现率再试。查附表二，折现率为 12%、5 年期的年金现值系数为 3.6048；查附表一，折现率为 12%、5 年期的复利现值系数为 0.5674。则：

$5\,000\times10\%\times3.6048+5\,000\times0.5674-5\,000\times(1-0.5\%)=-335.6$（万元）

结果小于零，使用插值法计算：

$$K_1=10\%+\frac{24.9}{24.9+335.6}\times(12\%-10\%)\approx10.14\%$$

$$K_2=10.14\%\times(1-25\%)\approx7.61\%$$

（二）债券资本成本率

债券资本成本率的计算与贷款资本成本率相同，只是债券的筹资费用（主要是发行债券的手续费等）一般比较高，不能省略。按照一次还本、分期付息的方式，计算公式如下：

$$K=\frac{I(1-T)}{B(1-F)}$$

式中：K——债券资本成本率；

I——债券年利息；

T——所得税税率；

B——债券筹资额；

F——债券筹资费用率。

因为 $I=B\cdot R$，R 为债券年利率，所以公式可简写为：

$$K=\frac{R(1-T)}{1-F}$$

【例 7－2】 某公司按面值发行 3 年期一次还本、每年付息的债券 3 000 万元，年利率为 10%，发行费率为 3%，所得税税率为 25%。该项债券的资本成本率计算如下：

$$K=\frac{10\%\times(1-25\%)}{1-3\%}\approx 7.73\%$$

如果债券溢价或折价发行，则以实际发行价格乘以发行数量作为债券筹资额。

假设公司债券溢价发行 3 500 万元，该债券资本成本率为：

$$K=\frac{3\,000\times 10\%\times(1-25\%)}{3\,500\times(1-3\%)}\approx 6.63\%$$

假设公司债券折价发行 2 500 万元，该债券资本成本率为：

$$K=\frac{3\,000\times 10\%\times(1-25\%)}{2\,500\times(1-3\%)}\approx 9.28\%$$

以上套用公式的计算方法简单，没有考虑货币的时间价值，如果要求精确，也要用计算现金流量的方法先得出所得税前资本成本率，再计算税后资本成本率。其计算公式和前述贷款资本成本率的计算公式（1）、(2) 是相同的：

$$B(1-F)=\sum_{t=1}^{n}\frac{I}{(1+K_1)^t}+\frac{P}{(1+K_1)^n}$$

$$K_2=K_1(1-T)$$

计算方法也是一样的，此不赘述。可调整利率公司债券的资本成本也按上式计算，只是先要将时间的区段和不同的利率进行加权平均计算得出

I 的数值。

以上讲述的是1年以上（不含1年）的长期贷款和债券的资本成本的计算，1年内（含1年）的债务列入营运资本管理，不在长期资本分析之列。但我国企业的银行贷款绝大多数是期限1年以内（含1年）的短期贷款，到期收回或续贷，这时企业需要计算1年期的短期贷款的资本成本，计算方法如上。银行专注于短期贷款的提供，具有一定的国际性，在美国，绝大多数商业银行贷款也不超过1年。

（三）优先股资本成本率

如果不考虑发行手续费等，优先股的资本成本率就是优先股的股息率。如果考虑到手续费、佣金、印刷费等，计算公式如下：

$$K=\frac{R}{P\cdot(1-F)}$$

式中：K——优先股资本成本率；

R——优先股股息；

P——优先股筹资额；

F——优先股发行费用（手续费）率。

【例7-3】某公司发行优先股，股息率为10%，发行费用为筹资总额的5%。则该项优先股的资本成本率计算如下：

$$K=\frac{10\%}{1-5\%}\approx 10.5\%$$

优先股筹资方式运用得较少，通常在发行优先股的公司里，优先股融资金额占股权资本的比重也较小。优先股是一种介于公司债券与普通股之间的混合证券，在性质上更接近于债券。在美国，优先股主要由金融公司、银行、储蓄机构、保险公司、电力公司等发行，按照美国税法，购买公用事业类公司如电力公司优先股的其他公司，所获得的优先股股利的70%是免税的。

以上贷款、债券、优先股的资本成本较易计算，因为这些资金在契约上就记载了利息率、股息率。

（四）普通股资本成本率

这里的普通股指企业新发行的普通股。普通股资本成本率难以计算，一般假定股利逐年增长，有较固定的增长率，计算公式如下：

$$K=\frac{D}{P\cdot(1-F)}+G$$

式中：K——普通股资本成本率；

D——预期年股利额；

P——普通股发行价格；

F——普通股筹资费用率；

G——普通股股利年增长率。

以上讲的是新发行的普通股，股票再发行——已上市公司再融资的增加发行（Additional Offerings）的资本成本率也是相同的计算方法。

【例 7-4】 某公司普通股溢价发行，发行价格为 1.1 元/股，发行费用或发行成本为筹资总额的 11%，期望股利年增长率为 5%。预计第一年股利为 0.11 元/股，则该公司普通股的资本成本率计算如下：

$$K=\frac{0.11}{1.1\times(1-11\%)}\times100\%+5\%\approx16.2\%$$

例中假设发行费用为筹资总额的 11%，实际上首次发行股票（Initial Public Offerings，IPO）各种发行成本加起来会超过筹资总额的 20%，甚至 30% 以上。单纯从发行成本考虑，IPO 不具可行性，发行股票显然有其他方面的好处，如未来收益以股价折现极大提升上市前股东财富、改善治理结构、分散股东风险、资本易于变现、确定企业价值、提高知名度等，而且股票再发行的费用率要比 IPO 少很多。在监管不力的国家，甚至众多公司做假账上市圈钱。

普通股资本成本是财务学研究的一个热点和难点，其估算十分困难，主要有如下几种方法：

1. 资本资产定价模型（Capital Asset Pricing Model，CAPM）。CAPM 由美国财务学家特雷纳（Treynor，1961）、夏普（Sharpe，1964）、林特纳（Lintner，1965）、莫辛（Mossin，1966）等人于 20 世纪 60 年代所发展出来，是目前美国企业界估计股权资本成本最为重要的方法。

按照该模型，普通股股东的要求报酬率（即普通股权资本成本）等于无风险报酬率与风险补偿之和，取决于如下三个因素：无风险报酬率、市场平均报酬率以及所选择证券的系统性风险程度即 β 值的大小。美国证券市场有估算这些数值所需的长期的大量的数据，而在我国，由于股票市场初期阶段的种种特征，市场平均报酬率与β值难以估算，CAPM 并不适用。

2. 折现现金流量模型（固定增长模型）。又称戈登模型（Gordon Model）、股利增长模型，20 世纪 80 年代之前，戈登模型是美国企业界估算股权资本成本最为主要的一种方法。

本节上文中所用的就是戈登模型，这种方法最大的困难在于固定增长率 G 的确定，通常是根据历史数据计算出算术平均数或几何平均数，并根据发展规划、企业规模、经济周期、会计政策等，结合公司自身实际情况进行估计。对于发展成熟的大型企业，戈登模型适用性更强。

在美国常用的其他方法还有 Fama-French 三因素模型、Robert Hamada 模型、公司债所得加风险补偿方法等，按照作者的判断，在我国简明易用的还是戈登模型。本节上文中所用的是最简化的戈登模型，便于读者使用。

普通股权资本成本的计算只能是一种估算，不存在严密的、精确的计算结果。正如《布莱克韦尔金融百科辞典》中所说："'真实的'资本成本几乎是不可观测的。"

（五）留用利润资本成本率

留用利润相当于企业所有者对企业的追加投资，其资本成本是企业所有者放弃其他相同风险情况下的投资机会的机会成本，它的计算方法与普通股资本成本基本相同，只是不考虑筹资费用。按照上述股票资本成本率的计算方法，计算公式如下：

$$K=\frac{D}{P}\times 100\%+G$$

式中：K——留存收益资本成本率；

P——普通股市价；

其他符号含义同上。

【例 7－5】 某公司普通股当前市价为 15 元，预计股利年增长率为 5%，本年发放股利 0.5 元，则该公司留存收益的资本成本率计算如下：

$$D=0.5\times(1+5\%)\approx 0.525\text{（元）}$$

$$K=\frac{0.525}{15}\times 100\%+5\%\approx 8.5\%$$

（六）总资本成本率

一个企业有多种资金来源，不同来源的资本数额、资本成本率不同，各自对总资本成本率的影响也不同。通常采用加权平均法计算总资本成本率，称为加权平均资本成本（WACC，Weighted Average Cost of Capital），计算公式如下：

$$K = \sum_{t=1}^{n} (K_t W_t)$$

式中：K——总资本成本率；

K_t——第 t 种资金的资本成本率；

W_t——第 t 种资金占总资本的比例。

【例 7－6】 某公司优先股股本 0.5 亿元，普通股股本 4 亿元，银行贷款 1 亿元，发行债券 0.5 亿元，留用利润 0.1 亿元，它们的成本率分别为 10%、14%、6.5%、7%、8%。则该企业的总资本成本率为：

$$K = 10\% \times \frac{0.5}{6.1} + 14\% \times \frac{4}{6.1} + 6.5\% \times \frac{1}{6.1} + 7\% \times \frac{0.5}{6.1} + 8\% \times \frac{0.1}{6.1}$$

$$\approx 11.8\%$$

当股票、债券的账面价值与市场价值差别较大时，其占总资本的比例应按市场价值确定。而市场价格是不断变动的，可使用平均价格。

第二节　资本结构概述

一、资本结构的概念

资本结构（Capital Structure），指的是企业各种不同来源的资金在资本总额中所占的比重，简单地说就是负债和所有者权益的组成比例。广义的资本结构指的是企业全部资本的组成比例，包括短期资本（主要指短期债务）和长期资本。短期资本的筹集及其在资本总量中所占的比重是经常变动的，通常将之列入营运资本管理，狭义的资本结构仅指长期资本结构，即长期债务与所有者权益资本各自占有多大比重。

资本结构是由于企业采用多种筹资方式形成的，假如企业全部采用负债，或者全部采用主权资本（单一的普通股形式），那么就不存在资本结构问题。各种不同的筹资方式及其变化直接影响着企业的资本结构。

企业依据自身生产经营规模来确定适当的资本总额，然后考虑融资的构成，建立健全的资本结构，奠定稳固的根基，能够承担经营与财务风险，塑造良好的财务形象。

资本结构表明一个企业的经济实力和稳定性，一般企业的主权资本不应低于借贷资本。主权资本体现于资产负债表中即所有者权益，它表明了两个方面：(1) 实收资本和资本公积表明了主权资本的基础规模；(2) 盈余公积和未分配利润表明了主权资本的增长能力。

一般企业都有债务资本，形成所谓的"杠杆资本结构"。其负债比率问题，即债务资本在资本结构中所占的比重，就是资本结构的主要问题。如何确定最佳的资本结构，即如何在所有者权益的基础上，确定最合适的负债比率，既要降低财务风险，又要降低资本成本，以使资本收益最为有利、企业价值最大，这就是资本结构分析的题中之意。

企业的资本数量实际上不断在变动，其负债比率也随之发生变动，所谓的最佳资本结构只是一个目标，作为企业筹资的一个标准，是可调整的一个区间。各种筹资方式的成本、约束、利益、风险等各不相同，因此不能为企业最佳资本结构确定一个简单的数量标准，而只能基于如下判断：使总资本成本、财务风险最低，使上市公司市值最高、筹资最多、股价上升等。

二、影响资本结构的因素

良好的资本结构是企业安全、快速发展的基础。在进行资本结构分析时，必须充分考虑如下各种影响资本结构的因素：

（一）企业的金融环境

在不同国家或同一国家的金融的不同发展时期，提供给企业的可供选择的筹资方式可能大不相同。金融系统以证券市场为基础的有美国、英国、加拿大、中国香港等，以银行为基础的国家有日本、法国、德国、意大利、新西兰等。我国目前符合上市条件的企业由于可以采用发行股票的方式吸收社会资金直接投资，因此上市公司的债务资本比例普遍低于同类的非上市企业。

（二）企业的性质和领导层的态度

企业应从自身实际状况出发，来确定和保持合理的资本结构。如果企业领导层不愿使对公司的控制权遭到稀释甚或旁落他人，则会更多地向外举债，而非增发新股。如果企业领导层不愿承担较大的财务风险，则会较少利用债务资本。

（三）企业的财务状况

企业的财务状况越好，现金流量越稳定，承担财务风险的能力就越强，举债融资的吸引力就越大。企业成长慢，可能仅以留用利润补充资本；企业成长快，会倾向于更多地向外筹资。

（四）银行、资信评级与税收因素

当企业向银行借款或发行债券时，银行与资信评级机构成为决定企业资本结构的关键因素。银行等机构对企业的资本结构、财务风险十分关注，宏观金融形势的改变会使得银行对企业的资本结构产生不同的评价。

贷款与债券的利息可以抵减企业所得税，所得税税率越高，举债的好处越大，税收对企业资本结构有很大影响。

（五）经济环境与行业状况

经济景气时期，举借更多债项以增资扩产，可以提高企业的经济效益，有助于企业的成长。经济不景气时期，则应采取紧缩政策，减轻债务负担和风险，满足于较低的利润。

企业资本结构有着明显的行业特征，属于稳定行业的企业，如自来水公司等，偏向于较高的负债比率；属于高风险行业的企业，如互联网络公司等，则偏向于较低的负债比率。

三、资本结构的类型

（一）资本结构类型

企业的资本结构主要包括如下四种类型：

1. 单一普通股结构。这种资本结构的成本最高，但将来需要扩大资本时，筹资方式的选择余地较大。

2. 优先股与普通股结构。优先股的股利一般低于普通股，这种资本结构的成本比第一种低。优先股可产生一定的财务杠杆作用，但因其成本高于负债，且其股利属于税后利润分配，因此财务杠杆作用不明显。

3. 负债与普通股结构。这种资本结构的成本较低，但如果企业的负债比率过高，财务风险较大，会使企业筹资方式选择的灵活性大为减少，企业的经营也会受到债权人的限制。这种资本结构应用较广。

4. 负债、优先股与普通股混合结构。这种资本结构能适合各类投资者的需要。

（二）股权结构类型

根据股东各自所持股份比例对股权结构进行分类，基本上可分为如下三种类型：

1. 股权高度集中——德日模式。公司由绝对控股股东控制，对应着“公司控制—银行主导型”治理模式。我国多数上市公司国有股一股独大也属于这一类型，因其是政府企业，对应着的可说是公司控制—行政主导型治理模式。

2. 股权高度分散——英美模式。任何大股东都无法控制公司，所有权与经营权完全分离，对应着“公司控制—市场主导型”治理模式。例如香港汇丰银行股东队伍有20万之多，分布在100多个国家和地区，最大股东持股不超过10%，集团规定个人持股不能超过2%。

3. 相对控股。公司拥有相对较大的控股股东，同时还拥有其他大股东。

是否存在着企业最优股权结构呢？各有利弊，学者们莫衷一是。作者认为，从宏观来看，随着生产的高度社会化——并日益全球化，生产资料所有权的社会化是长期潮流，体现在股市的扩展和股权的分散化，是文明进步的基础方向。

四、资本结构的内容

简单地说，资本结构的内容就是企业的负债比率。这一比率集中体现了企业对财务杠杆的利用与风险，并在很大程度上决定着企业的偿债和再筹资能力。

但是，资本结构并非仅指资产负债结构这一层面，它具有更深层细致的内容，主要包括：

1. 借贷资本与主权资本的比例关系。
2. 短期负债与长期负债的比例关系。
3. 银行贷款与债券融资的比例关系。
4. 优先股权与普通股权的比例关系。
5. 资本成本与财务风险的配比关系。
6. 资本来源与资本投向的配比关系。
7. 投资成员的出资比例关系。如企业向不同银行借入金额、期限、利率不同的贷款，企业对外发行金额、期限、利率不同的债券。又如企业的投资者可以是国家、其他法人单位、社会个人与内部职工、外商投资者等，不同投资者不同的出资比例决定着企业的产权结构、组织体制和经营管理方式。

五、资本结构对融资与投资的影响

（一）对融资的影响

资本结构对企业融资活动的主要影响是对资本成本的影响。企业各种资金来源的资本成本各不相同，企业的资本成本不是个别资本成本，而是以加权平均计算的总资本成本。企业要降低总资本成本，应合理安排各种来源的资金在资本结构中的比重。

“优序融资”理论认为，融资的首选是公司的内部资金，主要是留存收益；其次是发行债券，从公司债开始，然后选择可转债等混合型债券；最后是发行股票。简而言之，先内后外，先债后股。西方发达国家在实践中正是按照这样的优先次序选择融资方式，企业融资多数来自于内部融资，内部融资占所有融资渠道的比重以美国为最高。我国由于股市监管软弱，上市公司的资本成本观念淡薄，现金股利也非大多数公司每年股利的发放方式，众多公司遵循的可能是“内部融资—发行股票—债务融资”的顺序，同时，上市公司股票再发行即外部股权融资偏好现象已经成为其融资行为的一大特征。

（二）对投资的影响

资本结构对企业投资活动的影响主要体现如下：

1. 对投资风险决策的影响。不同来源的资金对投资项目的风险程度有着不同的要求，如果企业的资本结构是以主权资本为主，那么选择投资项目时会倾向于较高风险、较高收益。如果企业的资本结构是以债务资本为主，那么选择投资项目时会倾向于较低风险、较低收益，因为企业的利息负担较重，面临的财务风险较大。

2. 对投资收益的影响。资本结构对投资收益的影响，一是财务杠杆的使用程度深刻影响着投资收益；二是不同来源的投资资金对投资项目的最低收益率有着不同的要求，决定着企业对投资项目的选择。

3. 对投资资金需求的影响。从宏观经济学上讲，利率的高低起到抑制或刺激投资需求的作用，因此调节利率是宏观经济调控的重要工具。从财务学上看，企业对投资资金的需求受投资项目收益率与资本成本之间配比关系的影响，资本成本低，企业的投资资金需求就大；资本成本高，企业的投资资金需求就小。企业投资的资金需求是一条伴随着资本成本上升而呈下降趋势的曲线，与资本结构相互影响，两者是互动的关系。

六、资本结构的弹性与调整

资本结构的弹性指的是企业资本结构对经济环境与财务状况变动的适应性和可调整的余地。

资本结构的调整指的是企业当经济环境与财务状况变化而使资本结构显得不适宜时，为趋向合理资本结构所进行的调整。资本结构失当在于资产负债比例、长短期负债比例失调，其调整方式分为存量调整和增量调整，两者也可同时进行。

存量调整是在不影响资本总额的情况下对不同来源的资本重新配置，具体如下：

1. 负债比率过高时，可增资扩股同时偿还债务，也可将企业可转换债券、优先股等转换为普通股。

2. 长短期负债比例失调时，可对短期负债与长期负债进行金额、利率、期限的重新搭配。

增量调整是指通过增减资本数额来调整资本结构，具体如下：

1. 在资产与负债规模过大的情况下，以货币资金或出售可以出售的资产偿还债务；在资产与负债规模过小的情况下，可以举债或增资扩股，以使企业资本规模适应生产经营规模。

2. 在负债比率过高，同时需要使用更多资金的情况下，可增资扩股。在负债比率过低，同时企业资金过量的情况下，可减资销股。在负债比率过低，同时企业发展势头良好的情况下，可以举债或同时减资销股。

需要注意的是，资本结构受资本价值计量基础的影响，资本价值的计量基础包括账面价值、市场价值和目标价值，企业应根据实际情况，做出适当的选择。一般而言，建立在企业历史数据上的资本价值，只是一种账面结构，用于作为确定评估价值底线的一种参考价值；当一家企业的资本具有现时市场价格时，适合按照市场价格来进行资本结构决策；而当一家企业能够比较准确地预计其资本的未来目标价值，则可以按照其目标价值进行资本结构决策。通常企业难以准确地预计其资本的未来目标价值，上市公司可以计算得出其资本的现时市场价格，多数企业需要按照其账面价值或资本评估价值来进行资本结构决策。

第三节　资本结构分析

一、资本结构的原理

美国财务学者大卫·杜兰特（David Durant）在1952年发表的关于资

本结构的论文是资本结构理论的开端，资本结构主要有以下几种不同的理论。

（一）净收益理论

该理论认为，债务利息和权益资本成本与财务杠杆无关，不管负债率高低，债务资本成本和权益资本成本均不受影响。只要债务资本成本低于权益资本成本，那么负债率越高，加权平均资本成本就越低，净收益就越多，企业的价值就越大。净收益理论用图形描绘如图 7－1 所示。

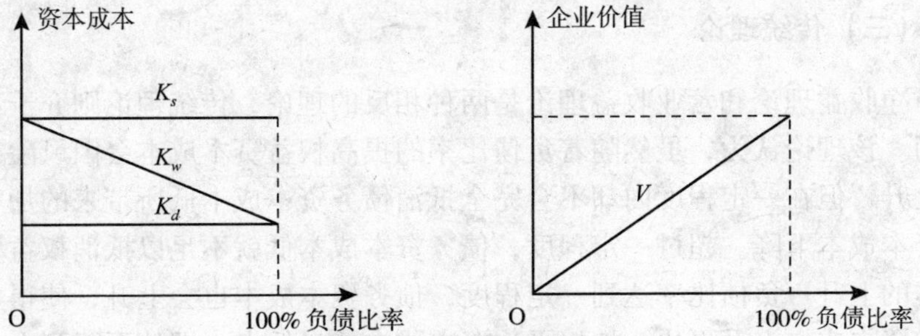

图 7－1　净收益理论

图中，K_s——权益资本成本；

K_d——债务资本成本；

K_w——加权平均资本成本；

V——企业价值。

图 7－1 显示，负债可以降低企业的资本成本，当负债比率为 100% 时，加权平均资本成本最低，企业价值最大。

（二）营业收益理论

该理论认为，当企业在利用财务杠杆时，即使债务资本成本不变，权益资本成本也会因为风险加大而上升，使得加权资本成本保持不变。企业价值不受资本结构影响，而决定于企业的营业收益。营业收益理论用图形描绘如图 7－2 所示。

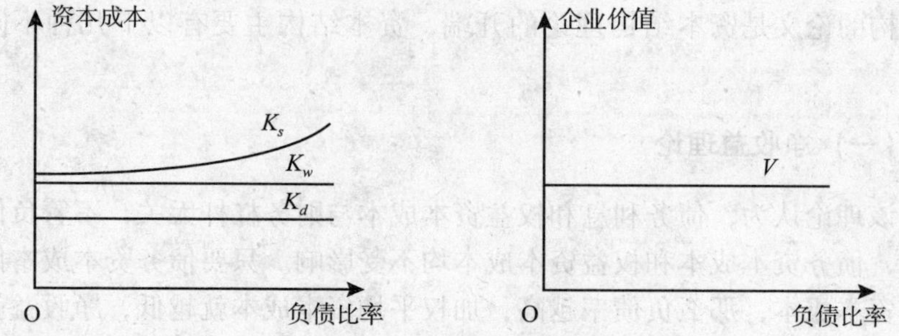

图 7－2　营业收益理论

（三）传统理论

净收益理论和营业收益理论是两种相反的理论，传统理论则介于二者之间。该理论认为，虽然随着负债比率的提高权益资本成本会因风险加大而上升，但在一定程度内却不会完全抵消债务资本成本低所带来的加权平均资本成本下降。超过一定程度，债务资本成本低就不足以抵消权益资本成本的上升。负债比率达到一定程度，债务资本成本也会上升，使得加权平均资本成本上升更快。加权平均资本成本的最低点，即从下降到上升的转折点，此时企业处于最佳资本结构，企业价值最大。传统理论用图形描绘如图 7－3 所示。

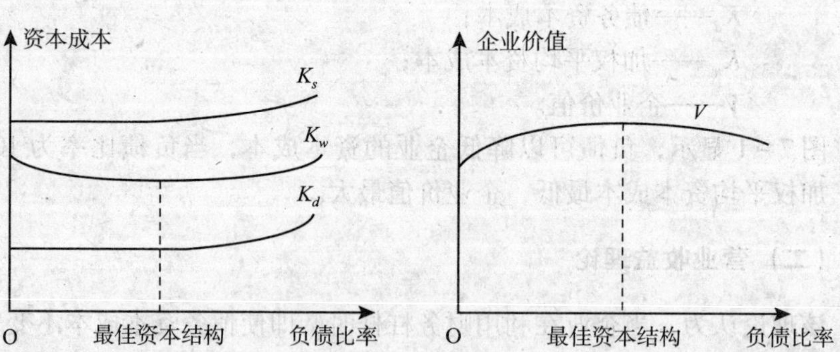

图 7－3　传统理论

（四）权衡理论

这是由美国经济学家弗兰克·莫迪格利尼（Franco Modigliani）和默

德·米勒（Mertor Miller）最早于1958年提出的学说，因此也称MM理论，MM理论的提出标志着现代财务理论的诞生。后来历经学者们多次修正，全称是节税利益—破产成本与代理成本的权衡理论。该理论认为企业一定程度上使企业价值在某一点达到最高的主要原因是节税利益、破产成本和代理成本的综合影响。

1. 节税利益。节税利益是指债务利息可以在企业所得税前扣除，使企业能够通过负债减少纳税。只要企业是盈利的，借贷越多，取得的节税利益也就越多，提高了企业价值。

从各国普遍税收法律制度看，企业所支付的债务利息可计入成本，从而减少企业所得税，股息的支付则无抵税作用。

2. 破产成本（Bankruptcy Costs），又称财务拮据成本，是偿债支付能力不足引起的破产费用和机会成本，可分为直接破产成本和间接破产成本，直接破产成本例如企业破产时资产可能无法按照公允价值出售的损失以及发生的清算费用或法律费用等，间接破产成本例如管理当局为了预防破产所采取的一些不利于企业可持续发展的策略：推迟机器的大修、拍卖有价值的资产以获取现金、降低产品质量以节省成本等。由于借款越多的企业财务风险越大，达到一定程度时破产的可能性上升，导致普通股股东对企业要求更高的风险报酬，这是破产成本对普通股成本的直接作用。

斯科特（Scott）与华纳（Warner）等人于1977年撰文认为，在实际市场竞争中，随着负债上升，企业陷入财务亏空的概率提高，有可能因无法及时偿还债务而破产，从而产生各种破产成本，包括因财务整顿、法律诉讼等而产生的直接破产成本，企业在破产前陷入财务困境导致收益下降而产生的间接破产成本等。这些成本给企业债权人和股东的未来收入都会带来不确定性，因此，投资者在企业举债时会考虑各种破产成本的影响，要求较高的收益率以抵消债务、权益资本未来收入的不确定性。总的来看，债务成本和权益成本的增加，将在一定程度上抵消因使用负债带来的企业价值提高，从而限制了企业举债。

3. 代理成本（Agency Costs）。在现代企业所有权与经营权分离的情况下，股东和管理层存在代理关系。当企业向外举债时，债权人和企业之间也存在一层代理关系。詹森（Jensen）与麦克林（Mecling）于1976年撰文指出，代理成本是业主监督费用、代理人受限制费用和残余损失之和，一是股东为保障权益而建立机制监督企业管理层，促进其进行积极管理而发生的股东和经营者之间的代理成本；二是债权人为保护自己的利益，或提高债务资本的成本，而发生的债权人与企业之间的代理成本。

代理成本是处理代理关系发生的费用，这里指债权控制与监督引起的费用和损失，主要指为保证企业管理当局履行与债权人签订的合约而发生的监督成本，如与债务有关的审计费用、加入贷款协议中的保护性条款等。当借款超过某一适当比例时，债权人要求的监督可能更加严格，成本也会更高，导致企业价值降低。

该理论用图形描绘如图 7－4 所示。

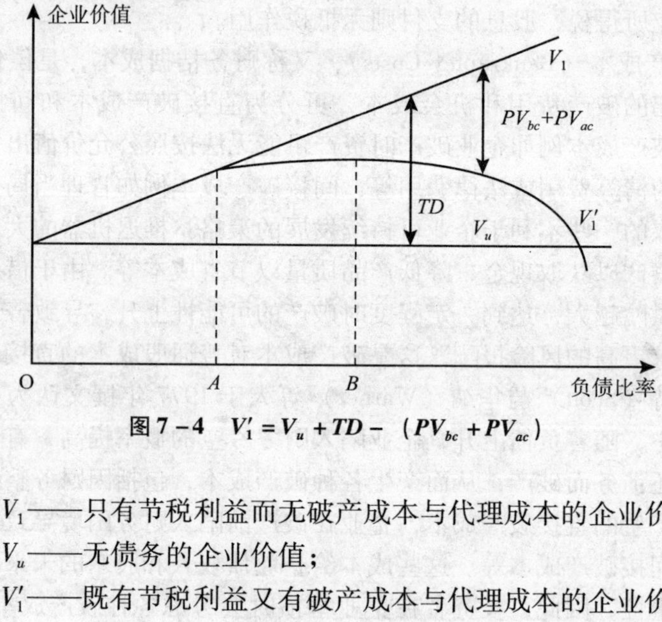

图 7－4　$V_1'=V_u+TD-(PV_{bc}+PV_{ac})$

图中V_1——只有节税利益而无破产成本与代理成本的企业价值；

V_u——无债务的企业价值；

V_1'——既有节税利益又有破产成本与代理成本的企业价值；

A——破产成本与代理成本开始变得重要时的资本结构；

B——最佳资本结构；

TD——债务节税利益的现值；

PV_{bc}——预期的破产成本的现值；

PV_{ac}——代理成本的现值。

从图中可以看出，企业破产成本与代理成本的作用随着负债比率的增大而增大，影响着企业价值呈曲线运动。破产成本和代理成本开始时很小，随着企业借款的增加，变得越来越大，不断抵消节税利益。当负债比率达到某一点时，债权人可能要求更高的利率，导致资本成本上升。在负债比率上升到使得破产成本与代理成本的抵消作用超过节税利益对企业价值的拉动作用之前，如图中 B 点，企业价值最大。以上只是理论上概略的示意图，由于现实经济活动及其环境的复杂性，因此难以准确地显示具体一个企业资本成本、资本结构、企业价值等之间的关系，只能是一项在一定区间范围内有一定误差范围的财务估计。

MM 理论还有学者们提出的信号模型理论和控制权理论。信号模型理论认为，负债比率越高的企业，内部人持股比例越高，企业的价值也越高。控制权理论认为，资本结构的选择也是企业控制权在不同证券所有人之间分配的选择，通过资本结构的调整，改变企业管理层的内部持股比例或使企业被兼并的可能性发生变化，实现对管理层的激励。

二、资本结构分析

资本结构分析就是要找出企业的最佳资本结构。最佳资本结构是指企业在适度财务风险的条件下，使其预期的综合资本成本最低，同时使企业价值最大的资本结构，是企业的目标资本结构。

分析一个企业的最佳资本结构，一般方法是分析普通股每股收益（*EPS*）的变动，看它是有助于提高 *EPS*，还是降低了 *EPS*。而 *EPS* 的高低受到销售额、营业利润的决定性影响，因此分析一个企业的最佳资本结构不能脱离销售水平孤立地进行主观设计，通常运用融资的 *EPS* 分析的方法。

EPS 分析是要先找出 *EPS* 的无差别点，就是 *EPS* 不受融资方式影响的销售水平，然后可以看出什么样的销售水平适合哪种融资方式。

$$EPS=\frac{(EBIT-I)(1-t)}{N}=\frac{(S-VC-F-I)(1-t)}{N}$$

式中，$EBIT$——息税前利润；

I——债务利息；

t——所得税税率；

N——发行的普通股股数；

S——销售额；

VC——变动成本总额；

F——固定成本总额。

在 EPS 的无差别点销售额，EPS 不受融资方式的影响。设 EPS_1 为负债融资，EPS_2 为权益融资，则：

$$\frac{(S-VC-F-I_1)(1-t)}{N_1}=\frac{(S-VC-F-I_2)(1-t)}{N_2}$$

【例 7-7】 某公司 2008 年度变动成本率为 68%，固定成本总额为 4 500 万元，所得税税率为 25%。公司共有资本 1 亿元，其中债务资本 3 000 万元，年利息 330 万元，普通股资本 7 000 万元。企业计划扩大经营规模，需追加筹资 4 000 万元，选择一是全部长期借款，利率仍是 11%，年利息 440 万元；二是全部发行普通股，每股面值 1 元。则：

$$\frac{(S-0.68S-4\ 500-330-440)\times(1-25\%)}{7\ 000}$$

$$=\frac{(S-0.68S-4\ 500-330)\times(1-25\%)}{7\ 000+4\ 000}$$

计算得 $S=18\ 875$（万元），则：

$$EPS=\frac{(18\ 875-18\ 875\times0.68-4\ 500-330)\times(1-25\%)}{7\ 000+4\ 000}$$

$$=0.0825\text{（元）}$$

用图形描绘如图 7-5 所示。

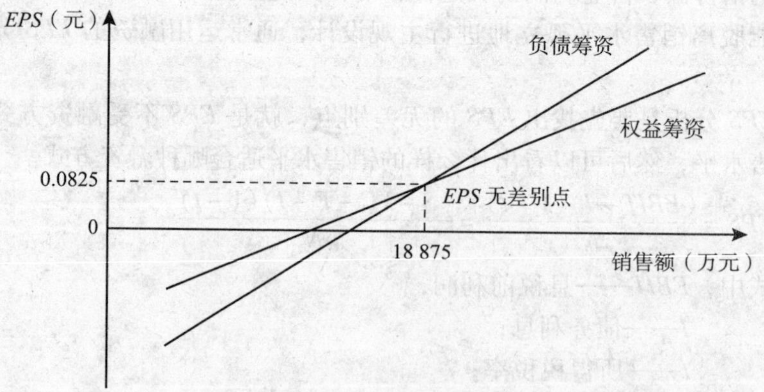

图 7-5　EPS 分析

图 7-5 显示，当销售额高于 EPS 无差别点时，负债筹资有助于提高

EPS，反之则权益筹资有助于提高 EPS。

有些企业被要求强制设置偿债基金，设置偿债基金后的 EPS 称为每股自由收益 VEPS，此时，EPS 无差别点分析公式为：

$$\frac{(S-VC-F-I_1)(1-t)-SF}{N_1}=\frac{(S-VC-F-I_2)(1-t)-SF}{N_2}$$

式中，SF——年偿债基金额。

第四节 资本投资分析

一、资本投资分析概述

资本投资，即长期资本投资，是指对一个项目投入较大的资金量，为在开始获利年度起持续多年获取利润而进行的投资，属于资本性支出。企业的资本投资所进行的是实物投资，通过采购固定资产和流动资产，进行经营管理，创造出预期的现金流，投资者因此获得比投入多得多的产出。

资本投资涉及企业的大笔资金，也就是将企业大量的经济资源长期置于风险之下，对企业的发展前景产生重大影响。投资决策决定着未来经营现金流进而决定企业价值，在所有的经营管理决策中属于一项最重要的决策。

企业对投资活动首先应进行可行性分析，为资本投资决策提供依据。资本投资决策也称为资本预算，它分为独立方案与互斥方案。独立方案是指不论该方案是否被采纳，并不影响其他方案；互斥方案是指一种方案被采纳，就会排除其他竞争性方案。要判断各种投资方案是否可行，先看它们的预期投资报酬率是否高于资本成本，并计入货币时间价值因素来比较它们的现金流量，从中选择经济效益最好的投资方案。

资本投资分析，就是先预计出在项目有效期间的现金流入量，并将这些未来现金流量折现为现值以消除货币时间价值的影响，再与投资该项目的成本进行比较，最后得出分析结论。在折现过程中使用加权平均资本成本的计算方法，如果未来现金流量的现值，低于该项目总成本的现值，即净现值为负数，则该项目不可行。反之，如果高于该项目总成本的现值，即净现值为正数，则表明：（1）原始投资可以收回；（2）所要求的投资报酬率可以达到；（3）超过（1）和（2）的投资报酬可以收到，该项目具有可行性。

进行资本投资分析，首先要预计整个期间内的现金流出量与流入量，这是最基本也是最困难的一个环节。虽然预计数字明确之后所进行的计算具有数学上的精确性，但预计本身远非纯粹的科学，它依赖于人们的经验和学识的水平以及所处环境的变化。现金流量预计涉及的参数和因素较多，需要多部门协作，例如产品销售量由公司市场部门预测，产品所需投资额由研发及生产部门预测等。分析的步骤一是估计各个投资方案形成的现金流出与流入的数量、时间及逐年的净现金流量，二是评审这些数据之后进行计算与分析。

为便于理解，在此不计货币时间价值列示净现金流量公式，以更好地从整体上把握资本投资分析的计算方法。

投资项目全过程（准备期、建设期和生产经营期）的净现金流量计算公式如下：

现金流出量 = 固定资产投资 + 投产后在流动资产上的投资

现金流入量 = 各年净利润之和 + 各年计提折旧之和 + 固定资产残值收入 + 流动资产投资的回收

上式中的最后两项，只在项目寿命期最终年份发生。如果存在着固定资产中途转让的变价收入，也应计入当年的现金流入量。

净现金流量 = 现金流入量 − 现金流出量

项目建设和生产经营期内某一年的净现金流量的计算公式如下：

净现金流量 = 当年净利润 + 当年计提的折旧 − 当年的现金流出量

式中，投资后在流动资产上的投资主要是为制造和销售产品所发生的各种料、工、费付现成本和垫支的流动资金，这里付现成本是指从按全部成本法核算的产品成本中扣除折旧后的差额，因为折旧并非当期支付的现金。此外，如果存在着无形资产与其他长期资产的投资及其摊销额，应做与固定资产、折旧相同的处理。

资本投资分析为什么使用现金流量而不使用预计利润呢？因为会计利润是在权责发生制下产生的，反映了一些非现金因素，受会计政策等诸多因素的影响，只有现金流量——尤其是经营活动产生的现金流量才是创造企业价值的基本元素而与资本投资决策相关。

融资决策从属于投资决策，如果没有好的投资项目，融集的资金越多，可能驱使企业经理人为控制资源实现公司增长而投资于净现值小于零的项目，形成“过度投资”（Over-investment），造成损失的可能性越大。

二、资本投资分析方法

资本投资的分析方法可以分为静态和动态两类。静态方法，即非折现指标，不考虑货币的时间价值，因此是不全面、不准确的。动态方法，即折现现金流量模型，则明确考虑了货币的时间价值，折现模型是最基本的财务估价方法。按照折现模型，现金流量和折现率是决定一切价值的两个基本因素，项目（企业、资产）的价值等于未来经营活动现金流量的折现值之和，其中的折现率反映了现金流量的风险程度，这是财务估价的基本思想。本节只讲述动态方法：动态投资回收期法、净现值法、现值指数法和内含报酬率法。实际上，一个大型投资项目应该把这四个指标都计算出来。

（一）动态投资回收期法

投资回收期（PBP），指的是收回原始投资所需要的时间。该方法是先折现不同时期的现金流量，再计算和比较投资回收期的长短，以此来评价投资方案的优劣。它分为以下两种情况：

1. 每年净现金流量相等，即年金情况下，计算公式如下：

$$P = A \cdot \frac{1-(1+i)^{-n}}{i}$$

则：

$$n = \frac{-\lg\left(1-\dfrac{P \cdot i}{A}\right)}{\lg(1+i)}$$

式中，P——投资额；

A——年现金净流入量；

I——折现率；

n——投资回收期。

【例 7－8】 某项目投资额为 10 000 万元，项目涉及的年限为 20 年，每年的现金净流入量为 2 000 万元，假设折现率为 12%，求投资回收期。

$$n=\frac{-\lg\left(1-\frac{10\ 000\times 12\%}{2\ 000}\right)}{\lg(1+12\%)}\approx 8.1\ (年)$$

也可以使用插值法计算，

$$年金现值系数=\frac{投资额现值}{每年现金净流入量}=10\ 000\div 2\ 000=5$$

根据年金现值系数为 5 和 r 为 12%，查附表二，8 年的年金现值系数为 4.968，9 年的年金现值系数为 5.328，投资回收期应在 8～9 年之间，用插值法求出投资回收期。

$$n=8+\frac{5-4.968}{5.328-4.968}\approx 8.1\ (年)$$

2. 每年净现金流量不相等，即非年金情况下，通常采用累计现值法计算。

【例 7－9】 某项目投资额 1 000 万元，经营期为 6 年，各年的现金净流入量分别为 200 万元、300 万元、400 万元、500 万元、400 万元、400 万元，按折现率为 12% 计算其动态投资回收期。

将各年的净现金流量按 12% 的折现率折成现值并累计起来，如表 7－1 所示。

表 7－1　　单位：万元

年　份	年现金净流入量	现值系数	现值	累计现值
第一年	200	0.893	178.6	178.6
第二年	300	0.797	239.1	417.7
第三年	400	0.712	284.8	702.5
第四年	500	0.636	318	1 020.5
第五年	400	0.567	226.8	1 247.3
第六年	400	0.507	202.8	1 450.1

动态投资回收期应在 3～4 年之间，用插值法计算：

$$n=3+\frac{1\ 000-702.5}{1\ 020.5-702.5}\approx 3.9\ (年)$$

采用 PBP 法，首先应预期一个企业期望的投资回收期，如 5 年之内、10 年之内等，然后与计算得出的投资回收期比较，以此来决定取舍。

投资回收期不能过长，因为时间越长，市场变化越大，风险也就越大。动态投资回收期法只反映收回全部投资的时间，要反映投资项目的经济效益，则要计算净现值指标。

（二）净现值法

净现值法（Net Present Value，NPV）是与企业价值最大化目标的追求最为契合的资本投资绩效评价方法，该方法是通过计算和比较投资方案的净现值大小来评价方案的优劣。净现值是指投资方案的未来现金流入的现值与未来现金流出的现值之间的差额，它等于现金流入量总现值减去现金流出量总现值。

一项投资的未来报酬与原投资额发生的时期不同，不能直接对比，必须消除货币时间价值的影响而将两项金额统一到同一个时点上来比较。净现值法就是将这两项金额先折现再相减，得出投资方案的净现值，最后根据净现值的正负及大小来判断方案的可行性及优劣。净现值大于 0，表明投资项目的收益水平不仅可以满足企业的最低收益要求，而且还可以带来超额利润，直接增加所有者财富，净现值的本质即是“超额利润”。

运用净现值法评价投资项目，所有未来现金流入和流出都要按预定折现率折算为它们的现值，事先必须正确地选择可接受的最低要求的投资报酬率，或称跳栏率，这对计算结果与评价结论有着决定性的影响。

计算净现值的公式如下：

$$NPV = \sum_{t=0}^{n} \frac{I_t}{(1+i)^t} - \sum_{t=0}^{n} \frac{O_t}{(1+i)^t}$$

式中，n——项目的有效期；

t——1，2，…，n；

I_t——第 t 年的现金流入量；

O_t——第 t 年的现金流出量；

i——预定的折现率。

有的项目的投资额在建设期分若干年份投入，其各年投资额须折合成第 0 年的现值之和。有的在建设期内部分先建成投产销售，产生了现金流入。依据上述公式，很容易计算得出它们的总现值。

【例 7－10】有三项投资方案，设折现率为 12%，有关数据如表 7－2，计算其净现值，并做出对项目采纳与否的决策。

表 7－2 三项投资方案的有关数据 单位：万元

期间	A 方案		B 方案		C 方案	
	净利润	现金净流量	净利润	现金净流量	净利润	现金净流量
0		(100 000)		(50 000)		(75 000)
1	5 000	20 000	2 000	8 000	4 000	20 000
2	9 000	30 000	5 000	13 000	4 000	20 000
3	10 000	40 000	5 000	16 000	4 000	20 000
4	9 000	30 000	6 000	19 000	4 000	20 000
5	7 000	20 000	5 000	17 000	4 000	20 000
合计	40 000	40 000	23 000	23 000	25 000	25 000

$NPV(A) = (20\,000 \times 0.893 + 30\,000 \times 0.797 + 40\,000 \times 0.712 + 30\,000 \times 0.636 + 20\,000 \times 0.567) - 100\,000$

$= 100\,670 - 100\,000$

$= 670$（万元）

$NPV(B) = (8\,000 \times 0.893 + 13\,000 \times 0.797 + 16\,000 \times 0.712 + 19\,000 \times 0.636 + 17\,000 \times 0.567) - 50\,000$

$= 50\,620 - 50\,000$

$= 620$（万元）

$NPV(C) = 20\,000 \times 3.605 - 75\,000$

$= 72\,100 - 75\,000$

$= -2\,900$（万元）

由计算结果可知，A，B 两个方案的净现值为正数，故方案本身都具有可行性，即都能达到预期 12% 的利润率。二者相比，A 方案比 B 方案的净现值更大，但 B 方案原始投资只有 A 方案的一半，显然，B 方案远远优于 A 方案。C 方案净现值小于 0，说明该方案的报酬率达不到 12%，不宜采纳。

折现率的大小直接决定净现值的大小，而随着通货膨胀、市场利率等经济环境的变化，企业往往要求不同的折现率。净现值法应用的主要问题是如何确定折现率，通常根据投资所要求的最低资金利润率，即一般情况下可以获得的报酬来确定。净现值法有个缺点：当各项目投资额不等时，不容易进行比较。这时，我们使用现值指数法。

（三）现值指数法

现值指数（PVR），是投资方案的未来现金流入现值与现金流出现值的比率，计算公式如下：

$$PVR = \sum_{t=0}^{n} \frac{I_t}{(1+i)^t} \div \sum_{t=0}^{n} \frac{O_t}{(1+i)^t}$$

现值指数可以看成是1元原始投资可望获得的现值回收额，它可用于投资额不等的多个方案间的比较，现值指数高者为优。

【例7-11】依据例7-10中的净现值数据，计算A、B两个方案的现值指数并进行比较。

$PVR(A) = 100\ 670 \div 100\ 000 = 1.0067$

$PVR(B) = 50\ 620 \div 50\ 000 = 1.0124$

计算出的A、B两项投资方案的现值指数大于1，说明其投资报酬率超过预定的折现率。A方案的现值指数低于B方案，所以二者比较，B方案更好。

（四）内含报酬率法

内含报酬率是指能够使未来现金流入量现值等于未来现金流出量现值的折现率，即使得净现值等于0的折现率，它体现方案本身内在的收益能力。内含报酬率法（Internal Rate of Return，IRR）是比较投资方案的内含报酬率与企业要求的最低投资报酬率的大小，来评价方案的优劣。

内含报酬率通常采用逐步测试计算，先估计一个折现率，计算方案的净现值。如果净现值是正数，表明估计的折现率低于方案的内含报酬率，应提高折现率进一步测试；如果净现值是负数，表明估计的折现率超过方案的内含报酬率，应降低折现率进一步测试。最后，得出两个由正到负的邻近的折现率，再采用插值法计算出该方案的内含报酬率。

【例7-12】根据例7-10的资料，已知A、B方案的净现值为正数，表明它们的投资报酬率大于12%，应提高折现率进一步测试。以折现率为14%进行测试，其结果净现值分别为-4 250元、-2 116元。然后采用插值法计算：

$$IRR(\mathrm{A}) = 12\% + 2\% \times \frac{670}{670-(-4\ 250)} \approx 12.14\%$$

$$IRR(\mathrm{B}) = 12\% + 2\% \times \frac{620}{620-(-2\ 116)} \approx 12.45\%$$

C 方案各期现金流入量相等，符合年金形式。设现金流入的现值与原始投资相等：

原始投资 = 每年现金流入量 × 年金现值系数

$75\ 000 = 20\ 000 \times (P/A,\ i,\ 5)$

$(P/A,\ i,\ 5) = 3.75$

查找年金现值系数表，当 $n=5$ 时系数 3.75 所指的利率。查表结果，与 3.75 邻近的现值系数 3.791 和 3.605 分别指向 10% 和 12%。然后采用插值法计算：

$$IRR(\mathrm{C}) = 10\% + 2\% \times \frac{3.791-3.75}{3.791-3.605} \approx 10.44\%$$

通常的投资项目，先发生现金流出（以“-”表示），其后是现金流入（以“+”表示），即“-，+，+，+，…”。但有许多项目，如一些大型项目跨期投资、分段收益，即“-，+，+，-，+，+，…”，此时内含报酬率法无法使用，只能用净现值法。

能够进行资本投资分析的项目必须具备三个特点：一是实物投资，固定资产等方面的投资；二是回收期较长，5~10 年或以上；三是项目带来的未来现金流可以预测。20 世纪 80 年代以来，随着知识经济的发展，无形资产（Intangible Assets）投资在企业长期投资中所占的比重越来越大，在美国这一趋势特别明显。本节上文中所讲述的方法无法用于无形资产投资分析，一是无形资产的虚拟性质，二是无形资产投资创造的未来现金流的不稳定性，折现现金流量模型对此难以应用，期权定价理论对此所起的作用受到学界关注。

本章小结

1. 资本成本作为筹资所付出的代价，最终要从利润中得到补偿，它是衡量企业经济效益的最低尺度，也是判断一个新投资项目能否被接受的最低报酬率。

财务风险低的资本结构资本成本高，资本成本低的资本结构财务风险高。因此，企业在选择筹资方式时，必须根据企业自身的实际状况在成本与风险之间进行综合的权衡。

2. 如何确定最佳的资本结构，即如何在所有者权益的基础上，确定最合适的负债比率，既要降低财务风险，又要降低资本成本，以使资本收益最为有利，这就是资本结构分析的题中之意。

3. 由于现实经济活动及其环境的复杂性，难以明确地显示具体一个企业资本成本、资本结构、企业价值等之间的关系。

分析一个企业的最佳资本结构不能脱离销售水平孤立地进行主观设计，通常运用融资的 EPS 分析的方法。

4. 资本投资分析，就是先预计出在项目有效期间的现金流入量，并将这些未来现金流量折现为现值以消除货币时间价值的影响，再与投资该项目的成本进行比较，最后得出分析结论。资本投资的分析方法常用的有：动态投资回收期法、净现值法、现值指数法和内含报酬率法。

复习题

1. 什么是资本成本？复述总资本成本率的计算公式。
2. 什么是资本结构？影响资本结构的因素有哪些？
3. 复述融资的 *EPS* 分析方法的计算公式。
4. 简述资本投资分析的动态方法有哪些？

第八章　EVA 分析

第一节　EVA 概述

EVA（Economic Value Added），即经济价值增加值，是由斯特恩（Joe M. Stern）与斯图尔特（G. Bennett Stewart）等人创立的美国纽约斯特恩—斯图尔特管理咨询公司（Stern Stewart & Co.，简译为斯滕斯特公司）所提出的一种业绩评价与激励系统，是从息前税后净利润中提取股权资本成本后的经济利润，是公司业绩度量的指标，可以衡量企业为股东创造了多少财富，它的目的在于使公司管理者以股东价值最大化作为行为准则。这一方法已在全球数百家公司和机构中应用，其中包括可口可乐、西门子、索尼、美国邮政总署、新加坡航空公司等。

斯图尔特写道："互联网和软件技术的发展，为企业提供了无限的商机。迄今为止，人们总是把更多的注意力，投向电子世界新奇和令人激动的一面，但是却没有意识到许多看似深刻的变化，其实只是一些表象的变动。实际上，经济学和财富创造的基本原理一如既往。值得注意的重要变化，是新的商业环境使传统的会计衡量标准和管理模式日趋落伍，而新的经济管理手段和技能越来越重要。"

一、概念渊源

早在 20 世纪 40 年代，一些西方财务学者就将一系列未来现金流的现值重新表述成目前账面值与未来剩余收益的现值之和。20 世纪末叶，斯特恩与斯图尔特将账面值和利润的传统会计计量加以调整，并将调整后的剩余收益结果称之为经济增加值（EVA）。从此，一个企业是否成功主要看其所创造的未来 EVA 的现值。

传统的会计利润，只扣除了有息债务的利息，却不扣减股权资本的成本，在账面上权益资本包括留存收益对公司来说是不计算资本成本的，这样一来，股东的权益未能真正地被关注。这里的权益资本成本是机会成本，即投资者放弃其他风险相当的投资所预期的报酬。

EVA 反映了亚当·斯密以来的一个基本思想：投资于一项商业活动的所有资本，都应当带来最低的可接受的报酬。它是基于企业需要获取足够利润以弥补包括债务和股权投入资本的全部成本的想法而产生的，也就是经济学上“剩余收入”或“经济利润”的概念，其理论源于获诺贝尔奖经济学家默德·米勒和弗兰克·莫迪格利尼在 1958 ~ 1961 年关于公司价值的经济模型的一系列论文。

EVA 概念源于“剩余收入”。由于提高部门投资报酬率的活动有时会降低公司的价值，因而实业界和理论界提出一种替代的业绩评价方法，即用剩余收益来克服投资报酬率的局限性。从净收益中减去资本成本得到的结果就是剩余收益。增加那些收益超过资本成本的投资或减少收益低于资本成本的投资，则剩余收益会增加。由于剩余收益法有利于使公司对部门的业绩评价与使部门或公司价值最大化的活动保持一致性，因而与投资报酬率相比，具有较大的优势。20 世纪 90 年代，理论界用 EVA 取代了剩余收益。EVA 概念的提出从不同角度扩展了剩余收益评价方法：一方面，EVA 是基于资本资产定价模型而推出的，体现出一个行业的资本成本和部门的风险特征，能得出一个专门的、以市场为基础的单独业务单位的风险水平；另一方面，EVA 是在对因财务报告的需要而被公认会计准则曲解的信息做出调整后计算得出的。

EVA 是对真正“经济利润”的评价，或者说，是表示与投资者用同样资本投资其他风险相近的有价证券的最低回报相比，超出或低于后者的量值。

二、价值最大化

对企业来说，它要面对不同的利益所得者，如顾客、员工、经理人、供应商、政府及社群、股东等。这些不同的利益团体，关注的有所不同，有时是互相矛盾的。经理人在经营公司为股东创造价值的同时，也为其他类别的利益所得者带来利益，这是价值管理的目标所在。投资者当然不希望公司只赚回成本，而是要创造更多的价值。若公司不能为股东创造更多的价值，投资者便会卖掉股票，将资金转到其他更赚钱的企业。经理人因此要给股东显示公司不断改善的业绩表现，但困难在于如何才可以做到这样。对大企业来说，困难就更大。现实的情况是，经理人在许多时候会破坏其他利益所得者的利益，以满足股东的短期利益。这种情况对于企业的财务管理体系提出了更高的要求。

企业运营的最终目标是实现股东投资价值最大化，这就要求衡量公司业绩的指标应该能够准确反映公司为股东创造的价值。在财务管理上，公司每年为股东创造的价值等于收入减去全部成本和费用后的剩余，即：价值 = 收入 -（成本 + 费用）。但是，企业长期沿用的传统业绩衡量指标，例如，税后净利润、普通股每股收益和净资产收益率等，均无法准确反映公司为股东创造的价值。这主要是因为传统的业绩衡量指标忽视了公司股本资本的成本，也就是说，成本中并不包括股东投入的股本资本的成本。

从整体上看，公司运作所需要的资本主要由两部分组成：债务资本和股本资本，两者的使用都不是免费的。债务资本的所有者即债权人要求公司定期支付利息，这是一种显性的资本成本；股本资本的所有者即股东则要求公司提供一定的资本回报，这是隐性的资本成本，但却是客观存在的。因为投入公司的股本资本也可以投向其他盈利项目，其他项目可产生的收益就是股东资本的机会成本，股东要求公司给他们的资本回报必须大于或等于其机会成本，否则就会将资本投向其他项目。由此可见，股本资本的成本就是投资在风险程度相近的其他项目所能获得的收益。因此在考虑股本资本成本的情况下，公司每年为股东创造的价值等于收入减去传统意义上的成本、费用，还要减去股本资本成本，即价值 = 收入 -（成本 + 费用 + 股本资本成本），比较上述两个价值的表达式，我们就可以看出差别主要在于是否考虑股本资本的机会成本。只有考虑了股本资本的机会成本，才能真正反映出是否为股东创造了价值。例如，某公司当年收入为1 000万元，股本资本为1 000万元，成本和费用为900万元。同期市场上的资本成本为10%，按传统的计算方法计算所得的价值为：1 000－900＝100万元，而考虑股本资本的成本，则计算的价值为1 000－900－1 100×10%＝－10万元。由此可见，在传统方法下为股东创造的价值，在新的方法下就可能是在破坏股东的价值。

三、超越传统会计利润及利润率

EVA的突出特征是重视包括净资产在内的所有资本的成本，而在传统会计核算下，会计师不扣减因使用权益资本而产生的成本，认为留存收益是可以无偿使用的。另外，所度量的借贷成本，也通常低于实际的借贷资本的成本，因为考虑到公司使用借贷资本而带来的财务风险，其资本成本高于会计账上所记的利息支出。现行会计计量下的利润，许多实则为隐性亏损，因其所得利润低于资本成本，企业仍要交纳所得税，好像真的盈利似的。当股东收益低于其股权成本，则损害了股东本可投资他处所应得的报酬。假设股东应得10%的投资报酬率，超出于此，才是盈利，此前则是企业在为提供股东可接受的最低报酬率而经营。即管理人员在运用资本时，必须为资本付使用费，就像付银行贷款利息一样。因此，会计利润应由两部分组成，一部分是股东的资本成本，另一部分是真正的利润。只有股东资本的成本像其他成本一样被扣除之后，剩余的才是真正的收益。当一个企业创造的经济价值超过了它投入的资本价值，那么该企业是成功的。一个企业的价值也就在于能为投资者带来超出资本成本以上的利润，EVA的可持续性增长将会带来企业市值的增长。

EVA和传统的会计利润之间存在十分重要的区别。例如，运用新技术的优越性之一，是减少资金在企业运作过程中的占用，缩减存货时间，提高资本的营运效率，可以降低资本成本。今天许多聪明的管理人员都在积极地营造网络，将他们的客户、公司自身和供应商更紧密地联结起来。他们利用互联网传输实时信息，加快运作速度。这些经营模式通过加速资金周转、降低资金占用、减少资金使用成本，从而达到增加EVA的目的。原有的会计利润不能全面反映这些新兴的、高效的经营模式，而EVA则能够准确地予以度量。现在，所谓典型的传统制造商和分销商都在利用新技术，和客户、供应商紧密联系，从而降低存货投资。通过充分利用管理信息系统，提高整个供应系统的生产效率，结果是不仅降低了经营成本，同时也节约了用于存货和仓储的资金。EVA 能够精确地体现这些经营效率的提高，而会计利润则不能予以全面的体现。会计利润仅仅体现了成本的节约部分，而 EVA 则还包含了因节约资本而带来的收益。简而言之，减少资金的占用意味着创造更多的 EVA。同会计利润相比，EVA 不仅是一个全面衡量经济效益的指标，而且利用 EVA 原理，企业还能够选择最佳的发展战略。

利润率标准也同样失去了原有的重要性。一些精明的公司降低它们供应渠道所沉淀的资金，从而达到薄利多销的效果，因而降低了按销售额计算的资金使用成本，创造了更多的 EVA，为股票投资者带来了更多的财富。

今天，许多成功企业都是每元销售利润率较低的企业，但是这并不说明其经营效率低下。实际上，低利润率反而意味着良好的客户满意度，低价促销政策吸引了广大客户，加快了销售运转速度，而更快的营运与增长速度，意味着转化为更多的 EVA。低利润率可能代表一种面向未来的投资，或者代表着加速资金周转、减少资金沉淀的结果。在许多情况下，低利润率并不意味着差的经营业绩，而是更多的周转次数带来更高的年利润总额。

一些公司如亚马逊（Amazon）、沃尔玛（Wal-Mart）等能够先收到顾客付款，但是通常经过一段时间才会向供货商支付货款。像银行一样，公司拥有大量的在途闲置资金，从而形成负的流动资金需要。按照传统的会计准则，负的流动资金需求对会计利润没有贡献，但是从 EVA 的角度来看，它增加了企业的效益，原因是负的流动资金需要减少了对现有资金的需求，从而降低了资金使用成本。

许多大型公司的产品来自数十家生产商，这些供应商在元配件生产方面更具优势，因为它们专注于这些元配件，并能够根据公司的实时要求，进行专业化生产。公司受益于这种分工合作的生产模式，不过，对外采购在一定程度上影响利润表。与自己生产相比，对外采购降低了公司利润表的利润，但同时也降低了资产表中所需要的支持这些装配的资金。对外采购降低了公司的会计利润，但是增加了 EVA。EVA 方法通盘考虑了利润表中的费用和资产表中的资本的成本，从而让管理人员在对外采购与自身生产之间做出更好的抉择。

四、利用新型资本

信息时代新经济创造的更紧密联系，不仅仅帮助公司去开发新的利润来源，也创造了许多新型资本。新经济下，成功的企业在某种程度上像一个网络，它们和客户、供应商、雇员，甚至竞争者之间紧密相连，这些联系带来了许多机遇。

以客户联系为例，新技术使得公司可以取得客户的大量数据，并进行大量的分析计算，从而能够根据客户的不同需要，提供相应的产品和服务，达到利润最大化的目的。与跟用户建立广泛联系的重要性相比，单一的产品销售的利润并非如此重要。为了保持竞争力，许多制造商有意降低产品的价格，从而达到为客户终身提供产品和服务的目的。这些会计利润的损失，并不是真正意义上的损失，而是用于同用户建立终身联系的必不可少的投资，但现行的会计制度对这些投资并不能很好地度量和反映。按照 EVA 的原则，赢得新客户和建立品牌效应的开支都视为资产，而不是损益表中需要控制的开支。至少从内部管理的角度来讲，无论是以损失换取客户，以广告宣传新的品牌，或者是新产品开发的开支，首先都会计入到资产负债表中。在计算 EVA 时，有些开支可以在长达 10 年的时间内来摊薄。这种处理办法适用于新经济条件下的所有无形资产，供研究、革新、培训和实验（包括营销失败）的费用，都应被视为是公司重要而宝贵的资产。这种处理办法合乎常理，并且也为管理人员提供了更大的回旋余地。公司管理层可以用增加近期开支的办法寻求商机，但从长期来看，管理人员也必须将这些开支转化成实实在在的利润，这是 EVA 帮助企业在短、长期战略间选择最优组合的一个有力佐证。

在人力资源方面，每个公司的首席执行官都宣称他们的雇员是最重要的财富，事实上确实如此。但是，人力资源投资并不能在传统的财务报表上得到充分而合理的反映。而与传统会计手法相比，EVA 能够如实、准确地记录人力资源投资，用于招聘、提高和保留关键员工的开支，至少从内部管理角度来讲是一种资产，这些开支不再是用于充抵现期收入的费用，而被计为资产，在员工能够发挥其预期的生产效率的期间予以摊销。

例如，一个公司需要花费 20 万元招聘、培训一个软件工程师，这个软件工程师将与工作小组的其他成员一起或开发新产品，或建立网站，或编写用于收集和分析用户信息的软件。在传统会计处理中，不管其工作性质如何，公司会计人员都会从现期收入中扣减 20 万元作为成本开支。但是依据 EVA 原则，20 万元的开支应被视为一种资产，虽然这个开支是在一个财务阶段支付的，但是这个被购买的“资产”会在未来的很多阶段对销售和收入有所贡献。就此例而言，如果工程技术人员在公司服务 4 年，并假设现期的资本成本为 10%，他需要每年创造至少 63 100 元才能抵消公司对他的 20 万元的投资，实现 EVA 的盈亏平衡。

在这里，人力资源投资的管理是以雇员创造的 EVA 的最优化为标准。换言之，衡量 EVA、奖励管理人员为提高 EVA 所做的贡献，是最佳的、能够保证人力资源用于能发挥其最大效率的岗位的办法。和其他衡量标准不同，EVA 能够将用于聘用和提高人力资源的资本与这些人力资源创造的价值有效地联结起来。

五、EVA 之应用

EVA 衡量了减去资本占用成本后企业经营产生的利润，因此它是经营效率和资本使用效率的综合指数。EVA 是一个综合全面的正向指标，它可以衡量不论大小几乎所有企业，它对互联网公司和传统企业，无形资产和有形资产同样有效，企业的一切经营行为都在于如何使其最大化。分析该指标更重要的还在于其增长情况，是否较上一期有所增长。重要的不是 EVA 的当前的绝对水平，而是 EVA 的增长，正是 EVA 的连续增长为股东财富带来连续增长。

EVA 不仅是一个有效的业绩度量指标，还是一个财务管理的平台，是决策与战略评估、资金运用、兼并或出售定价的基础理念，是经理人和员工薪酬的激励机制，将 EVA 与业绩考核联系起来，就形成了 EVA 管理模式。现在可以更多地根据 EVA 把经理人的薪水、奖金同工作表现挂钩，而以往则根据投资报酬率、销售目标或完成预算情况提成。

按照斯滕斯特公司的说法，“EVA 不仅是一种绩效评估方法，一个企业使用 EVA 时，EVA 成为综合财务管理系统中最重要的部分，它涵盖了公司金融决策制定的所有方面——从资本预算、购置价格，到与股东交流企业目标以及管理层的激励奖励制度。”

作为公司治理和业绩评估标准，EVA 正在全球范围内被广泛应用，并逐渐成为一种全球通用的衡量标准。EVA 被《财富》杂志称为“当今最为炙手可热的财务理念”。美国管理学之父彼得·德鲁克在《哈佛商业评论》上撰文指出：“作为一种度量全要素生产率的关键指标，EVA 反映了管理人员能够创造和提高价值的所有方面。”

总之，EVA 是一种非常实用的原则和决策指导方法，高层管理人员应将追求更大的 EVA 作为目标。采用 EVA 分析作为决策的参考，将其他的衡量标准和指标，与 EVA 紧密联系起来，采用以 EVA 原则制定的奖励机制来营造一个仿真期权的计划，激励管理人员和雇员像企业主人翁一样行动和思考，为企业创造价值。

第二节　EVA 的计算方法

一、EVA 的计算公式

EVA 就是企业收入扣除所有成本费用（包括股东资本的成本）及税金后的剩余收益，计算公式如下：

EVA = 息前税后经营利润 - 资本总额 × 总资本成本率

资本总额 = 股权资本额 + 债务资本额

总资本成本率 = 各项股权资本占总资本的比例 × 股权资本成本率 + 各项债务资本占总资本的比例 × 债务资本成本率

详细计算公式如图 8-1 所示。

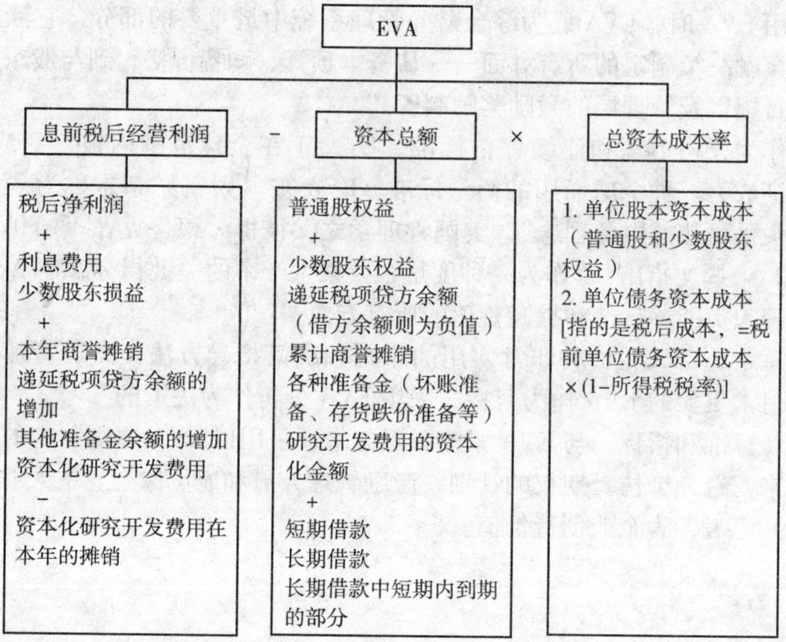

图 8–1　EVA 计算公式

二、计算公式说明

由于根据会计准则编制的财务报表对企业真实情况的反映存在部分失真，在计算税后经营利润和投入资本总额时需要对某些会计报表账户目的处理方法进行调整，以消除根据会计准则编制的财务报表对企业真实情况的扭曲。

资本成本的确定需要参考资本市场的历史数据，由于各国的会计制度和资本市场现状存在差异，经济增加值的计算方法也不尽相同。

1. 息前税后经营利润。是根据资产负债表和利润表进行调整而得的，包含利息及其他与资金使用有关的偿付，简单地说主要就是净利润加上利息费用。如果税后净利润的计算中已扣除少数股东权益，则应加回。该项目是企业的销售收入减去除利息支出以外的全部经营成本和费用（包括所得税费用）后的净值，它实际上是在不涉及资本结构的情况下企业经营所获得的税后利润，也即全部资本的税后投资收益，反映了企业资产的盈利能力。

该项目指的是具体一项主营业务的净利润，与利润表上的投资收益、其他业务利润、营业外收支无关。它显示的是一项主营业务的净利润是正值还不够，只有收益超过资本成本才是切实的盈利。

2. 资本总额。是指所有投资者投入企业经营的全部资本的账面价值，包括优先股和普通股等股权资本、银行借款和债券等债务资本。其中债务资本是指债权人提供的短期和长期贷款，不包括应付账款、应付票据、其他应付款等商业信用负债。股权资本不仅包括普通股，还包括少数股东权益。由此，资本总额等于企业的全部资产减去商业信用负债后的净值，通常采用年初与年末的平均值计算。

3. 总资本成本率。是指根据债务资本和股权资本在资本结构中各自所占的比重计算的加权平均资本成本率。这里的总资本成本包括一年以内（含一年）的短期贷款和债券的资本成本。

计算 EVA，一个最为关键的环节是对资本成本的估算，尤其是股权资本成本。因为总资本成本率是 EVA 公式中的一个主要数据，资本成本的高低将从技术上决定 EVA 的多少。

4. 利息费用。图 8－1 中“净利润 + 利息费用”的计算过程，利息费用（Interest Exchange）并不等于利润表上财务费用的数额，因为当发生存款利息或支付手续费时，财务费用账户的金额就相应变动了。这里利息费用是指企业全年发生的银行长短期贷款利息（包括贷款购建固定资产时计入固定资产原价的资本化利息）、企业债券应付利息等的总额，应根据财务费用、固定资产、应付债券等账户数据分析计算（剔除借贷款项的手续费和借贷款项存放银行时的存款利息），同时净利润加上借贷款项的手续费、减去借贷款项存放银行时的存款利息。

5. 商誉。当企业收购另一公司并采用购买法进行会计核算时，购买价格超过被收购公司净资产总额的部分就形成商誉（Goodwill）。根据我国《企业会计准则第 6 号——无形资产》的规定，商誉属于不可辨认资产，因此不属于无形资产。企业合并中形成的商誉，适用《企业会计准则第 8 号——资产减值》和《企业会计准则第 20 号——企业合并》。计算 EVA 时，调整方法是不对该部分商誉进行摊销。

EVA 旨在通过突出资本成本，帮助确定企业有没有必要从事各项业务。从投资一项商业活动所获得的利润若大于所投入该项资金的成本，则 EVA 为正值，经济价值有所增加，表明企业创造了财富；若小于所投入资金相应的成本，则 EVA 为负值，说明这项商业活动是否值得一干是个问题。

第三节　EVA 分析

一、EVA 计算举例

下面举例说明经济价值增加值的计算方法。

【例 8－1】承前例 7－6，某公司优先股本 0.5 亿元，普通股股本 4 亿元，银行贷款 1 亿元，发行债券 0.5 亿元，留用利润 0.1 亿元，它们的成本率分别为 10%、14%、6.5%、7%、8%，则该企业的总资本成本率为 11.8%。计算该公司总资本成本如下：

资本总额 = 股权资本额 + 债务资本额 = 0.5 + 4 + 1 + 0.5 + 0.1
= 6.1（亿元）

总资本成本 = 6.1 × 11.8% ≈ 0.72（亿元）

即该公司股东可接受的最低报酬率为 11.8%、最低报酬为 0.72 亿元。本例中，贷款和债券是按全年计算，假如贷款是 6 月初开始贷的，即当年度内的贷款时间是半年，则计算资本成本时，1 亿元减半按 0.5 亿元来计算银行贷款在当年度内的资本成本。

EVA = 息前税后经营利润 － 总资本成本

该公司相对于其总资本成本而言，息前税后经营利润应高于 0.72 亿元，否则的话，用俗话来说就是，股东没有在赚钱。

二、EVA 比率

由 EVA 衍生出两个有用的比率：

（一）EVA比率

这一比率用于衡量单位资本投入产生的经济价值增加值，它反映了企业资本营运效率的高低。计算公式如下：

$$\text{EVA 比率} = \frac{\text{EVA}}{\text{资本总额}} \times 100\% = \text{投入资本回报率} - \text{总资本成本率}$$

【例8-2】 承例8-1，若该公司税后净利润为0.7亿元，本年利息费用为0.1亿元，则

息前税后经营利润 = 0.7 + 0.1 = 0.8（亿元）

EVA = 0.8 - 0.72 = 0.08（亿元）

$$\text{EVA 比率} = \frac{0.08}{6.1} \times 100\% \approx 1.31\%$$

（二）股权EVA比率

这一比率用于衡量股东投入单位资本产生的经济价值增加值，计算公式如下：

$$\text{股权 EVA 比率} = \frac{\text{EVA}}{\text{股权资本额}}$$

【例8-3】 承例8-1，例8-2，计算该公司普通股股权EVA比率如下：

普通股股权 = 普通股股本4亿 + 留用利润0.1亿 = 4.1（亿元）

普通股股权EVA比率 = 0.08 ÷ 4.1 ≈ 1.95%

从理论上讲，股权资本的成本等于股东的机会成本。EVA在测算机会成本时可能出现偏差，如果测算出的机会成本小于实际的机会成本，那么所得出的EVA可能会有较大的增加。这时，公司股东可用股权EVA比率来反映企业的经营效益。

三、EVA调整

计算EVA时要对资产负债表和利润表的某些项目进行调整，包括存货成本、货币贬值、坏账准备、重组费用和商誉摊销等。这一计算在全流通的股市中没有问题，但在中国市场上存在大量的非流通股，同一公司的

非流通股与流通股的交易价格是迥异的，而普通股每股净收益、每股股利等指标都是按照总股本计算出来的，EVA 不能区分流通股和非流通股，均按流通股计算，使得股权资本成本计算难以较准确地进行。因此，EVA 在我国上市公司仅能作为企业管理内部参考使用。计算 EVA 所需的大量数据由企业内部财务人员搜集整理，企业外部无法获得数据。公开的 EVA 数据，只有全球已应用 EVA 方法的几百家公司中的上市公司公布的准确性较大，其他如研究各国（包括我国）股市的 EVA 数据准确性很差。

斯特恩与斯图尔特调整了美国公认会计原则（GAAP）的 120 多个方面得出 EVA，他们指出，对于特定的企业，可能只需要进行十个左右的调整。他们的调整主要如下：

（一）对稳健会计影响的调整

1. 对无形资产会计处理的调整，应将所有无形资产投资（比如商誉、研发费用、广告费用、教育和培训费用）予以资本化，以防止管理者的短期行为。在我国，商誉不列为无形资产；研发费用的开发阶段费用满足相关条件的列为无形资产；广告费用列为销售费用；教育和培训费用列为管理费用、制造费用或销售费用（如对营销人员的培训）。

对于商誉，将其资本化但不予以摊销，外购商誉代表企业的一种投资，企业必须为其创造有竞争力的收益，商誉应该以全部数量在 EVA 资产负债表上列示。

对于研发费用（R&D），将其作为投资并在一个合理的期限内摊销。

对于战略性投资，财务会计将其全部或部分利息计入当期财务费用，应将其在一个专门账户中资本化并在开始生产营业时逐步摊销。

对于重组费用，将其作为投资处理。

对于广告费用、教育和培训费用等，应予以资本化。

2. 对于石油天然气行业，失败的勘探费用蕴藏着发现有生产能力领域的部分真实成本，这些成本应资本化而不是费用化。

3. 对于存货计价方式，应按后进先出法予以调整，并在报表附注中增设“后进先出准备”的非正式账户，以消除其稳健的会计效果。在我国的会计准则中，存货计价方式不再提及后进先出法。

4. 对于负债的确认，斯特恩等人反对递延税会计，认为：（1）递延税负债会计强化了稳健主义，由于递延税负债可以被预期在未来支付以至于它的现值为零；（2）该处理减弱了管理者制定高效税务计划的动机。

（二）防止调整盈利的发生

斯特恩等人的一些调整旨在减少管理者有意识地调整会计利润的机会。对于坏账准备、担保、存货减损等，与这些项目相关的费用应该以现金基础来确认。当业绩计量指标与经理红利计划相关时，这些项目很可能被利用来调整盈利。

（三）消除过去会计误差的调整

斯特恩等人提出了一个防止由于过去会计计量的误差而使投资者做出错误撤资决策的程序。如果一项资产的账面值不等于其经济价值（历史成本会计下该现象是非常普通的），可能影响管理者做出经济的、正确的留存或撤资决策。

在调整之后，正的 EVA 值不一定就表示卓越的管理业绩，负的 EVA 值也不一定就表明价值已经遭到减损。斯特恩与斯图尔特也明确指出，即使在他们的调整之后，各种系统偏差仍然存在。EVA 的偏差是客观存在的，因为对经济情况人为地反映不管多么完善，总存在着一定的偏差，但经过不断的调整至少是对经济真实的一种逼近。

虽然 EVA 作为一种有效的财务管理工具，在美、英等国备受关注，但也有不少反对之声。比如，毕德等（1997）经过实证研究，指出传统的业绩计量方式即报告盈余与非正常股东收益之间的联系比 EVA 更紧密。贝克德瑞等（1997）提出了“修正的经济增加值（REVA）”并将之与 EVA 比较，他们的实证结论发现非正常股东收益与 REVA 的相关性强于 EVA。

EVA 由斯特恩与斯图尔特创立和推广，具有近乎某种专有权。需要指出的是，本章所做的只是对其原著论述的一种摘录、分析和介绍，以供参考。

本章小结

1. EVA 是由斯特恩与斯图尔特等人提出的一种业绩评价与激励系统，

是从税后净营业利润提取股权资本成本后的经济利润。

2. EVA就是企业收入扣除所有成本费用（包括股东资本的成本）及税金后的剩余收益。

3. 计算EVA时要对资产负债表和利润表的某些项目进行调整，包括存货成本、货币贬值、坏账准备、重组费用和商誉摊销等。EVA的计算在全流通的股市中没有问题，在我国上市公司仅能作为企业管理内部参考使用。

复　习　题

1. 简述EVA的概念。
2. 简述EVA及EVA比率的计算公式。
3. 简述EVA调整主要有哪些?

练　习　题

练习要求：根据下列资产负债表、利润表、现金流量表进行全面的财务报表分析，撰写财务报表分析报告。习题一至五均是同样要求。

习题一至五均是从证券之星（http://www.stockstar.com）下载的股市报表，金额单位均为人民币元。

作者曾从事过公司上市（国内和海外上市）的财务包装工作，习题引用这些上市公司报表是从网上下载的，不表示作者相信这些报表的真实性。

习题一　邯郸钢铁

邯郸钢铁，沪市上市公司，股票代码：600001，所属行业：钢压延加工业，主要产品：圆钢、螺纹钢、角钢、槽钢、中板、线材及焦炭等。

一、资产负债表

年　份	2007 年年报	2006 年年报	2005 年年报
货币资金	1 853 060 827.91	3 116 879 677.64	2 469 578 638.03
交易性金融资产	0	0	0
交易性金融资产跌价准备	0	0	0
交易性金融资产净额	0	0	0
应收票据	5 446 933 224.65	3 655 031 660.00	1 882 267 653.59
应收股利	0	0	0
应收利息	0	0	0
应收账款	0	0	243 622 088.19
其他应收款	0	0	255 132 479.67
坏账准备	0	0	143 878 601.86
应收账款净额	403 718 151.59	114 964 912.24	107 470 122.73
预付账款	1 377 256 238.51	460 785 317.05	96 601 123.29
应收补贴款	0	0	0
存货	0	0	3 463 887 836.97

续表

年　份	2007 年年报	2006 年年报	2005 年年报
存货跌价准备	0	0	0
存货变现损失	0	0	0
存货净额	4 835 882 121.32	3 872 554 775.13	3 463 887 836.97
待摊费用	0	8 599 137.18	3 559 219.43
一年内到期的长期债权投资	0	0	0
待处理流动资产损失	0	0	0
其他流动资产	0	0	0
流动资产合计	13 930 139 526.80	11 247 836 971.30	8 278 497 073.71
长期股权投资	0	0	0
长期债权投资	0	0	0
长期投资合计	0	0	648 587 784.30
长期投资减值准备	0	0	273 595 215.51
合并价差	0	0	0
长期投资净额	0	342 534 199.57	374 992 568.79
固定资产原值	0	17 868 495 366.08	14 937 999 197.37
累计折旧	0	7 670 821 064.90	5 775 872 210.45
固定资产净值	0	10 197 674 301.18	9 162 126 986.92
固定资产清理	0	3 885 377.15	3 507 455.29
工程物资	0	0	0
在建工程	1 540 408 103.75	2 040 467 633.10	1 087 692 780.12
待处理固定资产损失	0	0	0
固定资产合计	0	12 075 304 732.55	10 086 465 078.57
无形资产	0	0	0
开办费	0	0	0
长期待摊费用	0	0	0
递延资产	0	0	0
无形资产及其他资产合计	0	0	0
其他长期资产	0	0	0
递延税款借项	141 610 858.79	0	0
资产总计	25 623 437 117.74	23 665 675 903.42	18 739 954 721.07
短期借款	350 000 000.00	300 000 000.00	510 000 000.00
应付票据	2 700 370 000.00	2 378 250 000.00	704 810 000.00
应付账款	2 698 192 000.51	2 031 321 497.31	1 634 852 366.25
预收账款	3 350 227 595.49	2 996 131 914.72	321 700 539.28
代销商品款	0	0	0
应付工资	435 027 367.92	370 937 019.30	0
应付福利费	0	101 008 288.29	92 095 836.87
应交税金	-165 038 934.71	-3 965 664.32	218 680 380.12
其他应交款	0	-662 186.22	5 274 338.20

续表

年 份	2007 年年报	2006 年年报	2005 年年报
其他应付款	295 412 603.28	188 270 374.75	180 456 941.08
预提费用	0	0	4 190 000.00
一年内到期的流动负债	0	0	200 000 000.00
其他流动负债	0	0	0
流动负债合计	10 398 098 428.74	8 598 301 243.83	3 872 060 401.80
长期借款	3 188 144 835.92	3 980 403 779.86	4 404 660 439.66
应付债券	0	86 955 007.00	1 890 534 000.00
长期应付款	0	0	0
其他长期负债	0	0	0
住房周转金	0	0	0
长期负债合计	0	4 067 358 786.86	6 298 194 439.66
递延税款贷项	0	0	0
负债合计	13 586 243 264.66	12 665 660 030.69	10 170 254 841.46
股本	2 816 456 569.00	2 791 444 846.00	2 255 548 866.00
资本公积	4 671 348 533.63	4 611 875 631.43	3 333 106 911.09
盈余公积	1 986 372 658.59	1 717 619 491.19	1 538 684 412.51
公益金	0	0	466 364 492.82
任意公积金	0	0	0
未分配利润	2 563 016 091.86	1 879 075 904.11	1 442 359 690.01
外币报表折算差额	0	0	0
股东权益合计	12 037 193 853.08	11 000 015 872.73	8 569 699 879.61
负债及股东权益总计	25 623 437 117.74	23 665 675 903.42	18 739 954 721.07

二、利润表

年 份	2007 年年报	2006 年年报	2005 年年报
主营业务收入	26 112 481 357.60	22 200 884 214.73	19 885 213 367.44
折扣与折让	0	0	0
主营业务收入净额	26 112 481 357.60	22 200 884 214.73	19 885 213 367.44
主营业务成本	23 054 976 499.15	19 476 068 662.06	17 788 075 311.01
主营业务税金及附加	141 171 398.47	118 487 261.59	79 562 080.85
主营业务利润	0	2 606 328 291.08	2 017 575 975.58
其他业务利润	0	−2 784 767.58	−6 473 088.73
存货跌价准备	0	0	0
营业费用（销售费用）	0	166 974 224.21	172 630 237.40
管理费用	689 880 079.82	905 238 490.84	265 932 523.40
财务费用	216 485 708.43	282 880 370.72	274 739 241.05

续表

年　份	2007 年年报	2006 年年报	2005 年年报
进货费用	0	0	0
营业利润	1 728 683 495.39	1 248 450 437.73	1 297 800 885.00
投资收益	82 928 983.81	150 638 062.78	-103 427 209.10
汇兑损益	0	0	0
补贴收入	0	0	0
营业外收入	30 835 908.77	591 136.03	989 063.92
营业外支出	241 754 921.47	109 039 378.31	1 248 219.19
以前年度损益调整	0	0	0
利润总额	1 517 764 482.69	1 290 640 258.23	1 194 114 520.63
所得税	555 898 833.54	395 964 864.85	291 247 482.37
少数股东损益	0	0	0
所得税返还	0	0	0
分给外单位利润	0	0	0
净利润	961 865 649.15	894 675 393.38	902 867 038.26
盈余公积转入数	—	0	0
可供分配的利润	—	2 337 035 083.39	2 693 869 874.22
提取法定盈余公积金	—	89 467 539.34	90 286 703.83
提取法定公益金	—	0	90 286 703.83
提取职工奖励福利基金	—	0	0
可供股东分配的利润	—	2 247 567 544.05	2 513 296 466.56
提取任意盈余公积	—	89 467 539.34	90 286 703.83
转作股本的普通股股利	—	0	754 346 154.00
未分配利润	—	1 879 075 904.11	1 442 359 690.01

三、现金流量表

年　份	2007 年年报	2006 年年报	2005 年年报
销售商品、提供劳务收到的现金	28 713 624 373.28	22 874 033 332.77	21 140 370 793.23
收取的租金	0	0	0
收到的增值税销项税额和退回的增值税款	0	0	0
收到的除增值税以外的其他税费返还	0	0	0
收到的其他与经营活动有关的现金	22 765 254.78	79 532 686.78	989 063.92
（经营活动）现金流入小计	28 736 389 628.06	22 953 566 019.55	21 141 359 857.15
购买商品、接收劳务支付的现金	23 638 420 043.87	17 382 291 019.34	18 464 849 693.69
经营租赁所支付的现金	0	0	0

续表

年 份	2007 年年报	2006 年年报	2005 年年报
支付给职工以及为职工支付的现金	1 280 942 986.50	714 488 991.43	618 573 292.73
支付的所得税款	0	0	0
支付的除增值税、所得税以外的其他税费	0	0	1 529 032 523.46
支付的其他与经营活动有关的现金	394 467 117.14	403 782 938.99	439 810 979.99
（经营活动）现金流出小计	27 462 810 410.57	19 132 371 808.51	21 052 266 489.87
经营活动产生的现金流量净额	1 273 579 217.49	3 821 194 211.04	89 093 367.28
收回投资所收到的现金	175 000 000.00	171 120 000.00	67 680 000.00
分得股利或利润所收到的现金	0	0	15 778 426.61
取得债券利息收入所收到的现金	0	0	0
处置固定资产、无形资产和其他长期资产收回的现金净额	2 333 571.40	183 096 432.00	508 500.00
收到的其他与投资活动有关的现金	0	472 664.00	0
（投资活动）现金流入小计	177 333 571.40	354 689 096.00	83 966 926.61
购建固定资产、无形资产和其他长期资产所支付的现金	1 061 437 454.25	2 479 465 967.23	930 030 503.57
权益性投资所支付的现金	0	0	0
债权性投资所支付的现金	0	0	0
支付的其他与投资活动有关的现金	0	0	0
（投资活动）现金流出小计	1 061 437 454.25	2 479 465 967.23	930 030 503.57
投资活动产生的现金流量净额	-884 103 882.85	-2 124 776 871.23	-846 063 576.96
吸收权益性投资所收到的现金	0	0	0
发行债券所收到的现金	0	0	0
借款所收到的现金	400 000 000.00	0	1 010 000 000.00
收到的其他与筹资活动有关的现金	0	0	0
（筹资活动）现金流入小计	400 000 000.00	0	1 010 000 000.00
偿还债务所支付的现金	1 131 515 943.94	597 246 659.80	927 959 389.77
发生筹资费用所支付的现金	0	0	0
分配股利或利润所支付的现金	617 895 499.62	451 462 348.04	334 494 314.15
偿付利息所支付的现金	0	0	0
融资租赁所支付的现金	0	0	0
减少注册资本所支付的现金	0	0	0
支付的其他与筹资活动有关的现金	11 884 279.09	407 292.36	23 992 694.24

续表

年　份	2007 年年报	2006 年年报	2005 年年报
（筹资活动）现金流出小计	1 761 295 722.65	1 049 116 300.20	1 286 446 398.16
筹资活动产生的现金流量净额	−1 361 295 722.65	−1 049 116 300.20	−276 446 398.16
汇率变动对现金的影响	−5 882 416.69	0	0
现金及现金等价物净增加值	−977 702 804.70	647 301 039.61	−1 033 416 607.84
以固定资产偿还债务	0	0	0
以投资偿还债务	0	0	0
以固定资产进行长期投资	0	0	0
以存货偿还债务	0	0	0
融资租赁固定资产	0	0	0
净利润	961 865 649.15	894 675 393.38	902 867 038.26
加：少数股东损益	0	0	0
加：计提的坏账准备或转销的坏账	0	0	0
存货跌价损失	0	0	0
固定资产折旧	0	1 192 462 108.07	1 435 435 014.64
无形资产及其他资产摊销	0	0	0
待摊费用的摊销	0	0	−3 559 219.43
处置固定资产、无形资产和其他长期资产的损失（减收益）	237 604 405.83	107 338 326.71	−68 188 500.00
固定资产盘亏报废损失	0	0	0
财务费用	216 485 708.43	305 937 117.50	270 888 738.28
投资损失（减收益）	−82 928 983.81	−150 638 062.78	−15 778 426.61
递延税款贷项（减借项）	0	0	0
存货的减少（减增加）	−941 540 638.16	−408 666 938.16	−257 860 892.69
经营性应收项目的减少（减增加）	−2 467 264 893.78	−3 202 780 355.29	−371 900 973.80
经营性应付项目的增加（减减少）	1 974 139 702.21	5 049 256 768.04	−1 942 297 536.53
增值税增加净额（减减少）	0	0	0
其他	0	0	0
经营活动产生现金流量净额	1 273 579 217.49	3 821 194 211.04	89 093 367.28
减：货币资金的期初余额	2 381 852 743.50	2 469 578 638.03	3 502 995 245.87
现金等价物的期末余额	0	0	0
减：现金等价物的期初余额	0	0	0
现金及现金等价物净增加额	0	647 301 039.61	−1 033 416 607.84

习题二 贵州茅台

贵州茅台，沪市上市公司，股票代码：600519，所属行业：酒精及饮料酒制造业，主要产品：贵州茅台酒系列产品。

一、资产负债表

年 份	2007年年报	2006年年报	2005年年报
货币资金	4 722 706 300.02	4 463 098 038.64	3 891 989 433.53
交易性金融资产	0	0	0
交易性金融资产跌价准备	0	0	0
交易性金融资产净额	0	0	0
应收票据	101 046 224.00	185 653 838.47	159 665 200.08
应收股利	0	0	0
应收利息	3 584 400.00	0	0
应收账款	0	79 965 560.95	43 685 990.33
其他应收款	0	0	51 244 124.02
坏账准备	0	14 466 674.25	0
应收账款净额	46 407 153.34	67 438 863.70	94 930 114.35
预付账款	6 825 624.62	4 242 010.29	12 385 914.41
应收补贴款	0	0	0
存货	0	1 975 994 268.18	1 860 549 625.24
存货跌价准备	0	1 283 984.83	0
存货变现损失	0	0	0
存货净额	2 304 818 947.92	1 974 710 283.35	1 860 549 625.24
待摊费用	0	0	0
一年内到期的长期债权投资	0	0	0
待处理流动资产损失	0	0	0
其他流动资产	0	0	0
流动资产合计	7 271 502 903.42	6 750 574 240.29	6 019 520 287.61
长期股权投资	0	0	10 243 017.33
长期债权投资	0	0	0
长期投资合计	0	54 255 946.29	10 243 017.33
长期投资减值准备	0	0	0
合并价差	0	0	0
长期投资净额	0	54 255 946.29	10 243 017.33
固定资产原值	0	1 627 429 614.63	1 301 891 634.66
累计折旧	0	402 888 978.27	318 171 586.10

续表

年　份	2007 年年报	2006 年年报	2005 年年报
固定资产净值	0	1 224 540 636. 36	983 720 048. 56
固定资产清理	0	0	0
工程物资	11 931 427. 66	47 444 702. 52	19 108 529. 36
在建工程	994 453 165. 72	1 179 883 698. 02	909 890 443. 63
待处理固定资产损失	0	0	0
固定资产合计	0	2 449 531 023. 84	1 910 381 008. 49
无形资产	249 274 093. 40	66 093 918. 66	57 074 911. 58
开办费	0	0	0
长期待摊费用	12 477 325. 46	68 459 874. 91	60 377 239. 58
递延资产	0	0	0
无形资产及其他资产合计	0	134 553 793. 57	117 452 151. 16
其他长期资产	0	0	0
递延税款借项	52 849 560. 43	0	0
资产总计	10 481 471 840. 45	9 388 915 003. 99	8 057 596 464. 59
短期借款	0	0	0
应付票据	0	0	0
应付账款	59 681 964. 50	40 813 549. 99	30 329 177. 02
预收账款	1 125 288 196. 26	2 136 139 561. 53	1 543 198 286. 97
代销商品款	0	0	0
应付工资	54 596 365. 24	44 423 995. 43	47 634 039. 32
应付福利费	0	53 522 617. 59	46 915 162. 09
应交税金	407 747 376. 15	799 888 744. 18	910 874 634. 37
其他应交款	0	8 833 803. 59	8 414 392. 50
其他应付款	423 495 209. 82	310 137 150. 24	269 348 761. 11
预提费用	0	126 932. 01	1 305 119. 69
一年内到期的流动负债	0	0	0
其他流动负债	0	0	0
流动负债合计	2 112 616 070. 01	3 393 886 354. 56	2 895 201 383. 07
长期借款	0	0	0
应付债券	0	0	0
长期应付款	0	0	0
其他长期负债	0	0	0
住房周转金	0	0	0
长期负债合计	0	0	0
递延税款贷项	0	0	0
负债合计	2 112 616 070. 01	3 393 886 354. 56	2 895 201 383. 07
股本	943 800 000. 00	943 800 000. 00	471 900 000. 00
资本公积	1 374 964 415. 72	1 374 449 260. 61	1 846 119 450. 61

续表

年 份	2007 年年报	2006 年年报	2005 年年报
盈余公积	838 320 965.63	1 253 305 422.06	967 252 340.82
公益金	0	0	322 417 446.94
任意公积金	0	0	0
未分配利润	5 077 020 374.58	2 325 450 770.91	1 806 625 777.74
外币报表折算差额	0	0	0
股东权益合计	8 368 855 770.44	5 897 005 453.58	5 091 897 569.17
负债及股东权益总计	10 481 471 840.45	9 388 915 003.99	8 057 596 464.59

二、利润表

年 份	2007 年年报	2006 年年报	2005 年年报
主营业务收入	7 237 430 747.12	4 896 186 901.21	3 930 515 237.61
折扣与折让	0	0	0
主营业务收入净额	7 237 430 747.12	4 896 186 901.21	3 930 515 237.61
主营业务成本	871 643 568.33	791 179 840.49	687 106 816.68
主营业务税金及附加	604 078 928.41	574 699 589.66	530 245 028.46
主营业务利润	0	3 530 307 471.06	2 713 163 392.47
其他业务利润	0	395 915.81	48 964.96
存货跌价准备	0	0	0
营业费用（销售费用）	0	579 353 831.58	475 939 394.33
管理费用	723 155 575.20	492 828 170.28	350 685 099.47
财务费用	-44 743 824.95	-25 268 367.89	-32 264 593.95
进货费用	0	0	0
营业利润	4 525 341 001.80	2 483 789 752.90	1 918 852 457.58
投资收益	1 814 950.00	3 012 928.94	427 953.60
汇兑损益	0	0	0
补贴收入	0	426 510.55	0
营业外收入	2 917 186.44	1 149 619.55	1 762 887.90
营业外支出	6 233 172.31	191 818.51	796 935.44
以前年度损益调整	0	0	0
利润总额	4 522 025 015.93	2 488 186 993.43	1 920 246 363.64
所得税	1 555 972 506.98	913 878 754.97	751 124 237.93
少数股东损益	135 220 914.59	70 191 397.97	50 580 496.34
所得税返还	0	0	0
分给外单位利润	0	0	0
净利润	2 830 831 594.36	1 504 116 840.49	1 118 541 629.37
盈余公积转入数	—	0	0
可供分配的利润	—	3 169 172 618.23	2 125 317 190.26

续表

年　份	2007 年年报	2006 年年报	2005 年年报
提取法定盈余公积金	—	286 053 081.24	212 460 941.68
提取法定公益金	—	0	106 230 470.84
提取职工奖励福利基金	—	0	0
可供股东分配的利润	—	2 883 119 536.99	1 806 625 777.74
提取任意盈余公积	—	0	0
转作股本的普通股股利	—	660 660 000.00	0
未分配利润	—	1 664 790 770.91	1 665 055 777.74

三、现金流量表

年　份	2007 年年报	2006 年年报	2005 年年报
销售商品、提供劳务收到的现金	7 437 754 281.34	6 140 872 490.10	4 976 668 595.34
收取的租金	0	0	0
收到的增值税销项税额和退回的增值税款	0	0	0
收到的除增值税以外的其他税费返还	0	0	50 557 133.43
收到的其他与经营活动有关的现金	95 684 682.11	41 497 583.01	16 087 755.58
（经营活动）现金流入小计	7 533 438 963.45	6 182 370 073.11	5 043 313 484.35
购买商品、接收劳务支付的现金	1 098 306 968.33	804 488 570.85	950 764 775.72
经营租赁所支付的现金	0	0	0
支付给职工以及为职工支付的现金	623 333 896.62	403 859 477.30	250 797 895.85
支付的所得税款	0	0	0
支付的除增值税、所得税以外的其他税费	0	0	1 600 737 072.95
支付的其他与经营活动有关的现金	465 962 448.89	480 906 660.40	547 306 251.51
（经营活动）现金流出小计	5 790 135 752.07	4 077 199 039.42	3 349 605 996.03
经营活动产生的现金流量净额	1 743 303 211.38	2 105 171 033.69	1 693 707 488.32
收回投资所收到的现金	0	0	0
分得股利或利润所收到的现金	0	0	0
取得债券利息收入所收到的现金	0	0	0
处置固定资产、无形资产和其他长期资产收回的现金净额	0	5 950.00	0
收到的其他与投资活动有关的现金	0	0	0

续表

年 份	2007 年年报	2006 年年报	2005 年年报
（投资活动）现金流入小计	0	5 950.00	0
购建固定资产、无形资产和其他长期资产所支付的现金	772 456 652.49	737 075 587.28	540 843 725.72
权益性投资所支付的现金	0	0	0
债权性投资所支付的现金	0	0	0
支付的其他与投资活动有关的现金	0	0	0
（投资活动）现金流出小计	789 456 652.49	778 075 587.28	540 843 725.72
投资活动产生的现金流量净额	-789 456 652.49	-778 069 637.28	-540 843 725.72
吸收权益性投资所收到的现金	0	0	0
发行债券所收到的现金	0	0	0
借款所收到的现金	0	0	0
收到的其他与筹资活动有关的现金	1 504 621.00	4 146 323.10	32 502 077.90
（筹资活动）现金流入小计	1 504 621.00	4 146 323.10	32 502 077.90
偿还债务所支付的现金	0	0	0
发生筹资费用所支付的现金	0	0	0
分配股利或利润所支付的现金	706 866 028.20	760 139 114.40	191 703 825.82
偿付利息所支付的现金	0	0	0
融资租赁所支付的现金	0	0	0
减少注册资本所支付的现金	0	0	0
支付的其他与筹资活动有关的现金	0	0	0
（筹资活动）现金流出小计	706 866 028.20	760 139 114.40	191 703 825.82
筹资活动产生的现金流量净额	-705 361 407.20	-755 992 791.30	-159 201 747.92
汇率变动对现金的影响	0	0	0
现金及现金等价物净增加值	248 485 151.69	571 108 605.11	993 662 014.68
以固定资产偿还债务	0	0	0
以投资偿还债务	0	0	0
以固定资产进行长期投资	0	0	0
以存货偿还债务	0	0	0
融资租赁固定资产	0	0	0
净利润	2 966 052 508.95	1 504 116 840.49	1 118 541 629.37
加：少数股东损益	0	70 191 397.97	50 580 496.34
加：计提的坏账准备或转销的坏账	0	0	0
存货跌价损失	0	0	0
固定资产折旧	0	84 717 392.17	64 659 106.39
无形资产及其他资产摊销	8 419 605.26	3 228 097.47	1 721 214.26

续表

年　份	2007 年年报	2006 年年报	2005 年年报
待摊费用的摊销	65 846 168.60	8 744 492.69	0
处置固定资产、无形资产和其他长期资产的损失（减收益）	900 998.31	0	0
固定资产盘亏报废损失	3 146 711.19	0	0
财务费用	-2 019 007.08	-3 977 754.65	-32 264 593.95
投资损失（减收益）	-1 814 950.00	-3 012 928.94	-427 953.60
递延税款贷项（减借项）	0	0	0
存货的减少（减增加）	-323 901 731.40	-101 199 764.44	-166 808 430.13
经营性应收项目的减少（减增加）	71 616 599.29	-45 784 689.46	-86 411 335.00
经营性应付项目的增加（减减少）	-1 265 396 867.94	587 303 605.69	739 535 163.92
增值税增加净额（减减少）	0	0	0
其他	0	0	0
经营活动产生现金流量净额	1 743 303 211.38	2 105 171 033.69	1 693 707 488.32
减：货币资金的期初余额	4 474 221 148.33	3 891 989 433.53	2 898 327 418.85
现金等价物的期末余额	0	0	0
减：现金等价物的期初余额	0	0	0
现金及现金等价物净增加额	248 485 151.69	571 108 605.11	993 662 014.68

习题三 青岛海尔

青岛海尔，沪市上市公司，股票代码：600690，所属行业：日用电器制造业，主要产品：电冰箱、电冰柜、船用电冰箱、微波炉、真空包装机、空调器、电磁管、洗衣机、热水器、电风扇、吸尘器及配件、通讯设备。

一、资产负债表

年 份	2007 年年报	2006 年年报	2005 年年报
货币资金	2 420 831 605.66	1 626 377 382.47	670 233 583.26
交易性金融资产	0	0	0
交易性金融资产跌价准备	0	0	0
交易性金融资产净额	0	0	0
应收票据	1 675 344 783.21	1 145 157 696.97	1 063 352 049.71
应收股利	0	40 785.06	36 770.75
应收利息	0	0	0
应收账款	0	1 442 359 846.42	1 012 349 400.42
其他应收款	0	0	71 868 977.93
坏账准备	0	74 022 882.11	0
应收账款净额	578 904 134.74	1 370 241 854.10	1 084 218 378.35
预付账款	94 248 999.40	43 881 583.80	148 631 792.59
应收补贴款	0	13 852 088.75	0
存货	0	1 348 205 036.62	878 113 672.61
存货跌价准备	0	0	0
存货变现损失	0	0	0
存货净额	2 928 666 219.28	1 348 205 036.62	878 113 672.61
待摊费用	0	0	0
一年内到期的长期债权投资	0	0	0
待处理流动资产损失	0	0	0
其他流动资产	12 803.08	0	0
流动资产合计	7 790 863 868.22	5 583 949 333.82	3 844 586 247.27
长期股权投资	0	0	1 328 185 072.93
长期债权投资	0	0	0
长期投资合计	0	862 444 986.07	1 328 185 072.93
长期投资减值准备	0	0	0
合并价差	0	592 172 631.32	737 194 500.21

续表

年　份	2007 年年报	2006 年年报	2005 年年报
长期投资净额	0	862 444 986. 07	1 328 185 072. 93
固定资产原值	0	3 082 455 265. 01	2 634 575 844. 50
累计折旧	0	1 257 525 650. 58	1 112 681 669. 49
固定资产净值	0	1 824 929 614. 43	1 521 894 175. 01
固定资产清理	0	0	0
工程物资	0	0	0
在建工程	189 162 712. 17	135 409 610. 66	29 773 729. 97
待处理固定资产损失	0	0	0
固定资产合计	0	1 944 989 225. 09	1 536 317 904. 98
无形资产	146 417 448. 16	85 083 248. 08	67 164 143. 99
开办费	0	0	0
长期待摊费用	1 075 258. 20	285 006. 80	1 244 129. 14
递延资产	0	0	0
无形资产及其他资产合计	0	85 368 254. 88	68 408 273. 13
其他长期资产	0	0	0
递延税款借项	81 530 040. 29	0	0
资产总计	11 188 965 146. 13	8 476 751 799. 86	6 777 497 498. 31
短期借款	97 000 000. 00	223 000 000. 00	7 000 000. 00
应付票据	460 115 042. 61	123 000 000. 00	0
应付账款	2 367 974 819. 05	1 457 246 276. 22	333 082 521. 04
预收账款	803 657 012. 93	60 031 716. 69	29 565 766. 48
代销商品款	0	0	0
应付工资	67 286 019. 80	9 363 675. 62	13 778 498. 84
应付福利费	0	27 367 532. 68	9 122 395. 21
应交税金	−258 495 249. 50	41 716 325. 57	7 166 141. 74
其他应交款	0	3 454 919. 22	852 853. 24
其他应付款	199 861 031. 59	108 846 615. 20	110 703 140. 11
预提费用	0	0	0
一年内到期的流动负债	0	0	138 360 000. 00
其他流动负债	0	0	0
流动负债合计	4 043 222 732. 27	2 106 939 648. 04	721 725 212. 96
长期借款	79 400 000. 00	39 800 000. 00	0
应付债券	0	0	0
长期应付款	0	0	0
其他长期负债	0	0	0
住房周转金	0	0	0
长期负债合计	0	39 800 000. 00	1 366 996. 80
递延税款贷项	3 447 363. 78	0	0
负债合计	4 132 836 028. 05	2 146 739 648. 04	723 092 209. 76

续表

年　份	2007 年年报	2006 年年报	2005 年年报
股本	1 338 518 770.00	1 196 472 423.00	1 196 472 423.00
资本公积	3 016 378 138.68	2 934 195 223.74	2 933 718 592.07
盈余公积	1 133 289 551.11	1 417 045 585.46	1 323 141 951.85
公益金	0	0	547 947 089.03
任意公积金	0	0	0
未分配利润	820 926 584.14	238 229 409.89	145 370 976.85
外币报表折算差额	0	0	0
股东权益合计	7 056 129 118.08	5 785 942 642.09	5 598 703 943.77
负债及股东权益总计	11 188 965 146.13	8 476 751 799.86	6 777 497 498.31

二、利润表

年　份	2007 年年报	2006 年年报	2005 年年报
主营业务收入	29 468 645 507.98	19 622 831 178.47	16 509 455 788.59
折扣与折让	0	0	0
主营业务收入净额	29 468 645 507.98	19 622 831 178.47	16 509 455 788.59
主营业务成本	23 867 836 251.20	16 868 521 903.09	14 567 234 642.53
主营业务税金及附加	65 855 870.72	36 032 724.84	27 793 612.95
主营业务利润	0	2 718 276 550.54	1 914 427 533.11
其他业务利润	0	38 588 803.35	13 216 371.45
存货跌价准备	0	0	0
营业费用（销售费用）	0	1 386 074 104.76	915 908 531.84
管理费用	1 187 483 078.84	768 060 297.27	574 437 299.99
财务费用	47 970 512.41	2 534 219.81	-2 026 172.08
进货费用	0	0	0
营业利润	899 293 751.14	600 196 732.05	439 324 244.81
投资收益	64 868 376.81	-110 665 098.81	-113 207 763.73
汇兑损益	0	0	0
补贴收入	0	0	0
营业外收入	47 228 982.89	21 820 562.33	5 764 262.96
营业外支出	66 407 822.44	48 299 092.18	6 107 819.26
以前年度损益调整	0	0	0
利润总额	880 114 911.59	463 053 103.39	325 772 924.78
所得税	125 828 881.14	106 574 863.23	76 031 666.09
少数股东损益	110 654 012.68	42 564 505.00	10 614 634.67
所得税返还	0	0	0
分给外单位利润	0	0	0
净利润	643 632 017.77	313 913 735.16	239 126 624.02

续表

年　份	2007 年年报	2006 年年报	2005 年年报
盈余公积转入数	—	0	0
可供分配的利润	—	459 284 712.01	629 491 932.79
提取法定盈余公积金	—	69 371 897.38	63 695 640.20
提取法定公益金	—	0	61 483 588.84
提取职工奖励福利基金	—	3 891 372.57	0
可供股东分配的利润	—	364 406 930.95	504 312 703.75
提取任意盈余公积	—	6 530 278.76	0
转作股本的普通股股利	—	0	0
未分配利润	—	238 229 409.89	145 370 976.85

三、现金流量表

年　份	2007 年年报	2006 年年报	2005 年年报
销售商品、提供劳务收到的现金	31 106 457 959.01	6 430 230 710.25	3 973 631 899.15
收取的租金	0	0	0
收到的增值税销项税额和退回的增值税款	0	0	0
收到的除增值税以外的其他税费返还	0	0	117 564 434.35
收到的其他与经营活动有关的现金	184 820 791.30	62 095 483.08	59 288 319.73
(经营活动) 现金流入小计	31 379 508 602.70	6 585 679 710.63	4 150 484 653.23
购买商品、接收劳务支付的现金	25 129 161 345.29	3 612 821 564.64	1 993 006 867.68
经营租赁所支付的现金	0	0	0
支付给职工以及为职工支付的现金	1 328 836 034.99	327 681 779.41	236 748 226.61
支付的所得税款	0	0	0
支付的除增值税、所得税以外的其他税费	0	0	416 437 656.42
支付的其他与经营活动有关的现金	2 652 592 142.30	930 426 465.66	1 036 338 405.13
(经营活动) 现金流出小计	30 100 651 114.53	5 355 517 094.57	3 682 531 155.84
经营活动产生的现金流量净额	1 278 857 488.17	1 230 162 616.06	467 953 497.39
收回投资所收到的现金	0	0	0
分得股利或利润所收到的现金	0	0	501 085.29
取得债券利息收入所收到的现金	0	0	0

续表

年 份	2007 年年报	2006 年年报	2005 年年报
处置固定资产、无形资产和其他长期资产收回的现金净额	34 918 729.35	55 750 180.81	847 893.00
收到的其他与投资活动有关的现金	2 414 973.51	75 173 783.48	6 934 023.36
(投资活动)现金流入小计	37 441 390.86	131 030 099.36	8 283 001.65
购建固定资产、无形资产和其他长期资产所支付的现金	327 340 527.96	278 274 861.82	80 134 197.10
权益性投资所支付的现金	0	0	90 930 000.00
债权性投资所支付的现金	0	0	0
支付的其他与投资活动有关的现金	589 046.88	0	0
(投资活动)现金流出小计	338 729 574.84	278 274 861.82	171 064 197.10
投资活动产生的现金流量净额	-301 288 183.98	-147 244 762.46	-162 781 195.45
吸收权益性投资所收到的现金	0	0	0
发行债券所收到的现金	0	0	0
借款所收到的现金	185 600 000.00	232 800 000.00	7 000 000.00
收到的其他与筹资活动有关的现金	0	0	0
(筹资活动)现金流入小计	185 600 000.00	309 629 196.82	7 000 000.00
偿还债务所支付的现金	272 000 000.00	255 360 000.00	0
发生筹资费用所支付的现金	0	0	0
分配股利或利润所支付的现金	225 968 258.86	149 204 412.73	330 591 570.53
偿付利息所支付的现金	0	0	0
融资租赁所支付的现金	0	0	0
减少注册资本所支付的现金	0	0	0
支付的其他与筹资活动有关的现金	0	31 838 838.48	26 432 096.20
(筹资活动)现金流出小计	497 968 258.86	436 403 251.21	357 023 666.73
筹资活动产生的现金流量净额	-312 368 258.86	-126 774 054.39	-350 023 666.73
汇率变动对现金的影响	0	0	0
现金及现金等价物净增加值	665 201 045.33	956 143 799.21	-44 851 364.79
以固定资产偿还债务	0	0	0
以投资偿还债务	0	0	0
以固定资产进行长期投资	0	0	0
以存货偿还债务	0	0	0
融资租赁固定资产	0	0	0
净利润	754 286 030.45	313 913 735.16	239 126 624.02
加:少数股东损益	0	42 564 505.00	10 614 634.67
加:计提的坏账准备或转销的坏账	0	0	0

续表

年　份	2007 年年报	2006 年年报	2005 年年报
存货跌价损失	0	0	0
固定资产折旧	303 981 031.33	246 108 849.44	210 195 031.92
无形资产及其他资产摊销	10 252 516.43	6 513 335.91	7 333 334.91
待摊费用的摊销	462 932.28	1 669 502.11	0
处置固定资产、无形资产和其他长期资产的损失（减收益）	－2 994 485.56	3 935 659.61	－132 553.09
固定资产盘亏报废损失	0	0	175 828.96
财务费用	25 702 115.61	－2 337 440.50	673 880.69
投资损失（减收益）	－64 868 376.81	110 665 098.81	113 207 763.73
递延税款贷项（减借项）	0	0	0
存货的减少（减增加）	－1 238 873 422.27	－465 857 077.49	46 628 338.77
经营性应收项目的减少（减增加）	1 586 245 565.08	－330 082 665.95	151 198 351.24
经营性应付项目的增加（减减少）	1 267 738.08	1 290 344 643.55	－310 047 339.79
增值税增加净额（减减少）	0	0	0
其他	0	0	0
经营活动产生现金流量净额	1 278 857 488.17	1 230 162 616.06	467 953 497.39
减：货币资金的期初余额	1 755 630 560.33	670 233 583.26	715 084 948.05
现金等价物的期末余额	0	0	0
减：现金等价物的期初余额	0	0	0
现金及现金等价物净增加额	665 201 045.33	956 143 799.21	－44 851 364.79

习题四 深万科 A

深万科 A，深市上市公司，股票代码：000002，所属行业：房地产开发与经营业，主要产品：商品住宅。

一、资产负债表

年 份	2007 年年报	2006 年年报	2005 年年报
货币资金	17 046 504 584.31	10 743 695 198.09	3 249 034 710.39
交易性金融资产	0	0	0
交易性金融资产跌价准备	0	0	0
交易性金融资产净额	0	1 009 053.86	0
应收票据	0	0	0
应收股利	0	0	0
应收利息	0	0	0
应收账款	0	0	389 267 544.87
其他应收款	0	0	704 969 706.59
坏账准备	0	0	46 168 864.00
应收账款净额	864 883 012.55	364 609 673.22	377 307 701.04
预付账款	8 284 197 850.73	2 087 918 058.82	702 577 950.58
应收补贴款	0	0	0
存货	0	0	14 916 108 921.71
存货跌价准备	0	0	66 627 815.03
存货变现损失	0	0	0
存货净额	66 472 876 871.40	30 805 028 158.96	14 849 481 106.68
待摊费用	0	4 527 867.23	1 554 912.96
一年内到期的长期债权投资	0	0	0
待处理流动资产损失	0	0	0
其他流动资产	0	0	0
流动资产合计	95 432 519 188.17	44 677 793 756.57	19 884 926 088.24
长期股权投资	0	0	0
长期债权投资	0	0	0
长期投资合计	0	0	1 945 425 279.16
长期投资减值准备	0	0	101 295 582.31
合并价差	0	0	0
长期投资净额	0	3 252 548 432.11	1 844 129 696.85
固定资产原值	0	752 073 792.47	388 447 010.18
累计折旧	0	245 054 757.90	171 742 907.67

续表

年　份	2007 年年报	2006 年年报	2005 年年报
固定资产净值	0	507 019 034. 57	216 704 102. 51
固定资产清理	0	0	0
工程物资	0	0	0
在建工程	271 270 240. 23	3 272 022. 92	19 699 697. 20
待处理固定资产损失	0	0	0
固定资产合计	0	510 291 057. 49	236 403 799. 71
无形资产	0	0	0
开办费	0	0	0
长期待摊费用	6 871 651. 49	67 284 324. 52	26 932 476. 50
递延资产	0	0	0
无形资产及其他资产合计	0	67 284 324. 52	26 932 476. 50
其他长期资产	0	0	0
递延税款借项	604 057 419. 26	0	0
资产总计	100 094 467 908. 29	48 507 917 570. 69	21 992 392 061. 30
短期借款	1 104 850 000. 00	2 715 470 000. 00	900 000 000. 00
应付票据	0	0	3 781 990. 38
应付账款	11 103 797 389. 76	5 952 263 493. 07	3 318 835 001. 62
预收账款	21 622 747 400. 80	8 836 350 970. 30	4 664 152 790. 56
代销商品款	0	0	0
应付工资	729 790 790. 42	0	0
应付福利费	0	31 488 782. 48	17 719 176. 86
应交税金	795 716 626. 98	60 895 703. 77	43 491 656. 22
其他应交款	0	11 354 128. 23	－67 030. 46
其他应付款	5 907 447 420. 79	2 611 077 189. 62	1 210 901 610. 96
预提费用	0	575 975 431. 21	37 967 806. 34
一年内到期的流动负债	0	0	662 980 000. 00
其他流动负债	0	0	0
流动负债合计	48 773 983 644. 40	21 916 646 969. 97	10 883 742 013. 89
长期借款	16 362 079 840. 21	9 510 878 980. 91	1 194 889 180. 00
应付债券	0	0	884 762 649. 44
长期应付款	0	57 003 863. 92	428 573 863. 92
其他长期负债	0	17 391 619. 87	19 201 125. 98
住房周转金	0	0	0
长期负债合计	0	9 585 274 464. 70	2 527 426 819. 34
递延税款贷项	991 004 610. 53	0	0
负债合计	66 174 944 879. 25	31 501 921 434. 67	13 411 168 833. 23
股本	6 872 006 387. 00	4 369 898 751. 00	3 722 687 670. 00
资本公积	12 830 465 899. 13	5 431 777 482. 61	1 075 553 873. 40
盈余公积	5 395 470 156. 38	4 402 087 926. 99	2 893 840 406. 35

续表

年　份	2007 年年报	2006 年年报	2005 年年报
公益金	0	0	240 245 860.12
任意公积金	0	0	0
未分配利润	4 032 906 217.68	668 538 492.81	613 894 467.92
外币报表折算差额	147 798 941.01	10 068 656.36	3 626 139.37
股东权益合计	33 919 523 029.04	14 882 371 309.77	8 309 602 557.04
负债及股东权益总计	100 094 467 908.29	48 507 917 570.69	21 992 392 061.30

二、利润表

年　份	2007 年年报	2006 年年报	2005 年年报
主营业务收入	35 526 611 301.94	17 848 210 282.17	10 558 851 683.83
折扣与折让	0	0	0
主营业务收入净额	35 526 611 301.94	17 848 210 282.17	10 558 851 683.83
主营业务成本	20 607 338 964.44	11 201 866 353.06	6 884 920 656.05
主营业务税金及附加	4 115 772 993.85	1 573 596 770.31	641 346 741.57
主营业务利润	0	5 072 747 158.80	3 032 584 286.21
其他业务利润	0	-1 432 316.14	12 570 882.78
存货跌价准备	0	0	0
营业费用（销售费用）	0	625 716 844.96	466 289 323.58
管理费用	1 763 765 823.49	851 962 869.56	519 869 226.09
财务费用	359 500 074.40	140 151 591.93	16 197 148.22
进货费用	0	0	0
营业利润	7 652 897 499.73	3 453 483 536.21	2 042 799 471.10
投资收益	208 030 696.10	-64 553 150.61	-84 428 399.95
汇兑损益	0	0	0
补贴收入	0	0	0
营业外收入	31 457 800.24	21 307 390.59	28 255 029.67
营业外支出	42 749 614.64	13 719 549.57	10 444 439.84
以前年度损益调整	0	0	0
利润总额	7 641 605 685.33	3 396 518 226.62	1 976 181 660.98
所得税	2 324 104 867.51	1 088 077 748.00	542 755 949.14
少数股东损益	473 265 323.61	153 801 163.44	83 062 895.06
所得税返还	0	0	0
分给外单位利润	0	0	0
净利润	4 844 235 494.21	2 154 639 315.18	1 350 362 816.78
盈余公积转入数	—	0	0
可供分配的利润	—	2 768 533 783.10	1 765 209 228.95
提取法定盈余公积金	—	215 463 931.52	135 036 281.68
提取法定公益金	—	0	0
提取职工奖励福利基金	—	0	0

续表

年　份	2007 年年报	2006 年年报	2005 年年报
可供股东分配的利润	—	2 553 069 851.58	1 630 172 947.27
提取任意盈余公积	—	1 292 783 589.12	675 181 408.40
转作股本的普通股股利	—	0	0
未分配利润	—	668 538 492.81	613 894 467.92

三、现金流量表

年　份	2007 年年报	2006 年年报	2005 年年报
销售商品、提供劳务收到的现金	44 712 799 355.37	19 031 451 403.09	12 669 088 676.52
收取的租金	0	31 851 598.17	0
收到的增值税销项税额和退回的增值税款	0	0	0
收到的除增值税以外的其他税费返还	0	0	0
收到的其他与经营活动有关的现金	1 251 115 826.87	477 318 095.55	159 849 905.19
（经营活动）现金流入小计	45 963 915 182.24	19 540 621 096.81	12 828 938 581.71
购买商品、接收劳务支付的现金	46 171 068 846.22	17 425 396 578.83	8 411 005 629.66
经营租赁所支付的现金	0	28 447 389.25	0
支付给职工以及为职工支付的现金	1 107 413 005.50	749 263 247.62	452 287 228.49
支付的所得税款	0	0	0
支付的除增值税、所得税以外的其他税费	0	0	1 329 180 408.65
支付的其他与经营活动有关的现金	4 258 426 101.00	2 397 970 183.72	1 793 026 180.26
（经营活动）现金流出小计	56 401 630 998.04	22 564 742 578.68	11 985 499 447.06
经营活动产生的现金流量净额	−10 437 715 815.80	−3 024 121 481.87	843 439 134.65
收回投资所收到的现金	60 714 270.46	347 988 327.73	98 717 571.00
分得股利或利润所收到的现金	0	677 600.00	20 455 000.00
取得债券利息收入所收到的现金	0	0	0
处置固定资产、无形资产和其他长期资产收回的现金净额	1 008 580.78	11 450 255.22	10 184 689.44
收到的其他与投资活动有关的现金	167 527 344.24	0	63 929 154.25
（投资活动）现金流入小计	388 664 927.05	437 589 436.09	193 286 414.69

续表

年 份	2007 年年报	2006 年年报	2005 年年报
购建固定资产、无形资产和其他长期资产所支付的现金	257 897 785. 32	136 018 238. 71	47 439 552. 20
权益性投资所支付的现金	0	1 630 706 743. 93	523 604 081. 00
债权性投资所支付的现金	0	222 685 298. 07	0
支付的其他与投资活动有关的现金	4 198 635 152. 12	0	0
（投资活动）现金流出小计	4 992 700 152. 24	1 989 410 280. 71	571 043 633. 20
投资活动产生的现金流量净额	-4 604 035 225. 19	-1 551 820 844. 62	-377 757 218. 51
吸收权益性投资所收到的现金	0	5 501 690 722. 81	9 000 000. 00
发行债券所收到的现金	0	0	0
借款所收到的现金	18 558 699 204. 56	11 422 040 181. 07	2 551 425 704. 83
收到的其他与筹资活动有关的现金	0	0	0
（筹资活动）现金流入小计	30 508 468 360. 28	16 923 730 903. 88	2 560 425 704. 83
偿还债务所支付的现金	7 156 929 770. 90	3 681 696 980. 16	2 313 450 000. 00
发生筹资费用所支付的现金	0	0	0
分配股利或利润所支付的现金	1 990 536 759. 07	1 177 873 626. 52	600 297 643. 95
偿付利息所支付的现金	0	0	0
融资租赁所支付的现金	0	0	0
减少注册资本所支付的现金	0	0	0
支付的其他与筹资活动有关的现金	0	0	0
（筹资活动）现金流出小计	9 147 466 529. 97	4 859 570 606. 68	2 913 747 643. 95
筹资活动产生的现金流量净额	21 361 001 830. 31	12 064 160 297. 20	-353 321 939. 12
汇率变动对现金的影响	-16 441 403. 10	6 442 516. 99	4 675 211. 74
现金及现金等价物净增加值	6 302 809 386. 22	7 494 660 487. 70	117 035 188. 76
以固定资产偿还债务	0	0	0
以投资偿还债务	0	0	0
以固定资产进行长期投资	0	0	0
以存货偿还债务	0	0	0
融资租赁固定资产	0	0	0
净利润	5 317 500 817. 82	2 154 639 315. 18	1 350 362 816. 78
加：少数股东损益	0	153 801 163. 44	83 062 895. 06
加：计提的坏账准备或转销的坏账	0	0	0
存货跌价损失	0	0	0
固定资产折旧	108 228 054. 31	51 678 327. 81	38 351 773. 11
无形资产及其他资产摊销	0	0	0
待摊费用的摊销	2 410 643. 03	1 179 550. 44	-380 139. 79

续表

年　份	2007 年年报	2006 年年报	2005 年年报
处置固定资产、无形资产和其他长期资产的损失（减收益）	675 525.30	785 011.83	-129 837.76
固定资产盘亏报废损失	0	0	0
财务费用	359 500 074.40	140 151 591.93	16 197 148.22
投资损失（减收益）	-208 030 696.10	64 553 150.61	84 428 399.95
递延税款贷项（减借项）	0	0	0
存货的减少（减增加）	-32 392 687 516.80	-7 856 661 489.28	-2 414 224 908.84
经营性应收项目的减少（减增加）	-8 563 686 760.62	-871 043 037.35	-403 658 460.24
经营性应付项目的增加（减减少）	25 168 188 434.73	2 502 606 874.98	2 050 072 080.94
增值税增加净额（减减少）	0	0	0
其他	0	80 570 000.00	0
经营活动产生现金流量净额	-10 437 715 815.80	-3 024 121 481.87	843 439 134.65
减：货币资金的期初余额	0	3 249 034 710.39	3 131 999 521.63
现金等价物的期末余额	0	0	0
减：现金等价物的期初余额	0	0	0
现金及现金等价物净增加额	0	7 494 660 487.70	117 035 188.76

习题五 桂林旅游

桂林旅游，深市上市公司，股票代码：000978，所属行业：旅游业，经营范围：游船客运、公路旅行客运、汽车出租、旅游观光服务；旅游贸易、旅游工艺品制造、销售。

一、资产负债表

年 份	2007 年年报	2006 年年报	2005 年年报
货币资金	93 319 183.26	80 185 706.67	66 544 782.86
交易性金融资产	0	0	0
交易性金融资产跌价准备	0	0	0
交易性金融资产净额	0	0	0
应收票据	0	0	0
应收股利	0	264 000.00	660 000.00
应收利息	0	0	0
应收账款	0	46 772 960.78	44 291 903.97
其他应收款	0	0	8 756 331.65
坏账准备	0	5 794 918.84	0
应收账款净额	39 913 397.44	43 966 583.03	53 048 235.62
预付账款	15 083 585.48	1 452 128.11	953 707.52
应收补贴款	0	0	0
存货	0	3 147 125.90	3 051 863.39
存货跌价准备	0	0	0
存货变现损失	0	0	0
存货净额	2 993 280.00	3 147 125.90	3 051 863.39
待摊费用	0	1 385 951.60	1 205 183.62
一年内到期的长期债权投资	0	0	0
待处理流动资产损失	0	0	0
其他流动资产	0	0	0
流动资产合计	164 909 151.96	137 975 935.24	125 463 773.01
长期股权投资	0	0	225 696 450.69
长期债权投资	0	0	0
长期投资合计	0	222 291 298.83	225 696 450.69
长期投资减值准备	0	0	0
合并价差	0	32 863 274.49	33 440 848.62
长期投资净额	0	222 291 298.83	225 696 450.69

续表

年　份	2007 年年报	2006 年年报	2005 年年报
固定资产原值	0	521 647 409. 67	508 476 617. 69
累计折旧	0	145 299 022. 37	144 621 273. 46
固定资产净值	0	376 348 387. 30	363 855 344. 23
固定资产清理	0	0	1 836 640. 41
工程物资	0	0	0
在建工程	13 045 805. 74	12 402 191. 30	8 263 903. 05
待处理固定资产损失	0	0	0
固定资产合计	0	388 508 619. 99	373 713 929. 08
无形资产	60 696 963. 09	75 648 715. 45	78 996 665. 27
开办费	0	0	0
长期待摊费用	1 035 632. 30	1 599 955. 26	1 556 219. 91
递延资产	0	0	0
无形资产及其他资产合计	0	79 629 670. 71	82 908 885. 18
其他长期资产	0	2 381 000. 00	2 356 000. 00
递延税款借项	3 751 962. 86	0	0
资产总计	834 531 050. 19	828 405 524. 77	807 783 037. 96
短期借款	156 000 000. 00	154 000 000. 00	186 000 000. 00
应付票据	0	0	0
应付账款	7 557 207. 82	18 543 218. 12	8 741 049. 26
预收账款	3 092 214. 97	4 622 366. 02	4 323 634. 44
代销商品款	0	0	0
应付工资	23 587 583. 66	18 518 995. 60	3 613 292. 78
应付福利费	0	6 167 690. 91	5 050 581. 19
应交税金	4 721 085. 21	6 771 095. 12	7 994 449. 24
其他应交款	0	179 640. 53	340 316. 95
其他应付款	21 184 159. 11	24 668 330. 68	21 570 452. 90
预提费用	0	1 070 082. 93	517 501. 51
一年内到期的流动负债	0	0	4 000 000. 00
其他流动负债	0	0	0
流动负债合计	250 811 439. 54	286 839 148. 16	242 288 358. 18
长期借款	82 000 000. 00	76 000 000. 00	105 900 000. 00
应付债券	0	0	0
长期应付款	0	0	0
其他长期负债	0	0	0
住房周转金	0	0	0
长期负债合计	0	76 000 000. 00	105 900 000. 00
递延税款贷项	0	0	0
负债合计	332 811 439. 54	362 839 148. 16	348 188 358. 18
股本	177 000 000. 00	177 000 000. 00	177 000 000. 00

续表

年 份	2007 年年报	2006 年年报	2005 年年报
资本公积	159 156 189.88	159 156 189.88	163 012 134.82
盈余公积	46 609 649.58	49 854 051.37	45 425 670.05
公益金	0	0	15 141 890.02
任意公积金	0	0	0
未分配利润	87 465 795.24	41 243 406.52	33 247 974.65
外币报表折算差额	0	0	0
股东权益合计	501 719 610.65	427 253 647.77	418 685 779.52
负债及股东权益总计	834 531 050.19	828 405 524.77	807 783 037.96

二、利润表

年 份	2007 年年报	2006 年年报	2005 年年报
主营业务收入	331 134 681.05	288 983 575.87	272 652 873.67
折扣与折让	0	0	0
主营业务收入净额	331 134 681.05	288 983 575.87	272 652 873.67
主营业务成本	202 321 301.97	168 639 388.25	166 148 764.93
主营业务税金及附加	13 595 939.20	12 511 143.60	11 416 926.34
主营业务利润	0	107 833 044.02	95 087 182.40
其他业务利润	0	7 363 244.70	7 351 181.05
存货跌价准备	0	0	0
营业费用（销售费用）	0	4 878 391.07	5 255 539.65
管理费用	48 982 972.58	51 348 270.62	48 480 748.69
财务费用	16 403 798.41	15 617 681.65	13 692 738.98
进货费用	0	0	0
营业利润	63 459 033.79	43 351 945.38	35 009 336.13
投资收益	19 156 594.88	15 178 544.37	11 342 934.29
汇兑损益	0	0	0
补贴收入	0	500 000.00	117 281.00
营业外收入	1 110 514.20	139 769.74	140 304.95
营业外支出	347 782.69	3 967 875.16	564 221.89
以前年度损益调整	0	0	0
利润总额	64 221 765.30	55 202 384.33	46 045 634.48
所得税	9 560 617.52	9 290 856.20	6 971 325.17
少数股东损益	1 538 277.63	1 627 714.94	1 921 959.75
所得税返还	0	0	0
分给外单位利润	0	0	0
净利润	53 122 870.15	44 283 813.19	37 152 349.56
盈余公积转入数	—	0	0

续表

年　份	2007 年年报	2006 年年报	2005 年年报
可供分配的利润	—	45 671 787.84	38 820 827.09
提取法定盈余公积金	—	4 428 381.32	3 715 234.96
提取法定公益金	—	0	1 857 617.48
提取职工奖励福利基金	—	0	0
可供股东分配的利润	—	41 243 406.52	33 247 974.65
提取任意盈余公积	—	0	0
转作股本的普通股股利	—	0	0
未分配利润	—	41 243 406.52	1 387 974.65

三、现金流量表

年　份	2007 年年报	2006 年年报	2005 年年报
销售商品、提供劳务收到的现金	346 230 927.25	335 844 730.70	281 880 249.02
收取的租金	0	0	0
收到的增值税销项税额和退回的增值税款	0	0	0
收到的除增值税以外的其他税费返还	0	0	117 281.00
收到的其他与经营活动有关的现金	7 855 840.83	9 295 258.82	1 407 323.55
（经营活动）现金流入小计	354 403 768.08	345 639 989.52	283 404 853.57
购买商品、接收劳务支付的现金	148 430 584.56	143 989 252.37	104 285 905.08
经营租赁所支付的现金	0	0	0
支付给职工以及为职工支付的现金	73 821 393.35	55 139 803.24	63 583 204.64
支付的所得税款	0	0	0
支付的除增值税、所得税以外的其他税费	0	0	24 769 395.04
支付的其他与经营活动有关的现金	26 075 609.89	19 501 416.09	19 868 800.10
（经营活动）现金流出小计	279 100 365.98	245 851 184.96	212 507 304.86
经营活动产生的现金流量净额	75 303 402.10	99 788 804.56	70 897 548.71
收回投资所收到的现金	3 089 108.93	2 500 000.00	3 112 000.00
分得股利或利润所收到的现金	0	0	12 882 787.30
取得债券利息收入所收到的现金	0	0	0
处置固定资产、无形资产和其他长期资产收回的现金净额	682 539.00	534 376.00	202 630.00
收到的其他与投资活动有关的现金	0	0	0
（投资活动）现金流入小计	22 894 806.36	20 845 641.56	16 197 417.30
购建固定资产、无形资产和其他长期资产所支付的现金	37 433 809.92	38 295 410.96	58 740 632.44
权益性投资所支付的现金	0	0	3 990 000.00

续表

年　份	2007 年年报	2006 年年报	2005 年年报
债权性投资所支付的现金	0	0	0
支付的其他与投资活动有关的现金	0	0	0
（投资活动）现金流出小计	54 179 592.22	41 574 651.03	62 730 632.44
投资活动产生的现金流量净额	−31 284 785.86	−20 729 009.47	−46 533 215.14
吸收权益性投资所收到的现金	0	0	0
发行债券所收到的现金	0	0	0
借款所收到的现金	207 500 000.00	190 000 000.00	203 400 000.00
收到的其他与筹资活动有关的现金	0	0	0
（筹资活动）现金流入小计	207 500 000.00	190 000 000.00	203 400 000.00
偿还债务所支付的现金	217 400 000.00	204 000 000.00	173 100 000.00
发生筹资费用所支付的现金	0	0	0
分配股利或利润所支付的现金	18 807 412.13	47 562 926.34	42 206 937.12
偿付利息所支付的现金	0	0	0
融资租赁所支付的现金	0	0	0
减少注册资本所支付的现金	0	0	0
支付的其他与筹资活动有关的现金	2 177 727.52	3 855 944.94	0
（筹资活动）现金流出小计	238 385 139.65	255 418 871.28	215 306 937.12
筹资活动产生的现金流量净额	−30 885 139.65	−65 418 871.28	−11 906 937.12
汇率变动对现金的影响	0	0	0
现金及现金等价物净增加值	13 133 476.59	13 640 923.81	12 457 396.45
以固定资产偿还债务	0	0	0
以投资偿还债务	0	0	0
以固定资产进行长期投资	0	0	0
以存货偿还债务	0	0	0
融资租赁固定资产	0	0	0
净利润	54 661 147.78	44 283 813.19	37 152 349.56
加：少数股东损益	0	0	0
加：计提的坏账准备或转销的坏账	0	0	0
存货跌价损失	0	0	0
固定资产折旧	29 356 798.97	28 554 871.08	24 358 240.62
无形资产及其他资产摊销	3 170 845.44	3 347 949.82	3 333 517.50
待摊费用的摊销	324 322.96	355 399.65	−248 026.58
处置固定资产、无形资产和其他长期资产的损失（减收益）	−85 077.05	−52 814.44	−30 493.05
固定资产盘亏报废损失	−16 954.00	3 383 993.53	0
财务费用	17 058 693.21	15 986 672.90	13 886 937.12
投资损失（减收益）	−19 156 594.88	−15 178 544.37	−11 342 934.29
递延税款贷项（减借项）	0	0	0

续表

年　份	2007 年年报	2006 年年报	2005 年年报
存货的减少（减增加）	153 845. 90	－95 262. 51	865 287. 04
经营性应收项目的减少（减增加）	－3 407 436. 58	－597 130. 62	－2 588 736. 65
经营性应付项目的增加（减减少）	－6 454 673. 58	17 822 120. 20	4 404 220. 63
增值税增加净额（减减少）	0	0	0
其他	－758 541. 10	0	0
经营活动产生现金流量净额	75 303 402. 10	99 788 804. 56	70 897 548. 71
减：货币资金的期初余额	80 185 706. 67	66 544 782. 86	54 087 386. 41
现金等价物的期末余额	0	0	0
减：现金等价物的期初余额	0	0	0
现金及现金等价物净增加额	13 133 476. 59	13 640 923. 81	12 457 396. 45

附　　录

附表一

复利现值系数表

n \ i	1%	2%	3%	4%	5%	6%	7%	8%	9%	10%	12%	14%	15%	16%	18%	20%	24%	28%	32%	36%
1	0.9901	0.9804	0.9709	0.9615	0.9524	0.9434	0.9346	0.9259	0.9174	0.9091	0.8929	0.8772	0.8696	0.8621	0.8475	0.8333	0.8065	0.7813	0.7576	0.7353
2	0.9803	0.9612	0.9426	0.9246	0.9070	0.8900	0.8734	0.8573	0.8417	0.8264	0.7972	0.7695	0.7561	0.7432	0.7182	0.6944	0.6504	0.6104	0.5739	0.5407
3	0.9706	0.9423	0.9151	0.8890	0.8638	0.8396	0.8163	0.7938	0.7722	0.7513	0.7118	0.6750	0.6575	0.6407	0.6086	0.5787	0.5245	0.4768	0.4348	0.3975
4	0.9610	0.9238	0.8885	0.8548	0.8227	0.7921	0.7629	0.7350	0.7084	0.6830	0.6355	0.5921	0.5718	0.5523	0.5158	0.4823	0.4230	0.3725	0.3294	0.2923
5	0.9515	0.9057	0.8626	0.8219	0.7835	0.7473	0.7130	0.6806	0.6499	0.6209	0.5674	0.5194	0.4972	0.4761	0.4371	0.4019	0.3411	0.2910	0.2495	0.2149
6	0.9420	0.8880	0.8375	0.7903	0.7462	0.7050	0.6663	0.6302	0.5963	0.5645	0.5066	0.4556	0.4323	0.4104	0.3704	0.3349	0.2751	0.2274	0.1890	0.1580
7	0.9327	0.8706	0.8131	0.7599	0.7107	0.6651	0.6227	0.5835	0.5470	0.5132	0.4523	0.3996	0.3759	0.3538	0.3139	0.2791	0.2218	0.1776	0.1432	0.1162
8	0.9235	0.8535	0.7894	0.7307	0.6768	0.6274	0.5820	0.5403	0.5019	0.4665	0.4039	0.3506	0.3269	0.3050	0.2660	0.2326	0.1789	0.1388	0.1085	0.0854
9	0.9143	0.8368	0.7664	0.7026	0.6446	0.5919	0.5439	0.5002	0.4604	0.4241	0.3606	0.3075	0.2843	0.2630	0.2255	0.1938	0.1443	0.1084	0.0822	0.0628
10	0.9053	0.8203	0.7441	0.6756	0.6139	0.5584	0.5083	0.4632	0.4224	0.3855	0.3220	0.2697	0.2472	0.2267	0.1911	0.1615	0.1164	0.0847	0.0623	0.0462
11	0.8963	0.8043	0.7224	0.6496	0.5847	0.5268	0.4751	0.4289	0.3875	0.3505	0.2875	0.2366	0.2149	0.1954	0.1619	0.1346	0.0938	0.0662	0.0472	0.0340
12	0.8874	0.7885	0.7014	0.6246	0.5568	0.4970	0.4440	0.3971	0.3555	0.3186	0.2567	0.2076	0.1869	0.1685	0.1373	0.1122	0.0757	0.0517	0.0357	0.0250
13	0.8787	0.7730	0.6810	0.6006	0.5303	0.4688	0.4150	0.3677	0.3262	0.2897	0.2292	0.1821	0.1625	0.1452	0.1163	0.0935	0.0610	0.0404	0.0271	0.0184
14	0.8700	0.7579	0.6611	0.5775	0.5051	0.4423	0.3878	0.3405	0.2992	0.2633	0.2046	0.1597	0.1413	0.1252	0.0985	0.0779	0.0492	0.0316	0.0205	0.0135
15	0.8613	0.7430	0.6419	0.5553	0.4810	0.4173	0.3624	0.3152	0.2745	0.2394	0.1827	0.1401	0.1229	0.1079	0.0835	0.0649	0.0397	0.0247	0.0155	0.0099
16	0.8528	0.7284	0.6232	0.5339	0.4581	0.3936	0.3387	0.2919	0.2519	0.2176	0.1631	0.1229	0.1069	0.0930	0.0708	0.0541	0.0320	0.0193	0.0118	0.0073
17	0.8444	0.7142	0.6050	0.5134	0.4363	0.3714	0.3166	0.2703	0.2311	0.1978	0.1456	0.1078	0.0922	0.0802	0.0600	0.0451	0.0258	0.0150	0.0089	0.0054
18	0.8360	0.7002	0.5874	0.4936	0.4155	0.3503	0.2959	0.2502	0.2120	0.1799	0.1300	0.0946	0.0808	0.0691	0.0508	0.0376	0.0208	0.0118	0.0068	0.0039
19	0.8277	0.6864	0.5703	0.4746	0.3957	0.3305	0.2765	0.2317	0.1945	0.1635	0.1161	0.0829	0.0703	0.0596	0.0431	0.0313	0.0168	0.0092	0.0051	0.0029

续表

n \ i	1%	2%	3%	4%	5%	6%	7%	8%	9%	10%	12%	14%	15%	16%	18%	20%	24%	28%	32%	36%
20	0.8195	0.6730	0.5537	0.4564	0.3769	0.3118	0.2584	0.2145	0.1784	0.1486	0.1037	0.0728	0.0611	0.0514	0.0365	0.0261	0.0135	0.0072	0.0039	0.0021
21	0.8114	0.6598	0.5375	0.4388	0.3589	0.2942	0.2415	0.1987	0.1637	0.1351	0.0926	0.0638	0.0531	0.0443	0.0309	0.0217	0.0109	0.0056	0.0029	0.0016
22	0.8034	0.6468	0.5219	0.4220	0.3418	0.2775	0.2257	0.1839	0.1502	0.1228	0.0826	0.0560	0.0462	0.0382	0.0262	0.0181	0.0088	0.0044	0.0022	0.0012
23	0.7954	0.6342	0.5067	0.4057	0.3256	0.2618	0.2109	0.1703	0.1378	0.1117	0.0738	0.0491	0.0402	0.0329	0.0222	0.0151	0.0071	0.0034	0.0017	0.0008
24	0.7876	0.6217	0.4919	0.3901	0.3101	0.2470	0.1971	0.1577	0.1264	0.1015	0.0659	0.0431	0.0349	0.0284	0.0188	0.0126	0.0057	0.0027	0.0013	0.0006
25	0.7798	0.6095	0.4776	0.3751	0.2953	0.2330	0.1842	0.1460	0.1160	0.0923	0.0588	0.0378	0.0304	0.0245	0.0160	0.0105	0.0046	0.0021	0.0010	0.0005
26	0.7720	0.5976	0.4637	0.3604	0.2812	0.2198	0.1722	0.1352	0.1064	0.0839	0.0525	0.0331	0.0264	0.0211	0.0135	0.0087	0.0037	0.0016	0.0007	0.0003
27	0.7644	0.5859	0.4502	0.3468	0.2678	0.2074	0.1609	0.1252	0.0976	0.0763	0.0469	0.0291	0.0230	0.0182	0.0115	0.0073	0.0030	0.0013	0.0006	0.0002
28	0.7568	0.5744	0.4371	0.3335	0.2551	0.1956	0.1504	0.1159	0.0895	0.0693	0.0419	0.0255	0.0200	0.0157	0.0097	0.0061	0.0024	0.0010	0.0004	0.0002
29	0.7493	0.5631	0.4243	0.3207	0.2429	0.1846	0.1406	0.1073	0.0822	0.0630	0.0374	0.0224	0.0174	0.0135	0.0082	0.0051	0.0020	0.0008	0.0003	0.0001
30	0.7419	0.5521	0.4120	0.3083	0.2314	0.1741	0.1314	0.0994	0.0754	0.0573	0.0334	0.0196	0.0151	0.0116	0.0070	0.0042	0.0016	0.0006	0.0002	0.0001

附表二

年金现值系数表

n \ i	1%	2%	3%	4%	5%	6%	7%	8%	9%	10%	12%	14%	15%	16%	18%	20%	24%	28%
1	0.9901	0.9804	0.9709	0.9615	0.9524	0.9434	0.9346	0.9259	0.9174	0.9091	0.8929	0.8772	0.8696	0.8621	0.8475	0.8333	0.8065	0.7813
2	1.9704	1.9416	1.9135	1.8861	1.8594	1.8334	1.8080	1.7833	1.7591	1.7355	1.6901	1.6467	1.6257	1.6052	1.5656	1.5278	1.4568	1.3916
3	2.9410	2.8839	2.8286	2.7751	2.7232	2.6730	2.6243	2.5771	2.5313	2.4869	2.4018	2.3216	2.2832	2.2459	2.1743	2.1065	1.9813	1.8684
4	3.9020	3.8077	3.7171	3.6299	3.5460	3.4651	3.3872	3.3121	3.2397	3.1699	3.0373	2.9173	2.8550	2.7982	2.6901	2.5887	2.4043	2.2410
5	4.8534	4.7135	4.5797	4.4518	4.3295	4.2124	4.1002	3.9927	3.8897	3.7908	3.6048	3.4331	3.3522	3.2743	3.1272	2.9906	2.7454	2.5320
6	5.7955	5.6014	5.4172	5.2421	5.0757	4.9173	4.7665	4.6229	4.4859	4.3553	4.1114	3.8887	3.7845	3.6847	3.4976	3.3255	3.0205	2.7594
7	6.7282	6.4720	6.2303	6.0021	5.7864	5.5824	5.3893	5.2064	5.0330	4.8684	4.5638	4.2882	4.1604	4.0386	3.8115	3.6046	3.2423	2.9370
8	7.6517	7.3255	7.0197	6.7327	6.4632	6.2098	5.9713	5.7466	5.5348	5.3349	4.9676	4.6389	4.4873	4.3436	4.0776	3.8372	3.4212	3.0758
9	8.5660	8.1622	7.7861	7.4353	7.1078	6.8017	6.5152	6.2469	5.9952	5.7590	5.3282	4.9164	4.7716	4.6065	4.3030	4.0310	3.5655	3.1842
10	9.4713	8.9826	8.5302	8.1109	7.7217	7.3601	7.0236	6.7101	6.4177	6.1446	5.6502	5.2161	5.0188	4.8332	4.4941	4.1925	3.6819	3.2689
11	10.3676	9.7868	9.2526	8.7605	8.3064	7.8869	7.4987	7.1390	6.8052	6.4951	5.9377	5.4527	5.2337	5.0286	4.6560	4.3271	3.7757	3.3351
12	11.2551	10.5753	9.9540	9.3851	8.8633	8.3838	7.9427	7.5361	7.1607	6.8137	6.1944	5.6603	5.4206	5.1971	4.7932	4.4392	3.8514	3.3868
13	12.1337	11.3484	10.6350	9.9856	9.3936	8.8527	8.3577	7.9138	7.4869	7.1034	6.4235	5.8424	5.5831	5.3423	4.9095	4.5327	3.9124	3.4272
14	13.0037	12.1062	11.2961	10.5631	9.8986	9.2950	8.7455	8.2442	7.7862	7.3667	6.6282	6.0021	5.7245	5.4675	5.0081	4.6106	3.9616	3.4587
15	13.8651	12.8493	11.9379	11.1184	10.3797	9.7122	9.1079	8.5595	8.0607	7.6061	6.8109	6.1422	5.8474	5.5755	5.0916	4.6755	4.0013	3.4834
16	14.7179	13.5777	12.5611	11.6523	10.8378	10.1059	9.4466	8.8514	8.3126	7.8237	6.9740	6.2651	5.9542	5.6685	5.1624	4.7296	4.0333	3.5026
17	15.5623	14.2919	13.1661	12.1657	11.2741	10.4773	9.7632	9.1216	8.5436	8.0216	7.1196	6.3729	6.0472	5.7487	5.2223	4.7746	4.0591	3.5177
18	16.3983	14.9920	13.7535	12.6896	11.6896	10.8276	10.0591	9.3719	8.7556	8.2014	7.2497	6.4674	6.1280	5.8178	5.2732	4.8122	4.0799	3.5294
19	17.2260	15.6785	14.3238	13.1339	12.0853	11.1581	10.3356	9.6036	8.9601	8.3649	7.3658	6.5504	6.1982	5.8775	5.3162	4.8435	4.0967	3.5386
20	18.0456	16.3514	14.8775	13.5903	12.4622	11.4699	10.5940	9.8181	9.1285	8.5136	7.4694	6.6231	6.2593	5.9288	5.3527	4.8696	4.1103	3.5458

参考文献

1. 韩文连编著:《管理会计学》，首都经济贸易大学出版社 2001 年版。

2. 上官敬芝著:《论杜邦系统模型的不足及改进》(论文)，载于《经济管理》2001 年第 1 期。

3. 注册会计师全国统考教材编委会编著:《财务成本管理》，经济科学出版社 2002 年版。

4. 李心合、赵华著:《会计报表分析》，中国人民大学出版社 2003 年版。

5. 周凤主编:《财务报表分析》，机械工业出版社 2004 年版。

6. 高平阳、陈红明、张文静编著:《非财会人员怎样看会计报表》，企业管理出版社 2005 年版。

7. 鲁爱民主编:《财务分析》，机械工业出版社 2005 年版。

8. 夏汉平主编:《企业财务报告分析》，西南财经大学出版社 2005 年版。

9. 王家栋、王晓峰编著:《财务分析工具箱》，上海远东出版社 2006 年版。

10. 张超英、王东升、马葵编著:《企业财务分析》，北京大学出版社 2006 年版。

11. 温亚丽编著:《轻松读懂会计报表》，江西人民出版社 2007 年版。

12. 史继坤主编:《财务报告的阅读与分析》，中华工商联合出版社 2007 年版。

13. 汪平著:《财务理论》，经济管理出版社 2008 年版。

引 用 文 献

1. 财政部:《企业会计准则——现金流量表》,经济科学出版社 2001 年版。

2. G. Bennett Stewart 著,林榕、田莉编译:《善用 EVA》(论文),载于《IT 经理世界》2001 年第 22 期。

3. 谷祺、于东智著:《EVA 财务管理系统的理论分析》(论文),载于《会计研究》2000 年第 11 期。